中国新兴经济体研究会
东北财经大学区域经济一体化与上海合作组织研究中心
（辽宁省高校人文社会科学重点研究基地）

10

# 新兴经济体研究

# Study in Emerging Economies

2017年12月第1辑（总第10辑）No. 1 Dec. 2017（Gen. 10）

郭连成 主编

中国社会科学出版社

**图书在版编目（CIP）数据**

新兴经济体研究.2017年12月.第1辑：总第10辑/郭连成主编.—北京：中国社会科学出版社，2018.5

ISBN 978-7-5203-2568-4

Ⅰ.①新… Ⅱ.①郭… Ⅲ.①世界经济—研究②中国经济—研究 Ⅳ.①F11②F12

中国版本图书馆CIP数据核字(2018)第108977号

出版人 赵剑英
责任编辑 卢小生
责任校对 周晓东
责任印制 王超

出版 中国社会科学出版社
社址 北京鼓楼西大街甲158号
邮编 100720
网址 http://www.csspw.cn
发行部 010-84083685
门市部 010-84029450
经销 新华书店及其他书店

印刷 北京明恒达印务有限公司
装订 廊坊市广阳区广增装订厂
版次 2018年5月第1版
印次 2018年5月第1次印刷

开本 787×1092 1/16
印张 12.25
插页 2
字数 246千字
定价 60.00元

# 《新兴经济体研究》编委会

# 目　录

[专　论]

# 俄罗斯农业艰辛的发展历程

陆南泉

**摘　要**　农业不论在苏联时期还是在其继承国俄罗斯时期，一直是一个重要的经济部门，同时又是一个薄弱的部门，往往成为一个尖锐的社会经济问题。为此，从历史上看，在斯大林逝世后各个不同时期，各届领导人都要花很大的力气抓农业问题。俄罗斯总统普京在向联邦成员发表的2016年度国情咨文中指出，在过去，"农业就像某个黑洞，无论砸过去多少钱，都一无所获"。他认为，俄罗斯经过多年努力找到了解决农业问题的新途径与新方式，并且已奏效。具体来说，通过主要涉及两个相互紧密联系但又有区别的改革内容，即农业土地所有制与农业生产经营组织的改组问题，改变了农业发展模式，建立了灵活的农业生产商扶植机制，制定和出台《农业发展纲要》，从而使农业有了起色。普京把2016年的农业视为最大的经济亮点。

**关键词**　俄罗斯　农业体制改革　发展模式转变　农业进展

2016年12月1日，俄罗斯总统普京在向联邦成员发表的年度国情咨文中指出，在过去，"农业就像某个黑洞，无论砸过去多少钱，都一无所获"。他认为，俄罗斯经过多年努力找到了解决农业问题的新途径与新方式，并且已奏效。具体来说，通过改革改变了农业发展模式，建立了灵活的农业生产商扶植机制，制定和出台《农业发展纲要》。普京把2016年的农业视为最大的经济亮点。从苏联到当今的俄罗斯，农业发展经历了一个复杂又十分艰辛的历程。总结这个历程，对中国来说，可以获得一些启示。

## 一　苏联时期农业发展进程的简要回顾

农业无论在苏联时期还是在其继承国俄罗斯时期，一直是一个重要的经

---

［作者简介］陆南泉，中国社会科学院俄罗斯东欧中亚研究所研究员、中国社会科学院荣誉学部委员。

济部门，同时又是一个薄弱的部门，往往成为一个尖锐的社会经济问题。为此，从历史上看，在斯大林逝世后的各个不同时期，各届领导人都要花很大的力气抓农业问题。

十月革命前，俄国虽然已经走上了资本主义发展道路并过渡到垄断资本主义，但必须看到，俄国仍然是一个小农经济占优势并且农业水平相当落后的国家。1917 年，农村人口占全俄人口的 82%。1914 年，俄国民经济固定资产的构成是：农业占 53.7%，工业、交通、商业、事业合计占 46.3%；国民收入中，农业占 53.6%，其余部门占 46.4%。无论从哪个角度来讲，俄国的农业生产水平都是十分低下的。第一次世界大战前，俄国的农业机械化水平只有德国的 1/9、美国的 1/2；1913 年，俄国每公顷耕地使用的化肥平均为 6.9 千克，而比利时为 36 千克；1909—1913 年，俄国谷物的平均产量每俄亩为 45 普特（1 普特等于 16.38 千克），而丹麦为 195 普特，德国为 152 普特。第一次世界大战前，俄国农业商品率大约为 26%。①

在上述俄国国情的条件下，如何把占人口多数的农民与十分落后的农业引向社会主义的道路，以什么样的态度与政策对待农民和农业问题，是十月革命胜利后布尔什维克党面临的一个极为重要的问题，也成为苏联社会主义改造和建设中的一个中心问题。遗憾的是，异常复杂、对苏联社会经济发展具有重要意义的农业问题，在苏联时期始终没有解决好。

农业一直是一个落后部门。1950 年，苏联谷物总产量为 6480 万吨；1913 年，沙俄时期为 7250 万吨，同期，肉类分别为 490 万吨和 500 万吨，人均谷物为 447 千克和 540 千克，畜产品为 27 千克和 31 千克。到斯大林逝世的 1953 年，牛、马、绵羊的头数仍未达到集体化前的水平，粮食产量甚至还低于 1913 年的水平。② 斯大林执政时期，大规模的饥荒就发生过两次：一次是 20 世纪 30 年代初集体化时期，另一次是第二次世界大战后。每次饥荒饿死的人数以数百万计。1931—1933 年，饿死的农民达 300 万—500 万人。有的村庄粮食被拉走了，颗粒不剩，种子也被拉走了。“全村一个接一个地死亡，起初是小孩和老人，后来是中年人。一开始还埋起来，后来也不埋了。死人就在街上，在院子里，最后的人在房子里扔着。全村安静了——全死光了。”③ 在《赫鲁晓夫回忆录》中记述了基辅省委第一书记杰姆钦科 1932 年的一次谈话：“新近有一列火车开进基辅，上面装满了饿死者的尸体。这列

① ［苏］B. T. 琼图洛夫等编：《苏联经济史》，郑彪等译，吉林大学出版社 1988 年版，第 98 页。

② 参见陆南泉等编《苏联国民经济发展七十年》，机械工业出版社 1988 年版，第 251、270 页；李宗禹等《斯大林模式研究》，中央编译出版社 1999 年版，第 104 页；其他有关材料。

③ 这段话是麦德维杰夫引用瓦·格罗斯曼《时过境迁》一文稿，苏联只有打字稿流传［参见《让历史来审判》（上），第 169 页］。

火车一直从波尔塔瓦到基辅沿路收集尸体。"[①] 肖洛霍夫在1933年写信给斯大林，说北高加索的农民"在饥饿的死亡线上挣扎：大人和孩子都得了浮肿病，逮着什么吃什么，像动物尸体、柞树皮和沼泽植物的根等人不该吃的东西，他们都拿来吃了"。[②] 1932—1933年大饥荒，乌克兰饿死350万—400万农民。俄罗斯著名人口学家乌尔拉尼斯认为，苏联居民从1932年的16570万人降为1933年4月的15800万人，减少了770万人，这主要是农民。1942年，丘吉尔在同斯大林交谈时问他，集体化是否牺牲了很多人？斯大林把张开五指的双手向上一举。他用这个手势说明集体化使人民付出了1000万生命的代价。[③]

赫鲁晓夫上台后，面临着尖锐的农业问题，他还特别分析了苏联粮食问题。大家知道，马林科夫在1952年召开的苏共十九大报告中宣布，苏联粮食问题已彻底解决。[④] 但这个说法不符合实际情况。1954年1月22日，赫鲁晓夫给苏共中央主席团的信（题为《解决粮食问题的途径》）中说："进一步研究农业和粮食收购的状况表明，我们曾经宣布粮食问题已经解决，这是不完全符合国内粮食供应的实际情况的。""粮食生产现在还保证不了需求，满足不了国民经济全部需要，而国家的粮食储备量又不允许我们普遍进行数量充足的谷物产品，特别是优质谷物产品贸易和米粮贸易。由于粮食不宽裕，我们只得限制粮食的出口量。""许多州、边疆区和共和国的集体农庄在完成对国家的义务后，剩下来的粮食不能满足集体农庄在公共经济的一切需要。留给农庄的谷物饲料尤其少，而没有谷物饲料，畜牧业就不可能急剧发展。"1953年的收购量满足不了国内粮食的必需消费量。这个差额不得不动用国家粮食储备粮1.6亿普特。赫鲁晓夫对此在信中说，这是绝对不允许的。[⑤]"农产品的匮乏已经严重到即使农业以每年10%的速度增长，也难以解决城市的粮食供应，因为城镇人口的增长过于迅速。"[⑥]

应该说，斯大林逝世时，苏联所面临的农业问题是极其严重的，一些苏联学者甚至指出："再有两三年时间，就可能发生灾难性的粮食生产危机和全国性的饥荒。斯大林没有意识到这一点。"亚·尼·雅科夫列夫在分析赫鲁晓夫上台时前任给他什么样的遗产时写道："农村过着赤贫生活，战后完

① 《赫鲁晓夫回忆录》，东方出版社1988年版，第106页。

② 《肖洛霍夫致斯大林的信》（1933年4月4日），载沈志华总主编《苏联历史档案选编》第15卷，第663页。

③ *Новый мир*, 1988. NO. c. 30.

④ 马林科夫在苏共十九大是这样讲的："今年（1952），谷物的总收获量达80亿普特，而最主要粮食作物——小麦的总收获量比1940年增加了48%。以前认为最尖锐、最严重的问题——谷物问题——就这样顺利地解决了，彻底而无可改变地解决了。"

⑤ 参见《赫鲁晓夫言论》第三集，世界知识出版社1965年版，第3—4页。

⑥ ［苏］罗伊·A. 麦德维杰夫等：《赫鲁晓夫的执政年代》，邹子婴等译，吉林人民出版社1981年版，第59页。

全荒芜。每天晚上集体农庄的作业队长总是沿着村里的街道一户一户地给成年人派明天的任务。他这种派工也是吃力不讨好，因为那些由于繁忙的家务变得凶狠的婆娘们都给做嘲弄的手势，而留在农村的男子汉则一边骂娘一边诅咒为'工分'、为工作日去干活。"“儿童们拎着粗布袋，在收割过麦子的布满麦茬的地里捡掉下来的麦穗。”“每个农户都在整个春天和夏天向收货站交牛奶，而秋天交牲畜和家禽，这是在交实物税。”“斯大林爱好历史，熟知农奴制的一套规章制度，他原封不动地通过强硬手段把它们运用于我国农村。”“20世纪中叶，俄罗斯的农村成了国家农奴制农村，而且国家从农民那里夺去了除空气以外的所有东西。”①

上述农业状况，迫使赫鲁晓夫一上台首先抓农业。他通过对农业计划制度的改革来扩大农场、农庄的经营自主权，提高物质利益原则的作用和大规模垦荒等政策，这对解决苏联当时最为关心的粮食增产问题起到了积极作用。1953年，苏联粮食产量为8250万吨，1954年为8560万吨，1955年为10370万吨，1956年为12500万吨，1957年为10260万吨，1958年为13470万吨。这期间，粮食产量除个别年份出现过下降的情况外，总的来说，呈现增长的趋势。但是，在赫鲁晓夫执政后期，由于政策多变，农业生产出现了停滞与倒退。按计划规定，1959—1963年，农产品的年均增长速度应为8%，而实际上，前4年的年均增长速度为1.7%，1963年为负增长，按价值计算的总产量低于1958年的水平。5年中，国营农场的农产品成本理应降低2.1%，实际上却提高了24%。严重缺粮和缺饲料导致大量屠宰牲畜，结果是使肉、油、蛋及其他产品严重缺乏。到1964年，肉类产品在各地几乎普遍出现长时间脱销。1963年，苏联国内甚至连面包供应都发生了严重的困难。为此，赫鲁晓夫甚至建议实行粮食凭卡供应制度。后来，动用860吨黄金，从加拿大和美国进口粮食。同时，还动用了国家的国防储备粮，才未实行凭卡供应粮食的制度。

勃列日涅夫一上台，面临赫鲁晓夫执政后期出现的农业严峻局面也不得不首先推行加强农业的政策，一方面继续进行改革，另一方面大幅度增加对农业的投资。从1973年开始到1982年勃列日涅夫逝世，农业投资在整个国民经济的基建投资总额中一直占27%左右。如果把与发展农业直接有关的化肥、农药、农机、混合饲料、微生物工业部门的投资计算在内，农业投资占整个国民经济投资总额的30%以上。苏联对农业投资的数额，在世界各大国中居首位。但正如普京讲的，长期以来，农业像个黑洞，大量投资都一无所获。1979—1982年，连续出现4年歉收。1973年，苏联历史上第一次成为粮食净进口国，这一年净进口1904万吨。后来，粮食进口上了瘾，就像吸毒者

---

① ［俄罗斯］亚·尼·雅科夫列夫：《一杯苦酒——俄罗斯的布尔什维主义和改革运动》，徐葵等译，新华出版社1999年版，第15页。

上了海洛因的瘾一样①，震惊了世界市场，引起了各国的愤怒。1985 年，进口粮食 4420 万吨，1989 年为 3700 万吨。② 长期以来，苏联的农业劳动生产率只有美国的 20%—25%。

1985 年，戈尔巴乔夫上台执政，在他执政的 7 年期间，农业情况进一步恶化。这期间粮食产量下降 24%，国家收购量下降了 34%，食品生产下降 10% 以上，到苏联解体前的 1990 年，由于农业严重恶化，使市场供应变得十分尖锐，1200 多种基本消费品中有 95% 以上的商品供应经常短缺，211 种食品中有 188 种不能自由买卖。到 1991 年，国家不得不在所有城市实行严格的票证供应。到 1991 年年末，苏联居民食品供应量是：糖每人每月 1 千克，黄油 200 克，肉制品 500 克。即使这个标准也缺乏实际保证。零售贸易中的商品储备减少到破纪录的最低水平——只够消费 32 天。1992 年 1 月，粮食储备约为 300 万吨，而当时俄罗斯国内粮食消费每月在 500 万吨以上。在俄罗斯 89 个地区中，有 60 多个地区没有粮食储备和面粉，都在“等米下锅”。③ 1991 年 10 月至 1992 年 4 月，笔者在苏联（俄罗斯）科学院经济研究所作为访问学者考察当时正处于准备与起始阶段的经济改革，目睹了这个时期苏联（俄罗斯）市场商品奇缺的状况，它比人们想象的要严重得多，真是“空空如也”。

苏联农业问题发展到如此严重的地步，已不能从十月革命前的历史原因中去寻觅了。早在 1955 年 3 月 18 日赫鲁晓夫在萨拉托夫市举行的东南地区各州农业工作会议的讲话中就说：“沙皇俄国没有给我们留下多少东西。但是，同志们，自从苏维埃政权成立以来，已近三十八年了。时间不算短了。因此，再往尼古拉二世身上推诿，该觉得可耻了，他早已不在人世了。”④

苏联时期，一直改变不了农业的落后状态，其主要原因有：

第一，不考虑农业生产力水平，用行政命令乃至暴力手段推行农业全盘集体化政策。从斯大林时期的整个经济体制形成过程来看，生产关系脱离生产力发展水平，使形成的经济体制不符合客观实际，这是带有普遍性的问题，但农业集体化显得最为突出。斯大林农时期的业集体化不论从指导思想上还是具体做法上，都完全是违反马克思主义的。马克思讲过：“无论哪一种社会形态，在它们所能容纳的全部生产力发挥出来以前，是决不会灭亡的：而新的更高的生产关系，在它存在的物质条件在旧社会的胎胞里成熟以前，是

---

① 参见［俄罗斯］格·阿尔巴托夫《苏联政治内幕：知情者的见证》，徐葵等译，新华出版社 1998 年版，第 239 页。

② 苏联国家统计委员会：《1990 年苏联国民经济》，莫斯科财政与统计出版社 1991 年俄文版，第 653 页。

③ 参见［俄罗斯］A. B. 乌留卡夫耶夫《期待危机：俄罗斯经济改革的进程与矛盾》，石天等译，经济科学出版社 2000 年版，第 18、20 页。

④ 《赫鲁晓夫言论》第四集，世界知识出版社 1965 年版，第 112—113 页。

决不会出现的。”[1] 正如我们在前面列举的材料表明，农业集体化运动对农业造成了极大的破坏。这与斯大林对农民问题的错误认识有关。应该说，斯大林在1928年前，他对农民在社会主义建设中的作用基本上是肯定的，认为基本农民群众的根本利益是同无产阶级的利益完全一致的。[2] 但从1928年开始，斯大林对农民的看法及采取的政策发生了根本性的变化，直接起因是出现了粮食收购危机。围绕粮食收购危机在党内领导层开展了激烈的争论。当时存在两种截然不同的看法：以布哈林为代表的一派看法是，粮食收购危机的主要原因是粮价偏低，使农民不愿种粮与卖粮，因此，出路在于调整工农业产品的市场价格比例，城乡关系的基础是农业的商品化，个体农民仍具有发展潜力。而斯大林认定粮食收购危机是农民资本主义自发势力造成的，从而对私有农民的评价也发生了根本性变化，强调小农经济是和资本主义经济同一类型的经济[3]，说基本农民群众在新经济政策时期一直在走旧的资本主义发展道路[4]，个体农民是最后一个资本主义阶级。[5] 与此同时，斯大林还宣布小农所从事的个体经济已毫无生命力，说大部分不仅不能实现逐年扩大的再生产，相反地，连简单再生产也是很少有可能实现[6]，我们在个体小农经济的基础上是不能进一步发展的。[7] 十分清楚，斯大林在农业全盘集体化时期，不只是全面否定农民的积极作用，而是把农民作为最后一个资本主义阶级加以消灭之。斯大林对此解释说：为什么把个体农民看作是最后一个资本主义阶级呢？因为在构成我国社会的两个基本阶级中，农民是一个以私有制和小商品生产为经济基础的阶级。因为农民当他还是从事小商品生产的个体农民的时候，经常不断地从自己中间分泌出而且不能不分泌出资本家来。[8] 就这样，把在苏联社会中人口众多的农民当作最后一个资本主义阶级消灭了。

第二，长期以来，实行剥夺农民的政策。由于斯大林推行的工业化与集体化基本上是同时进行的，加上超高速的工业化所需资金相当一部分要从农业中取得，因此，斯大林通过控制农业为解决工业化所需资金提供了保证。斯大林为了重工业高速发展所需的资金，就必然要提高积累。而提高积累率的一个主要办法就是剥夺农民，即靠农民的“贡税”来解决资金来源问题。斯大林通过“贡税”这种强制的办法，使农民一半的收入交给国家。据估计，“一五”计划时期（1928—1932年），从农业吸收的资金占用于发展工

---

① 《马克思恩格斯选集》第二卷，人民出版社1972年版，第83页。

② 《斯大林选集》上卷，人民出版社1979年版，第372页。

③ 《斯大林选集》下卷，人民出版社1979年版，第215页。

④ 同上书，第201页。

⑤ 同上书，第141页。

⑥ 同上书，第213页。

⑦ 《斯大林全集》第11卷，人民出版社1955年版，第8页。

⑧ 《斯大林全集》第12卷，人民出版社1955年版，第37页。

业所需资金的1/3以上。剥夺农民的具体政策是：长期实行工农产品“剪刀差”与对农畜产品高征购。1953年，粮食交售价格只相当于成本的10%、牛肉为5%、猪肉为6%、牛奶为12%。为了能买一辆“吉斯－5”型汽车，1940年，乌克兰的集体农庄需要卖给国家99吨小麦，在1948年必须卖出124吨，而到了1949年就要卖出238吨小麦。斯大林之后，苏联各届领导人都力图通过农产品收购价格来解决工农产品“剪刀差”问题，使这个问题有所缓解，但一直没有根本解决。斯大林执政时期，一直对农民实行的粮食高征收政策，几乎把农民的所有粮食都被征收走了，使农民实在活不下去，导致全国各地发生农民暴动。

第三，对集体农庄像对国有企业一样实行严格的行政指令性计划管理体制。集体农庄是集体所有制经济，国家无权给它们下达指令性指标。再说，农业经济与工业经济不同，它受自然条件的影响很大，因此，应给予集体农庄更大的自主权与独立性。但实际情况是，随着集体农庄的建立，斯大林开始对农业实行直接的指令性计划管理。从1931年起，国家开始对各级地方机关和集体农庄下达扩大播种面积与实现农业技术改造的计划。对从1933年开始的第二个五年计划，规定了直接下达给集体农庄的指标。随着集体农庄的发展，对其生产计划的指标越来越细。播种面积、播种作物的结构、播种时间与收获时间、总产量与单位面积产量、牲畜种类、头数与牲畜产品率，以及各种农艺措施，均由国家自上而下地做出规定。最后发展到连农作物的行距有多大、庄员家庭饲养的牛羊头数都由上级统一规定。这种做法严重地束缚了集体农庄的积极性，难以做到因地制宜。后来几经改革，下达给农庄的指令性指标虽有减少，但并没有根本改变指令性计划管理农业的体制。从集体农庄人事制度来看，按照农庄章程规定，集体农庄的最高权力机关是庄员大会，大会选举农庄管理委员会主席。实际上，农庄的最高领导人——主席，是由代表国家的上级机关指定的，选举只是一种形式而已。

## 二 俄罗斯农业改革

苏联解体后，俄罗斯力图通过改革来解决农业问题。改革主要涉及两个相互紧密联系但又有区别的内容：农业土地所有制和农业生产经营组织的改组问题。

### （一）集体农庄与国营农场经营组织形式的改组

前文指出，导致苏联时期农业长期落后的主要原因，是不符合生产力发展水平的农业组织形式与管理体制。苏联解体前的1990年，有23500个国营农场，占有劳动力110万人；有29100个集体农庄，占有劳动力118万人。叶利钦上台执政后，决定把在农业中占绝对统治地位的国营农场和集体农庄加以改组。规定必须在一年内（在1993年1月1日前）完成国营农场和集体农庄重新登记工作，并对那些无力支付劳动报酬和偿还贷款债务的农场、农庄，应在1992年第一季度加以取消与改组。1992年9月4日，俄罗斯政府正式批准了《农场、农庄与国营农企业条例》。该条例确定的经营形式改革与产权改造的基本原则是：按生产单位劳动集体成员的意愿，将农庄、农场改组为合伙公司、股份公司、农业生产合作社、家庭农场及其联合体。到1993年年底，俄罗斯已有2.4万个农庄、农场进行了改组与重新登记，这占农庄、农场总数的95%，其中1/3的农庄、农场根据劳动集体的决定保留了原来的经营形式，其余的2/3改组为1.15万个合伙公司、300个股份公司、2000个农业合作社和3000个其他新的经营形式。它们的成员成为具有自己份地和股份的商品生产者。①

在叶利钦时期，特别重视发展农户（农场）经济。这是以土地私有化和经营组织农场化为基础的。在当时俄罗斯执政者看来，欧美式家庭农场能获得良好的经济效益。但在俄罗斯，这种农户（农场）经济并没有得到很大发展，更没有成为农业生产的主力军。1992年，农户（农场）经济49000个，1993年为182800个，1994—1999年，一直保持在27万—28万个。占用土地面积一般在1200万—1300公顷，平均每个农户经济占用土地为40—50公顷。1999年农户（农场）经济生产的粮食占俄粮食总产量的7.1%，而在畜牧业中的比重很小，如在大牲畜中饲养头数中只占1.8%，其中，奶牛占1.9%，猪占2.2%，羊占5.5%，在整个农业产值中仅占2.5%。②

在俄罗斯，农户（农场）经济之所以难以发展，是因为它受到一系列条件的制约：第一，俄罗斯不像在美国，有发达的农业社会化服务。美国家庭农场之所以能发展并有巩固的地位，一个十分重要的条件就是具有高水平的社会化服务。而这一套服务体系绝不是在短期内可建立起来的。第二，长期以来，俄罗斯搞的是大农业，国营农场和集体农庄的生产规模都很大，使用的是大型农业机械，机械化水平已达到一定程度，粮食作物的种植与收获已全部机械化，畜牧业综合机械化水平已达到70%—80%。而搞小规模的农户经济，需要小型的农业机械。在当时的俄罗斯，财政极其困难，国家不可能投入资金来发展小型农机，以满足农户经济的需要。第三，在苏联，大型农业已搞了几十年，农业生产中的劳动分工已经形成。这样，能够掌握农业生产全过程的典型的农民已不存在，这对搞一家一户的农业经济在客观上就有很多困难。第四，农户缺乏必要的启动资金，他们既得不到财政帮助，又得

① 陆南泉主编：《独联体国家向市场经济过渡研究》，中共中央党校出版社1995年版，第134页。

② 王跃生等主编：《市场经济发展：国际视角与中国经验》，社会科学文献出版社2006年版，第250页。

不到必要的银行贷款。这种情况使组建起来的农户经济难以维持，出现大量解体的情况。第五，农用生产资料如化肥等得不到保证。叶利钦时期推行的小农业经济政策并不适合俄罗斯国情，未能取得应有的效益。

普京上台执政后，不得不改变农业发展政策，变革农业发展道路。普京强调要搞大农业，具体来说，要搞大型的农业综合体，把它视为发展农业的重要途径之一，要使俄罗斯农业在今后成为“大的商品生产者”。从西方发达国家的情况看，大型农业企业是农业生产经营的一种基本形式。目前，美国50%的商品农产品是由占4.7%的大农场生产的，而欧盟国家50%的商品农产品是由10%—15%的大农场生产的。大型农业在俄罗斯农业中起着重要的作用，它们生产92%的粮食、94%的甜菜、86%的向日葵籽、70%的蛋、49%的奶、39%的肉、38%的羊毛、21%的蔬菜和90%的饲料。在这些大企业中，已有300个大型龙头企业，俄罗斯还在组建15个大型农工集团。这些大型农业企业的经营效益也较好，如300个大型龙头企业，虽然仅占农业总数的1.1%，但在2000年生产的商品农产品占其总量的16.1%，所得收入占农业总收入的28%，所得利润占农业总利润的47.2%。①

当今俄罗斯农业生产组织有三种形式：农业企业、居民经济和农户（农场）经济。这三种不同类型的农业生产组织在发展过程中相互间形成了自然的劳动分工。2013年，农业企业在粮食与禽、畜产品生产方面都占70%—75%的份额。

俄罗斯在农业领域出现了一些大型控股公司。这些公司通过投资设厂、收购、兼并等措施，建立了集生产、加工、销售于一体的大型企业集团，进行规模化经营。一些大型农业加工企业正在兴起，比如，欧洲最大的年加工能力为100万吨葵花籽的加工企业，已在顿河罗斯托夫建成投产；投资3.5亿美元兴建的“鲁斯农业”生猪养殖场在贝尔格勒州也已建成。②

### （二）曲折的土地私有化改革

在十月革命胜利后，苏联就宣布一切土地归国家所有。《俄罗斯联邦土地法典》也明确规定，土地归国家所有，农业企业、其他企业、社会组织和机构以及公民有权无限期使用。俄罗斯在向市场经济转型中，对农业最重要的生产资料土地，仍保持单一的国有制。为此，1991年4月25日，俄罗斯联邦议会通过了《俄罗斯联邦土地法典》（以下简称《法典》）。《法典》为“根本改革俄罗斯联邦土地关系、保护土地所有者、土地占有者和土地使用者的权利，组织合理使用土地资源，提供了法律保证”。根据《法典》规定，

① 以上资料转引自乔木森2003年10月撰写的《俄罗斯农业发展道路》研究报告。

② 参见陆南泉等主编《苏东剧变之后——对119个问题的思考》（中），新华出版社2012年版，第571页。

俄罗斯取消了土地的单一形式，确定了多种土地所有制形式，包括以下内容：①国家所有制。它分为联邦所有制和共和国所有制。②集体所有制。土地可作为集体共同所有的财产，但不为其中的每个公民确定具体的土地份额。③集体股份所有制。在确定每个公民的具体土地份额后，土地所有权转交给公民，并可作为集体股份制。④公民所有制。公民在从事家庭农场、个人副业、个人住宅与别墅建设等活动时，有权获得土地所有权，并终身继承占有权或租赁权。

1991年年底，叶利钦签发了《关于俄罗斯联邦实施土地改革的紧急措施》的总统令，它不仅规定了土地改革的一般原则，而且要求在一年内完成集体农庄和国营农场的改组与重新登记。预定要在俄罗斯农村发展100万个家庭农场，以形成一个中产者阶层。1993年10月27日，叶利钦又签署了《关于调节土地关系和发展土地改革》的总统令。这道总统令的一项重要内容是：规定土地所有者有权出售归自己所有的土地。接着，又于1994年和1995年分别颁布了俄罗斯政府《关于借鉴下诺夫戈德州实际经验改革农业企业的决议》和《关于实现土地份额和财产份额所有者权利的方式的决议》。根据这两个决议，在改组农业企业的过程中，使这些企业的工作人员和农民得到归自己所有的一份土地和一份财产。1996年3月7日，叶利钦又签署了《关于实现宪法规定的公民土地权利》的总统令，重申土地所有者有权自由支配自己的土地份额，包括出售、出租和赠送土地份额。

虽然俄罗斯在执行有关土地所有制改革的总统令方面遇到各种阻力，但土地私有化的改革还是取得了不少进展。到1997年1月1日，国营农业企业占用的农业用地占全俄农业用地的比重已下降到13.4%，其中耕地为12.5%。到1999年，约有63%的农业用地转为私人所有。在土地使用结构也发生了大的变化，农业企业和组织使用土地为1.6亿公顷，占农用土地的81.9%。①

在叶利钦时期，有关土地私有化的改革，并没有解决农用土地可以自由买卖这个关键性问题。普京上台后，在农业问题上强调指出，要解决俄罗斯农业中存在的大量问题，急需尽快通过长期争论不休的新土地法典。2000年1月，他在国家杜马发表讲话时就呼吁尽快通过土地法典。在他执政初期，对土地自由买卖问题的态度并不十分明朗，比较谨慎，但实际上是同意土地自由买卖的。2001年1月30日，普京在俄罗斯国务委员会主席团会议要求：必须通过明确的土地法。认为，缺乏对土地的调节，是影响投资的一个很大障碍。接着，他在2001年2月21日俄罗斯联邦国务委员会会上讲："土地关系领域需要解决三个关键问题：第一，在所有制领域制定出各种法律关系的

---

① 在经济转轨前的1991年年底，国营农场占用农业用地为1.06亿公顷，集体农庄占用7910万公顷，分别占全部农业用地的47.7%和35.6%。

规定；第二，清点土地数量；第三，建立土地资源有效管理的体系。”“新的土地法典应该成为推进这方面工作的出发点。”他还接着说，在农业方面俄罗斯“最尖锐的问题是农业用地的流转问题。在土地资源的构成中，农业用地占了1/4。在今天的讨论中我们应该对此予以特别的关注”。[①] 2001 年 4 月 3 日，普京发表的总统国情咨文中专门谈了土地问题。他说：“现在的主要问题是，在那些已有土地市场的地方，不要去阻挠土地市场的发展。把关于调节土地关系的形式和方法的最现代的概念写入法典。还应该承认，现在非农用土地在民间交易中已不受限制。对农用土地的交易调控显然需要专门的联邦法律，大概还应当赋予联邦主体独立决定何时进行农用土地交易的权限。”[②]

经过激烈争论，2001 年 9 月 20 日，国家杜马三读通过了拖了 7 年之久的新的《俄联邦土地法典草案》，10 月 10 日，俄罗斯联邦议会以 103 票赞成、29 票反对、9 票弃权的表决结果最后通过了《俄罗斯联邦新土地法典》，并由普京总统签发生效。但《俄罗斯联邦新土地法典》并未解决农用土地自由买卖问题。为了解决这个问题，2002 年 6 月 26 日，俄罗斯国家杜马最终以 258 票赞成、149 票反对通过了《俄罗斯联邦农业用土地流通法》。7 月 9 日，俄罗斯联邦委员会批准，并由总统签发，自正式公布之日起 6 个月后生效。应该说，这项法律的出台，标志着俄罗斯土地私有化有了重大发展，即最后解决了农用土地可以自由买卖的问题。《俄罗斯联邦农用土地流通法》明确规定了农用土地地块和具有共同所有权的土地份额的流转（交易）规则和限制条件，完成交易的结果，是产生或者中止农用土地地块和具有共同所有权的农用地份额的各种权力。还规定：“不允许俄联邦主体通过法律法规包括附加条款，对农用土地地块的流转进行限制。”这里要指出的是，有关农用土地自由买卖还是需要遵循一些原则。为此，《俄罗斯联邦农用土地流通法》做了以下一些限制性的规定，比如：为了保证农用土地的专项用途，在出售股份所有制的土地份额时，其他土地股份所有者有权优先购买；出卖农用土地地块时，俄联邦主体或联邦主体法律规定的地方自治机构有权优先购买这些土地地块；禁止将农用土地卖给外国人、无国籍人士和外国人的股份超过 50% 的法人。从杜马讨论农用土地进入流通问题的情况看，总的看法比较一致，即不能把农用土地卖给外国人。[③] 这主要是担心俄罗斯农业和农村被外国企业与外籍人士控制。关于这个问题，2002 年 6 月 19 日，普京在俄罗斯工商会第 4 次代表大会上说：“我理解那些主张不急于赋予外国人购土地的人。”“解决这个问题需要平衡、斟酌和非常谨慎。”但他还说：“随着土地市

① 《普京文集》，中国社会科学出版社 2002 年版，第 257 页。

② 同上书，第 284 页。

③ 外国人可购买工业和建筑用地。农用土地只能租赁，租赁期不得超过 49 年。

场和必要基础设施的发展，这个问题还会被提到日程上来。”至于农用土地自由买卖的改革，虽已通过了法律，但在实施过程中不同观点的争论不会停止，而土地私有化改革的进程也不会因有争论而停滞不前，还会不断深化。

《俄罗斯联邦农用土地流通法》的颁布与实施，不仅为土地流通提供了法律基础，从经济转型视角来讲，其重要意义还表现在以下三个方面：一是解决了农用土地进入流通领域的问题，成为商品经济的一个重要因素。二是允许土地进入流通，改变了从事农业生产的农民与土地的关系，农民真正成为土地的主人。《俄罗斯联邦农用土地流通法》的实施，使土地份额所有者出租、出售、抵押、交换等有了法律保证。三是农用土地进入流通，这为俄罗斯农业朝着规模化和效益化方向发展提供了可能。也就是说，随着土地自由进入流通，就会使土地向大生产者集中和发展规模化经营创造条件。与此同时，这也有利于吸引国内外的投资。正如普京所指出的：“缺乏对土地问题的调节，是投资过程中的很大障碍。谁会把钱投向别人的土地上的项目？土地已进入国内流通，而且没有发现有害。这个问题的解决，我们拖得太久了，时间已经耗尽。不调节土地问题会对人们的生活、对经济产生不良影响，降低投资积极性，产生腐败。”①

## 三　俄罗斯农业发展状况

在叶利钦执政期间，俄罗斯农业和整个经济一样也出现了大幅度下滑。1991—1998 年，农业产值年均下降了 5.5%，在 20 世纪 90 年代，农业生产下降了 40%。俄罗斯 3300 万居民处于贫困状态，其中 75.6%（2950 万人）是农村居民。② 只有约 60% 的农村居民达到全国人均收入水平，35% 的居民实际可支配收入低于最低生活标准。③ 在 1991—1998 年，俄罗斯进行了农业经营组织形式和土地所有制的变更，但农业生产出现连续下滑，其主要原因，一是在叶利钦执政时期整个经济处于转型状态，政府无力支持农业的发展。二是由于农业私有化改革，实行平均分配的原则，结果使约一半的农业用地掌握在并不直接从事农业活动的人手中，导致大量土地荒废，农作物种植面积大幅度减少，总播种面积由 1992 年的 1.14591 亿公顷减至 1999 年的 0.87742 亿公顷。三是叶利钦设想采用欧美式家庭农场方式来发展农业，这在俄罗斯难以行得通。

---

① 转引自陆南泉《苏俄经济改革二十讲》，生活·读书·新知三联书店 2015 年版，第 327 页。

② Галина Карелова，У бедности деревенское лицо，http：//www. rg. ru/2003/10/28/karelova. html.

③ А. Гордеев，О проекте Государственной программы，“Развитие сельского хозяйства и регулирование рынков сельскохозяйственной продукции，сырья и продовольствия на 2008 – 2012 годы”，http：//www. mcx. gov. ru，12. 07. 2007.

从1999年起，俄罗斯农业生产开始好转，2000年和2001年增长率分别高达7.7%和7.5%，从2001年开始，俄罗斯首次实现了粮食自给自足。当年俄粮食产量达到8520万吨，不仅满足了国内粮食需求，而且使俄再次成为粮食出口国。2001年，俄罗斯出口粮食320万吨。2002年，俄罗斯粮食产量更是达到8660万吨，粮食出口1850万吨，成为当年第五大粮食出口国。要特别指出的是，近几年来俄罗斯农业有了很大进展，粮食产量稳定增长，2014年、2015年与2016年粮食产量分别达到1.043亿吨、9800万吨与1.19亿吨。同期农业产值分别增长3.5%、3%与4%。2015年，俄罗斯粮食出口3390万吨，2016年为4000万吨。俄出口粮食主要以小麦为主，2015年7月至2016年6月，俄罗斯小麦出口量达2460万吨，超过加拿大和美国。俄罗斯农业市场研究院院长雷利科表示，这是俄罗斯在现代历史上首次成为小麦最大出口国，俄罗斯有望在下一农业年度继续保持这一地位。俄罗斯总统普京在向联邦成员发表的2016年度国情咨文以及年底举行的年度大型记者会上，特别夸奖农业取得的成绩。俄罗斯副总理德沃尔科维奇称："农业是近些年唯一稳步增长的经济部门，是经济增长的火车头。它不仅是增长的驱动器，而且是奠定基调和情绪的领域。2016年俄罗斯农业生产增幅逾4%，粮食收成超过1.19亿吨。俄罗斯农业部认为，鉴于油价下跌，粮食生产独占鳌头，'粮食是我们的石油'。"①

俄罗斯农业明显好转，除在农业领域推行的改革政策逐步显现成效外，还与对农业实施各种扶植政策有关。

### （一）对农业日益重视，不断增加对农业的资金投入

俄罗斯政府对农业投入的增加与出台的有关政策有密切的联系。自2005年起，俄罗斯将农业确定为国家重点发展领域后的两年时间，对农业的投入就增加了近10倍，达到3600亿卢布。2011年11月7日，俄罗斯农业部公布了《2013—2020年俄罗斯联邦农业发展和农产品、原料和粮食市场调控国家纲要》（以下简称《纲要》）。为了《纲要》的贯彻执行，划拨联邦预算资金2.37万亿卢布，其中，俄罗斯农业部取得预算拨款2.285万亿卢布，俄罗斯农业科学院取得849.73亿卢布。保证7个子纲要与3个联邦专项纲要②顺利执行的联邦预算资金分别为：用于执行《种植业部门的发展、种植业产品的

① 胡晓光：《俄罗斯中产阶层盼经济早日复苏：农业成亮点　政府仍缺钱》，中俄魏网，2017年1月10日。

② 7个子纲要分别为《种植业部门的发展、种植业产品的加工和销售》《畜牧业部门的发展、畜牧业产品的加工和销售》《支持农业小企业》《技术现代化与创新发展》《建立管理农业领域的自动化系统》《国家纲要政策实施的科学保障》和《保证实施国家纲要的管理功能》。3个联邦专项纲要分别为《2013年前农村社会发展》《2014—2017年和2018—2020年农村稳定发展》和《2020年前俄罗斯农业用地土壤改良的发展》。

加工和销售》子纲要的预算资金为5697.82亿卢布，对《畜牧业部门的发展、畜牧业产品的加工和销售》的预算拨款为7018.82亿卢布，《支持农业小企业》为1092.41亿卢布，《技术现代化与创新发展》为1215.67亿卢布，《建立管理农业领域的自动化系统》为97.35亿卢布，《国家纲要政策实施的科学保障》为986.74亿卢布，《保证实施国家纲要的管理功能》为2032.34亿卢布。用于执行3个联邦专项纲要的联邦预算分别是：《2013年前农村社会发展》为77.2亿卢布，《2014—2017年和2018—2020年农村稳定发展》为2945.4亿卢布，《2020年前俄罗斯农业用地土壤改良的发展》为2537.24亿卢布。《纲要》执行期间各年的联邦预算资金为：2013年为2024.13亿卢布，2014年为2447.46亿卢布，2015年为2697.92亿卢布，2016年为2926.38亿卢布，2017年为3121.79亿卢布，2018年为3295.05亿卢布，2019年为3498.47亿卢布，2020年为3689.81亿卢布。除联邦预算资金外，在执行《纲要》过程中预计划拨联邦主体预算资金2.349万亿卢布，预算外资金预计达到2.279万亿卢布。由此可见，《纲要》的资金保障更加多元化，不再单纯依靠联邦预算拨款，地方政府和企业的投资也占有相当大的比例。① 十分明显，今后一个时期俄罗斯将大大增加对农业的投入。

### （二）实行税收优惠政策

俄罗斯在调整农业政策中的一项重要措施是减轻税负，2003年开始征收统一农业税。俄罗斯规定，统一农业税税额为农业企业总收益与其总成本之差的6%。此外，俄罗斯还对农产品增值税实行税收优惠，即按10%的优惠税率课税（标准税率为18%）。实施这一税收后，使农业商品生产者的税负减少75%。这一优惠政策的适用对象为饲养牲畜家禽类农业企业；肉类、牛奶和奶制品、植物油和人造黄油、精炼糖与原糖、鸡蛋和蔬菜等主要农产品；饲料谷物、混合饲料、油籽粕和油籽饼等农业投入品。为了适应加入世界贸易组织的需要，俄罗斯国家杜马于2012年9月三读通过了一项法律，强化对农业生产者实施的税收优惠政策：规定农业企业利润税将无限期实行零税率政策；在2017年12月31日前对一些粮食种子、种畜等农产品的增值税继续实行10%的优惠税率。②

### （三）实施信贷优惠政策

一是针对农民贷款难的问题，俄罗斯政府成立了俄罗斯农业银行，专门负责分配使用国家对农业的投资，发放农业贷款，并将长期贷款的期限从原

① 参见郭晓琼《俄罗斯农业发展现状与预测》，载李永全主编《俄罗斯发展报告（2012）》，社会科学文献出版社2012年版，第167页。

② 《俄罗斯：通过立法对农业实施税收优惠政策》，中国税务网，2012年9月21日。

来的8年延长到10年，同时，还加大了对长期贷款的补贴额。农民可以以抵押土地的方式申请贷款，政府补贴贷款利息。

二是政府资助建立农村信贷合作社，帮助农户和小型农业合作集体解决生产资金问题。

三是调整国家对农业的贷款政策。自2000年秋开始，国家将农业预算资金用于支付商业银行的信贷利率，以鼓励商业银行向农业贷款，等等。①

虽然俄罗斯农业取得了不小的进展，并且具有很大的潜力，有丰富的土地资源，农业机械化已达到较高水平，粮食作物耕、播、收三项作业全部实现了机械化，但是，俄罗斯要把这些优势转化为现实的生产力，也并不容易，困难不少。首先，俄罗斯农业效率低下，2009—2013年，粮食单位面积产量平均每亩为144.7公斤，2014年美国为509.2公斤，日本为421.05公斤，中国为390.88公斤，韩国为386.67公斤。俄罗斯学者指出，农业出产率比遍地是石头且缺少阳光的芬兰还要低一半。② 其次，农业技术创新水平较低，特别表现在农畜业的优种对国外依赖程度高。从种子行业看，国外优种在种植业占较高比重。2013年，国外种子在俄甜菜生产中占96%，蔬菜为66%，土豆为62%，越冬油菜为60%，向日葵为46%，玉米为43%。在养殖业中，国产种畜占比较高，奶牛业为67%，肉牛业为29%，养猪业为85%，蛋鸡养殖为56%，肉鸡养殖为61%。③ 最后，俄罗斯农业受气候变化影响很大，并没有摆脱靠天吃饭的局面。20多年间，有不少年份粮食产量出现大幅度下降，如1998年粮食产量为4777.1万吨，而1997年为8846.1万吨，减幅达46%。

## 四　几点思考

综上所述，以下问题值得我们深入思考：

第一，我国自实行改革开放总方针之后，"三农"问题有了很大的改善。特别是近几年来，国家对农业支持的力度大大加强了，如实行农业税减免、对种粮农民实行直接补贴、对主产区重点粮食品种实行最低收购价格等政策。对农村教育事业的发展也给予了大力支持。无疑，这些政策大大调动了农民的积极性，促进了农业发展。今后我们必须进一步落实对农业"多予、少取、放活"的方针。同时，要清醒地认识到，中国农村人口近8亿，即使工业化与城市化进展顺利，2020年农村人口仍有6亿左右，"三农"问题仍然

① 参见郭连成、唐朱昌《俄罗斯经济转轨路径与效应》，东北财经大学出版社2009年版，第96—97页。

② 参见伊·弗·拉季科夫《俄罗斯社会怀疑心态对现代化进程的阻碍》，《当代世界与社会主义》2012年第2期。

③ 转引自李建民《中俄农业合作新论》，《欧亚经济》2015年第1期。

是一个大问题。再说，全国农村有近2000万人仍未解决温饱问题，近6000万人处于低水平、不稳定的温饱状态。不解决“三农”问题，就会影响工业化与城市化的进程，也将成为制约整个国民经济进一步发展的“瓶颈”。所以，在今后的工业化与城市化进程中，一刻也不能放松解决“三农”问题，只有农业有了大的发展，工业化与城市化才能得到更快发展。在这个问题上，列宁有很多深刻的分析，他在俄共（布）十一大的报告中说：同农民群众、同普通劳动农民汇合起来，开始一道前进，虽然比我们所期望的慢得多，慢得不知多少，但全体群众却真正会同我们一道前进。到了一定时候，前进的步子会加快到我们现在梦想不到的速度。①

第二，目前中国的农业还是一个弱势产业，农业增收缺乏重要的支撑，又面临国内外的激烈竞争。因此，在我国工业化中后期阶段，农业不能再为工业化提供积累，而是国家应该给予大量补贴的部门，让农业从工业化和城市化取得的进展中分享到好处，绝不可以牺牲农民的利益来推进工业化和城市化进程。而且要采取一些有力的政策推动农业现代化，特别是要使乡镇工业得到进一步发展与提高，这既可以使它与整个工业化融合为一体，还可以推进农村城市化进程。

第三，吸取苏联的教训，在中国今后的工业化进程中，绝不能不顾生产力发展的实际水平，在条件不成熟的情况下，用行政的手段去改变农业生产关系。农业的生产组织形式与经营方式要由广大农民创造。

第四，目前中国工业化已进入中后期，在今后的工业化进程中，更应保持农轻重的平衡协调发展。农业搞不好，轻工业和食品工业也上不去，市场供应就会十分紧张。要特别指出的是，我国农村市场的需求有很大的潜力，而这个潜力只有在农业有了大的发展、农民购买力大大提高的情况下，才能得以发挥。

① 《列宁全集》第43卷，人民出版社1984年版，第77页。

# 中国东北老工业基地新一轮振兴与俄远东超前发展区建设的合作机遇

刁秀华

**摘　要**　自2016年以来，中国对东北老工业基地新一轮振兴出台了一系列政策。而俄罗斯为开发远东地区也提出了建立超前经济发展区的新举措。中俄两个毗邻地区同步实施振兴战略，为两国地区经济互动合作提供了新机遇。中国东北老工业基地与俄罗斯远东地区不仅是中俄两国战略方向的目标区域，同时也是双方重点合作区域。东北老工业基地的振兴可以促进俄罗斯远东超前发展区的开发建设，而参与俄罗斯远东超前经济发展地区的开发与建设也有利于东北老工业基地的新一轮振兴。为此，双方正积极探索对接合作的有效途径和方法。

**关键词**　东北老工业基地　俄罗斯远东　超前发展区　对接合作　对策

## 一　引言

中国东北地区与俄罗斯远东地区毗邻，近年来，中俄两国在该区域的经贸合作异常活跃，且合作成果丰硕。尤其是2009年9月中俄两国共同签署的《中华人民共和国东北地区与俄罗斯联邦远东及东西伯利亚地区合作规划纲要（2009—2018年）》，极大地推动了中俄两地区经贸合作关系的发展。而且，新形势下中俄两国的地区合作又有了新进展。随着2014年12月29日俄罗斯为加大远东地区开发力度出台《俄罗斯联邦社会经济超前发展区联邦法》，着手建立超前发展区，以及自2016年以来中国为推动东北老工业基地

［基金项目］本文为教育部国别和区域研究项目“中方参与俄罗斯远东地区开发合作研究”、国家自然科学基金项目“我国东北地区与俄罗斯远东地区空间经济联系强度及演化机制的实证研究”（41371129）和辽宁省社会科学联合会一般项目“辽宁自由贸易试验区大连片区与俄远东符拉迪沃斯托克自由港对接合作研究”（2018LSLKTYB－042）的前期成果。

［作者简介］刁秀华，经济学博士，东北财经大学经济与社会发展研究院副研究员。

新一轮振兴一系列政策措施的出台，为中俄两地区的合作注入了新的活力，增添了新的推动力。本文认为，东北老工业基地新一轮振兴与俄远东超前发展区建设的对接合作为中俄两国提供了新的发展机遇。这种对接合作有利于扩大中俄两国的经贸合作关系和合作领域，提高双方经贸合作的质量与水平，尽快改变两国经贸合作与战略协作伙伴关系发展要求不相适应的状况。因此，加强东北老工业基地新一轮振兴与俄远东超前发展区建设的对接合作不失为一种现实的选择。本文围绕这种合作及与之相关的问题展开具体分析。

## 二 东北地区与俄远东地区面临的共同发展新机遇

### （一）东北老工业基地新一轮振兴举措

2003 年，党中央、国务院做出实施东北地区等老工业基地振兴战略的重大决策，此后相继出台并实施了一系列的政策措施，促进东北老工业基地的调整、改造和振兴。然而，受国内外各种因素的影响，近几年来，东北地区经济下行压力逐渐加大，经济发展面临着增速偏低、主要经济指标仍在筑底、供给侧结构性改革有待深化等新的困境与挑战。国家对此高度关注，为了扭转这种局面，出台了新一轮东北等老工业基地振兴战略。仅在 2016 年短短的 8 个月时间内，党中央、国务院就对东北振兴密集地出台了一系列政策。4 月，《中共中央国务院关于全面振兴东北地区等老工业基地的若干意见》印发，这是当前和今后一个时期加快老工业基地全面振兴的纲领性文件，标志着新一轮东北振兴战略的全面启动实施，其中提出，要加强与周边国家基础设施互联互通，努力将东北地区打造成为我国向北开放的重要窗口和东北亚地区合作的中心枢纽。推动“丝绸之路经济带”建设与“欧亚经济联盟”、蒙古“草原之路倡议的对接”，推进中蒙俄经济走廊建设，加强东北振兴与俄远东开发战略衔接，深化毗邻地区合作。[①] 这为东北地区加快与俄罗斯远东地区进行开发合作提供了便利的条件和政策上的保障，有利于双方在交通、能源、基础设施等领域实现务实合作。2016 年 8 月印发《推进东北地区等老工业基地振兴三年滚动实施方案（2016—2018 年）》，11 月印发《国务院关于深入推进实施新一轮东北振兴战略 加快推动东北地区经济企稳向好若干重要举措的意见》，12 月出台《东北振兴“十三五”规划》。这些文件的出台标志着东北振兴进入了一个新的历史时期，同时也为新一轮东北振兴战略全面启动实施提供了政策保障。

---

① 《中共中央国务院关于全面振兴东北地区等老工业基地的若干意见》，中央政府门户网站，www. gov. cn，2016 年 4 月 26 日。

### （二）俄罗斯远东超前发展区的建立与发展

俄罗斯东部地区具有重要的战略地位，其开发历来受到各届政府的重视，尤其是普京总统上任以来，远东地区开发不断提上日程，先后出台了一系列有关东部开发的战略规划纲要，对东部开发做出了详细的规划和具体部署，以保证东部开发战略的贯彻实施。2013 年年末，在普京总统发表的国情咨文中提出建立远东超前发展区。2014 年 4 月，俄罗斯远东发展部制定了超前经济发展区规划。2014 年 12 月 29 日，俄罗斯出台了《俄罗斯联邦社会经济超前发展区联邦法》（2015 年 3 月 30 日起生效），该法实施前 3 年只能在远东地区设立超前发展区，3 年后（自 2018 年 3 月 30 日起）适用于俄联邦的其他地区。建立超前发展区的目的是吸引中小企业，创造新的工作岗位，创造良好的投资环境，吸引国内外投资，吸引国内先进工艺和专家。① 发展加工业、高技术产业、旅游业、疗养业及港口和运输领域的基础设施，加大技术研发及其成果转化，扩大新产品生产种类，推动远东地区开发，实现社会经济加速发展，创造宜居条件。② 规定远东地区在经济发展中享受包括税收、行政审批在内的若干优惠条件，此后远东地区各部门不断创造条件，充分落实这部法律。

远东超前发展区的期限为 70 年，但可根据政府决议延长。超前发展区依托远东地区的资源优势及经济发展潜力，确定了能源开发和加工业、机器制造业、农产品加工业、鱼类加工业、建筑材料工业、高新技术产业、国际物流和旅游业等优先发展方向，培育经济增长点，增强远东地区经济实力，加快与亚太地区一体化的进程。目前，俄罗斯政府在远东地区已批准了 16 个超前发展区③，涉及海港、物流枢纽、农工集群、飞机制造、钻石加工以及科研教育等方面。其中，滨海边疆区有 4 个：大卡缅超前发展区（Большой Камень），以大吨位船舶制造为主；石油化工超前发展区（Нефтехимический），以石化工业及相关服务为主；米哈伊洛夫斯基超前发展区（Михайловский），以农工生产和农产品深加工为主；纳杰日金斯卡亚超前发展区（Надеждинская），主要是运输物流、食品、建材。哈巴罗夫斯克边疆区有 3 个：共青城超前发展区（Комсомольск），以造船、航空制造为主；哈巴罗夫斯克超前发展区（Хабаровск）；尼古拉耶夫斯克超前发展区（Николаевск）。阿穆尔州有 2 个：别洛戈尔斯克超前发展区（Белогорск），

---

① Олейник Е. Б. , Ерёмин А. Ю. Экономический рост и проблемы реализации проектов территорий опережающего развития на Дальнем Востоке России. Экономические науки. 2016№7. с28.

② мая Дмитрий Медведев проведёт совещание о создании территорий опережающего социально – экономического развития на Дальнем Востоке в 2015 – 2017 годах. http://government.ru/announcements/27552/. 5 мая 2017.

③ Ibid. .

以农工产业为主；阿穆尔河沿岸地区超前发展区（Приамурская）。萨哈林州有2个：戈尔内沃兹杜赫超前发展区（Горный воздух）和南方超前发展区（Южная）。萨哈共和国（雅库特）有2个：南雅库特发展区（Южная Якутия）和坎加拉瑟工业园超前发展区（Индустриальный парк “Кангалассы”）。犹太自治州、楚科奇自治区和堪察加边疆区各有1个超前发展区，分别是阿穆尔—兴甘超前发展区（Амуро - Хинганская）、白令戈夫斯基超前发展区（Беринговский）和堪察加超前发展区（Камчатка），主要是港口工业。总体来看，当前远东超前发展区正处于建设阶段，只有共青城超前发展区、哈巴罗夫斯克超前发展区和纳杰日金斯卡亚超前发展区已开始运行。① 可见，在俄罗斯远东地区与我国东北地区毗邻的犹太自治州、阿穆尔州、哈巴罗夫斯克边疆区及滨海边疆区均有超前发展区，且数量多达10余个，这为中俄双方深化经济合作、拓展中国东北地区与俄罗斯东部地区的双边区域经济合作关系、实现互利共赢创造了新契机。此外，俄罗斯远东地区还计划建立水产养殖超前发展区。

在《俄罗斯联邦社会经济超前发展区联邦法》的框架下，预计在10年内吸引6000亿卢布以上的投资，创造3.7万个就业岗位。俄政府预测，超前发展区的建立能够使远东地区生产总值在未来10年翻一番。目前，远东地区各超前发展区正在进行基础设施建设。

俄罗斯为远东超前经济发展区制定了相应的优惠政策，相继出台了一系列优惠政策和措施，《俄罗斯联邦社会经济超前发展区联邦法》规定，远东地区在发展经济的过程中享受包括税收、行政审批在内的若干优惠条件。俄罗斯政府将会在远东地区推行各种优惠政策，以吸引包括中国在内的外国投资商对该地区进行投资。根据法律规定，入驻企业无须缴纳增值税；免除5年联邦利润税，而地方利润税前5年不超过5%，之后5年不超过10%；最初10年免征矿产资源开采税；对深加工生产所需商品、材料免征进口税；入驻企业享受为期10年7.6%的优惠保险金和退休养老金缴费比例，其中，社会保险基金为1.5%，联邦强制医疗保险基金为0.1%，社会退休基金为6%②，大大低于超前发展区以外其他企业30%（2016—2018年为30%，从2019年起为34%）的保险税和20%的利润税。③ 对在远东地区投资农业生产

① Дьяков М. Ю. Территория опережающего развития как инструмент рационального использования природного капитала. Сибиская финансовая школа. 2017№2. с20.

② Наталия Островерхова. Территория опережающего развития: создание, льготы, закон. Территория опережающего социально - экономического развития в Российской Федерации. https://www.syl.ru/article/313835/territoriya - operejayuschego - razvitiya - sozdanie - lgotyi - zakon - territoriya - operejayuschego - sotsialno - ekonomicheskogo - razvitiya - v - rossiyskoy - federatsii.

③ Дмитрий Смольков. Особенности государственной поддержки моногородов в РФ. Фонд развития моногородов. 23.09.2016.

的法人机构提供优惠的土地分配政策，且优先考虑发展畜禽养殖场、畜牧业和种植业领域农产品生产、加工、储存等项目，以及发展选种育种和遗传育种中心的法人机构。可见，俄罗斯正在力争为超前发展区的入驻企业提供更加宽松的环境和优惠的制度。

### （三）"一带一路"倡议的提出

2013 年，习近平总书记在访问中亚和东盟期间先后提出共建"丝绸之路经济带"和"21 世纪海上丝绸之路"的构想（简称"一带一路"倡议），该倡议为泛亚和亚欧区域合作注入了新的活力，在国际社会得到了广泛关注和积极反响。这一倡议提出了一种全新的"互利共赢"合作模式，为"一带一路"沿线国家和地区提供了广阔的合作发展空间。2014 年 5 月 20 日，中俄两国签署了《中华人民共和国与俄罗斯联邦关于全面战略协作伙伴关系新阶段的联合声明》，这标志着中俄全面战略协作伙伴关系进入历史最好时期，为中俄地方间开展合作开辟了更广阔的空间，提供了更多机遇。

随着振兴东北老工业基地战略的全面实施，东北地区经济发展已经进入了全面振兴阶段，已经初步形成了承接"一带一路"建设较为完善的经济基础。主要表现在：通信基础设施建设发达，交通基础设施也一应俱全，正在推动东北亚航运中心建设，拥有融入"一带一路"建设的互联互通基础。装备制造业发达，具备转移优势产能的产业基础，依托自身海洋装备产业综合技术优势，与俄罗斯远东沿海地区合作具有较大的空间。

### （四）"一带一路"倡议与"欧亚经济联盟"战略的对接

近年来，中国提出"一带一路"倡议，俄罗斯与白俄罗斯等国也提出"欧亚经济联盟"构想。对俄合作是中国对外开放总格局的重要组成部分，中俄两国全方位合作达到历史最好水平。因此，中国倡导的"一带一路"与俄罗斯力推的"欧亚经济联盟"，一直在积极谋求融合对接。2015 年 5 月 8 日，习近平主席与普京总统在莫斯科签署《中华人民共和国与俄罗斯联邦关于丝"绸之路经济带"建设和"欧亚经济联盟"建设对接合作的联合声明》，在"欧亚经济联盟"与中国之间启动了自由贸易区谈判。这表明中俄高层领导人在"一带一盟"倡议对接上已经达成一致的共识。今后，随着"一带一路"建设和"欧亚经济联盟"建设的深入对接，会进一步提升两国在创新领域的合作潜力，创新两国间的经济合作模式，发展和巩固两国在实现经济现代化方面的合作。

这对俄罗斯东部地区和中国东北老工业基地来说意味着机遇，东北地区在俄罗斯东部地区经济合作园区的建设也会进一步增长，合作领域会逐步扩大，将从传统的农业、木材加工、物流建材等领域向基础设施与陆海联运通道建设等更多的领域拓展，不断带动双方的大项目合作，从而使双方的经贸合作水平全面得到提升。

综上所述，中国东北老工业基地新一轮振兴与俄罗斯远东地区开发的同步实施，为双方地区经济合作对接提供了新机遇。尤其是俄罗斯远东超前发展区和符拉迪沃斯托克自由港的建立，为中俄双方带来了巨大的经济合作机遇。东北三省在“一带一路”建设中被定位为中国向北开放的重要窗口，积极参与“一带一路”建设已成为新一轮东北老工业基地振兴的重要路径，参与俄罗斯远东超前经济发展地区的开发与建设有利于东北地区的振兴。中国希望通过东北老工业基地新一轮振兴所提供的巨大市场，吸引俄罗斯远东地区丰富的自然资源和雄厚的科技实力，促进东北地区经济的快速发展。而东北老工业基地新一轮振兴战略的实施对远东地区开发尤其是超前经济发展区来说也是一次历史性的重大机遇，可以促进俄罗斯东部地区的开发。俄罗斯正借力中国东北老工业基地的新一轮振兴，搭上中国经济快速发展的顺风车，加速远东地区开发，以此作为经济发展的重要突破口。

## 三 东北老工业基地新一轮振兴与俄远东超前发展区建设的对接合作

### （一）对接合作的具体领域与目标指向

#### 1. 实现交通领域互联互通

中国东北地区与俄罗斯远东地区的交通基础设施建设较为滞后，尤其是双方边境道路、桥梁、港口等相关基础设施建设，尚不能完全满足双方经贸发展的需要。中国东北老工业基地新一轮振兴与俄罗斯远东超前发展区的对接合作，离不开交通基础设施建设与合作。一是建立陆海联运通道。由于辽宁自贸试验区已成立，可以将黑龙江省正打造的绥芬河—波格拉尼奇内—符拉迪沃斯托克陆海联运通道延伸至大连片区，即建立贯穿东北地区到俄罗斯符拉迪沃斯托克自由港的陆海联运通道，这条通道经由俄罗斯远东“滨海1号”国际交通走廊进入符拉迪沃斯托克自由港，再经过自由港内的符拉迪沃斯托克港或纳霍德卡港，使陆海联运货物直达日本和美国等国家。这是东北老工业基地辐射远东地区并将触角伸向东北亚地区、向北通往国际海路的既经济且有效的直接通道。同时，推动长春—珲春—扎鲁比诺的对俄海运通道建设，力争在珲春—扎鲁比诺—束草和珲春—扎鲁比诺—新潟航线稳定运营的基础上，开辟更多的对俄罗斯、朝鲜、日本等国家的陆海联运新航线。二是贯通海路，发挥海运优势。东北地区的大连港是“陆上丝绸之路”及“海上丝绸之路”的海陆重要交汇点，腹地广阔，拥有巨大的货物吸纳量，与俄罗斯符拉迪沃斯托克港的距离为1100海里，东北老工业基地通过这一海上通道运输货物，能够大大节约运输成本，缩短运输时间。

2. 深化物流领域的合作

在物流合作方面，首先，要不断加强两国间的跨境运输合作，积极推进中国东北地区对外开放国际大通道的建设，以边境口岸为支撑，建立以绥芬河、东宁、黑河和同江4个口岸为主，以哈尔滨、牡丹江、佳木斯等腹地物流系统为依托的中俄边境口岸物流体系；重点建设绥芬河—符拉迪沃斯托克和珲春—卡梅绍娃亚铁路，加强东北亚区域合作交通物流体系以及国际物流中心的建设。推动珲春与扎鲁比诺港的联动发展，加快扎鲁比诺港珲春物流中心的建设，当前该项目规划设计等前期工作已完成，一期工程也已开工建设。其次，俄罗斯欲将符拉迪沃斯托克自由港建设成为东北亚地区物流枢纽，中国提出，将辽宁自贸试验区大连片区建成东北亚地区乃至全球的国际物流中心。可见，两者的这一功能定位和发展目标相似。如果两者功能实现，就会自南向北对中国东北老工业基地和俄远东地区的物流起到辐射带动作用。因此，大连港可以与符拉迪沃斯托克自由港在物流领域开展对接合作，南北呼应，共同打造东北亚地区的物流中心（枢纽），辐射带动东北地区和远东地区的发展。最后，要加强并不断完善交通与仓储设施建设，提高对俄重点边境口岸的快速通关和换装能力。重点建设哈尔滨空港和华南城物流园区，以及齐齐哈尔、牡丹江、佳木斯、大庆的综合物流园区。

3. 进一步推进港口领域的合作

俄罗斯远东地区的扎鲁比诺港是一个天然不冻港，现有码头4个，与吉林省珲春口岸仅相距60千米。目前，吉林省已与俄罗斯苏玛集团签订协议，将该港建设成为年吞吐能力达1亿吨的大型海港，码头将增加到12—15个，双方已在项目建设规模、融资方式、运营管理等方面达成共识，预计2018年投入使用，届时将成为东北亚—欧盟最大的国际货港之一。2015年11月9日，东北地区的大连港集团与俄罗斯远东运输集团在莫斯科签署了战略合作协议。2016年4月，双方签署了合作备忘录。根据协议，大连港集团对位于符拉迪沃斯托克自由港内的俄罗斯远东运输集团纳霍德卡港的码头堆场、港口设备、冷库等基础设施改造，以及集装箱中转站的设立和大连至纳霍德卡港海上运输航线的开辟等开展可行性研究，并就相关基础设施的经营与远东运输集团进行股权合作洽谈。鉴于辽宁自贸试验区大连片区已进入建设阶段，应大力推动这一进程。通过对俄远东运输集团纳霍德卡港码头的改造，提升港口吞吐能力，使纳霍德卡港货物吞吐量由目前的47万吨提高到300万吨，推动远东运输集团的业务向俄远东地区、中国东北地区和欧洲延伸。

4. 积极开展渔业合作

针对远东地区当前尚无水产养殖的产业，俄计划在远东地区建立水产养殖超前发展区。东北地区的大连在水产养殖尤其是特色水产养殖技术方面具有诸多经验与优势，可以成立相关研究小组，收集俄方相关政策法规与信息，为大连企业提供最新指导，发挥大连企业在藻贝类、海珍品养殖、苗种培育和水产品加工等领域的自身优势，积极开展双方渔业合作，实现俄远东丰富且无污染的渔业资源与大连港先进冷链体系的对接合作，充分发挥大连渔业生产基地和水产品集散地的优势，扩大对日本、韩国等东北亚地区国家的水产品出口份额。同时，还可以利用此契机在休闲渔业领域开展合作。

5. 不断加强能源合作

远东滨海边疆区的“东方石化公司”超前发展区以石化工业和相关服务为主，萨哈林州是俄罗斯远东地区石油和天然气资源丰富的地区，萨哈林州建有两个超前发展区，东北老工业基地的大庆、辽阳及大连成熟的炼油技术优势和资金优势，可以在俄罗斯远东上述超前发展区投资建设大型炼油厂及相关企业，享受各种优惠政策。生产的成品油可以经陆上运往大庆或由纳霍德卡港海上运至大连港，以满足东北地区的需求；或满足俄罗斯远东地区的需求；或从纳霍德卡港输出到第三国。

6. 扩大农业领域的合作

受到西方制裁的俄罗斯在反思国家经济发展模式之际，将重振农业视为国家的重要任务之一。俄罗斯远东地区农业资源丰富，约有一半的耕地尚处于闲置状态。为了吸引更多的资本投资农业，俄罗斯将加大出租远东地区的农业用地规模，优化农业管理。同时，俄罗斯农业部指出，远东农业发展远景规划中必须不仅要考虑农业产品的国内需求，也要考虑对亚太国家的出口潜力。① 而中俄两国的农业合作已经产生了一定的成效，从俄罗斯方面来看，双方的合作扩大了俄罗斯远东地区农副产品的供应；从中国方面来看，有利于提高中国的粮食安全。在俄罗斯远东超前经济发展区中，滨海边疆区的“米哈伊洛夫斯基”发展区、哈巴罗夫斯克边疆区的“拉基特诺耶”发展区、阿穆尔州的“叶卡捷林诺斯拉夫卡”发展区和“别罗戈尔斯克”发展区，犹太自治州的“斯米多维奇斯克”发展区都是以农工产业或农业及加工为主的超前发展区，而东北三省尤其是黑龙江省企业在市场、技术、资金等方面存在较大优势，今后双方的农业合作应转向以资本和技术密集型的现代化绿色生态大农业为主，不断扩大彼此间农产品贸易，力争在农业领域取得新突破。鉴于俄罗斯的绿色食品在中国日益畅销，要不断扩大进口俄罗斯的食品，同时还要加大对俄罗斯远东超前发展区食品工业的投资，建立起农业生产与销售一条龙产业链，打造俄罗斯农产品进口的稳定来源。为此，要积极推动中国东北地区与俄罗斯远东超前发展区在农业种植、养殖、加工、仓储、物流等领域的合作，加快建设新的粮食陆地走廊的合作建设步伐，扩大对俄罗斯东部地区的粮食进口。

---

① 罗偲：《俄远东超前发展区 10 年能吸引 93 亿美元》，透视俄罗斯，http：//tsrus. cn/jingji/2015/02/05/1093_ 39709. html，2015 年 2 月 5 日。

### （二）对接合作的有利因素

第一，俄罗斯“向东看”是长期的战略需要。从国际环境来看，2014年，欧美对俄实施制裁，迫使俄罗斯寻找新出路。一方面，俄罗斯加快了远东开发的进程，提出要实现“跨越式发展”，意在使落后的远东地区比俄罗斯其他地区发展得更快些；另一方面，采取“向东看”战略，通过加强与包括中国在内的亚太国家的经贸合作来摆脱对西方市场过度依赖的困境。为此，俄政府采取了一系列经济、法律、社会服务和加强国际合作等措施来刺激远东经济发展，优化经济发展环境，不断加大与亚太地区国家尤其是中国的经济合作。

第二，从俄罗斯国内来看，俄罗斯对远东地区的开发力度不断加大。普京总统把开发远东作为第三个任期的优先战略任务，把远东发展当作俄罗斯“极其重要的地缘政治任务”。为此，不断推进远东地区的开发建设。一是为了推动远东开发战略设立远东发展部，为解决投资资金匮乏问题而设立远东开发基金。二是积极发展远东地区基础设施，包括铁路、公路和食品运输，提高交通运输能力，以帮助企业降低运行成本。三是制定各种优惠政策，明显加大对远东的开发力度和政策的倾斜力度，在税收减免、土地、基础设施建设等方面提供最优惠的条件。

为吸引投资和中小企业，俄罗斯远东地区成立了吸引投资署，为合作伙伴提供合作信息，并在项目落实过程中提供全方位服务。鉴于此，为全方位推进东北地区与俄罗斯远东地区投资合作，应找准双方合作的具体领域，有的放矢地开展对接合作，引导中国企业尤其是那些实力强大的企业入驻俄远东地区的超前经济发展区进行投资。

第三，从东北地区来看，东北老工业基地与远东超前发展区的对接合作是中国东北地区新一轮振兴的需要。在俄罗斯已经建立的超前发展区中，大部分位于与我国毗邻的滨海边疆区、哈巴罗夫斯克边疆区、阿穆尔州和犹太自治州。这些地区拥有丰富的矿物原料、森林、煤炭等自然资源，在资源、区位等方面具有融入和参与东北老工业基地新一轮振兴的充足条件，也为我国东北地区企业进入该地区开发利用自然资源提供了良好的条件。东北老工业基地拥有良好的工业基础、众多的技术人才和较为完备的基础条件，具有与俄罗斯远东超前发展区开展合作的基础和条件。结合我国提出的加强国际产能合作的步伐，可以将东北地区的部分产能（如能源、机械制造、造船、化工、农业等诸多领域）转移至俄罗斯远东超前发展区。俄罗斯远东超前发展区是东北新一轮振兴不可或缺的舞台，与其合作能够促进东北老工业基地的新一轮振兴，两者的互动发展对于实现东北老工业基地的新一轮振兴具有十分重要的意义。

### （三）对接合作的障碍因素

尽管东北地区与俄罗斯远东地区的对接合作存在上述诸多有利条件，双方合作的潜力也很大，但是双方合作的进展和成效与两国的合作潜力并不相符。在双方的合作中，战略性大项目仍偏少，在一些领域（如水资源、核能、新材料、生物技术等）的合作潜力尚未充分挖掘出来。总的来讲，这些问题的出现既有俄方的原因，也有中方的问题；既有俄罗斯国内因素，也有国际因素；既有政治因素，也有经济因素的影响。

第一，在经济全球化和区域经济一体化深入发展的背景下，中俄两国在能源及其他领域的经济合作既得到了加强，但同时也变得更加复杂化。为了维护国家经济利益和保障自身安全，两国的对外经济合作政策不得不经常进行调整。尤其是在发展与中国的经济合作问题上，俄罗斯不同利益集团的主张各异，尚存有分歧，这是制约中俄双边东部区域经济合作深化的重要因素之一。

第二，由于中俄两国都处在由计划经济向市场经济的转轨时期，两国与市场经济发展相配套的经济法律制度还不完善，市场经济运行机制有待进一步完善。尤其是俄罗斯远东地区既未建立正常的市场经济秩序，也缺少必要的竞争环境。在这种情况下，东北老工业基地与远东地区合作的规范化运作受到很大影响，双方往往缺乏进行长期合作的必要计划和步骤。

第三，双方在开展合作中尚未建立稳定、有效的协调管理机制和信息交流机制，而这种机制是保证彼此合作对接的前提条件。当前，东北地区与俄罗斯远东地区合作尚缺乏必要的制度保证。尽管双方合作在各方面均有一定的进展，但这种合作还缺乏稳定的制度基础，尚未形成统一的合作组织、健全的运作机制以及固定的发展模式，直接导致交易成本和交易风险较高。

改革开放以来，中国东北地区体制趋于老化，政府机构臃肿现象严重，职能交叉导致行政效率较为低下。并且许多领域的对外开放程度并不高，知识产权保护也不够严格，给俄罗斯东部地区跨国企业投资带来不便。而俄罗斯制度基础的欠缺表现在以下两个方面：一是俄罗斯对外经济合作的措施和政策多变，出于对战略性资源保护等心理，俄罗斯就有关能源的开采问题一直持保守态度，致使两国很难达成一致的合作意见。二是俄罗斯的行政手续审批效率较低，各地区缺乏协助外国投资者的公开行政窗口，海关程序也繁杂而冗长，外资企业需要花费大量资金用于简化手续和缩短审批期限，贪腐程度较为严重，即使项目资金投入较易，但是项目真正落地、落实却较难。

第四，俄罗斯东部地区投资环境仍有待提高。俄罗斯经济发展的不确定性增强，在乌克兰危机和地缘政治冲突下，欧美对俄罗斯实施了经济制裁，再加之经济本身具有脆弱性，俄罗斯本国货币卢布汇率下跌严重，政府财政收入不断减少。俄罗斯东部与西部地区历来经济发展不平衡现象严重，俄罗斯远东地区自然条件恶劣，生存和工作环境艰苦，人口数量持续减少，开发资金严重短缺，道路交通、供电供热、电信、住房等基础设施建设长期滞后。可以说，中国东北地区与俄罗斯远东在合作开发中存在的最大阻力就是远东地区投资合作环境差，投资风险高。具体而言，俄罗斯总体对中国外资的态度是上热下冷的，上层政府的态度非常友好，但是，地方邦区对中国的态度却是抑制和戒备的，地方市场并未完全市场化，地方性法律、法规不健全。各个地方性法律法规的差别很大，容易导致法律执行结果无法预料，投资的风险性加大。中俄在东北地区和远东地区的相互投资规模仍较小，生产合作、技术合作等现代合作方式需要不断加强。中俄两国相互投资的领域也比较单一，还缺少支撑性、长远性的投资合作项目。现实中，双方贸易渠道还有待畅通，俄罗斯远东投资环境还不佳，这些问题始终困扰着双方的投资者，也使双方投资合作的潜力未能完全释放。从《2008—2019 年俄罗斯远东与中国东北地区投资合作规划》实施情况来看，并不尽如人意，双方相互投资合作项目中真正实施的仅 30 个，目前只有 10 个处于运营状态。

第五，在开展中俄地区双边合作的问题上，无论是东北老工业基地还是俄远东地区均存在对对方认识的误区。从东北老工业基地来看，对俄罗斯东部地区的认识尚存有 20 世纪 90 年代的影响，尽管认识到近些年来俄罗斯经济变化所蕴含的机遇，但鉴于种种原因在行动上仍积极性不高。其实，俄罗斯不仅仅是廉价商品的出口地和重要资源的进口地，也是开展科技合作、人文合作、旅游服务合作的重要区域。东北地区除黑龙江省外，目前吉林和辽宁等省份的一些部门对俄罗斯经济合作的信息较为陈旧、不全面，科研机构对俄罗斯的研究也相对滞后。

对俄罗斯东部地区而言，在“一带一路”倡议下，尽管“中国机遇论”不断上升，但“中国威胁论”仍占有市场，一些人认为，中国的经济发展对俄罗斯将构成威胁。一方面，他们认为，“一带一路”倡议与俄罗斯提出的“欧亚经济联盟”的构想有很多重合之处，甚至存在冲突。另一方面，认为中国对俄罗斯经济合作是出于“经济扩张”和“人口扩张”的目的，俄罗斯部分民众对中国企业存在严重的排斥心理，这使俄罗斯政府在对华合作方面的决策受到影响，增加了政策的变数。这些都在一定程度上对中国潜在投资构成了不利影响，同时也对俄罗斯远东地区开发不利。

此外，中国尤其是东北地区企业参与远东超前发展区的合作，面临着来自日本及韩国一些公司的竞争，如日本的三井、韩国的大宇等公司就对“纳杰日金斯基”超前发展区表现出了极大的兴趣。

## 四 几点结论

第一，中国东北地区与俄罗斯远东地区毗邻，这一地域优势不仅使两地区形成了良好的较为紧密的经贸合作关系，而且构成了两地区事实上的区域经济合作共同体。从2003年中国实施东北地区等老工业基地振兴战略，再到自2016年以来中国做出进一步推进东北老工业基地新一轮振兴的决策；从俄罗斯实施远东地区开发战略，到2014年12月出台《俄罗斯社会经济超前发展区联邦法》，并批准设立了16个超前发展区，这其中无不印证了中俄两地区紧密互动的经贸合作关系。中俄两国政府共同签署的《中华人民共和国东北地区与俄罗斯联邦远东及东西伯利亚地区合作规划纲要（2009—2018年)》，就是中俄两地区互利合作和良性互动的最好见证。应当说，中俄两个毗邻地区几乎是同步实施的地区振兴与开发发展战略，为两国两地区的经济互动和对接合作提供了新机遇。

第二，无论在当前还是今后一个时期，中国东北老工业基地新一轮振兴与俄罗斯远东超前发展区建设的对接合作会成为两地区深度合作的主旋律。因为东北老工业基地的振兴对俄罗斯远东超前发展区的开发建设有益，两者合作的相关性明显；而俄罗斯远东超前发展区的开发建设与东北老工业基地的新一轮振兴两者之间也具有互补性。因此，中俄双方深入探索东北老工业基地新一轮振兴与远东超前发展区建设实行对接合作的有效途径和方式，其现实意义毋庸置疑。文中从交通领域互联互通、物流领域合作、港口领域合作、渔业和农业领域合作，以及能源领域合作等方面，对中国东北老工业基地新一轮振兴与俄罗斯远东超前发展区建设对接合作的具体领域与目标指向进行的较为深入的分析，就是对对接合作问题的具体探究和深度思考。

第三，在中国东北老工业基地新一轮振兴与俄远东超前发展区建设的对接合作中，中俄两国政府尤其是相关地方政府的作用不可或缺，甚至可以说政府应发挥至关重要的主导或推动作用。其原因在于当前中俄两国仍处于向市场经济转轨的过程中，市场经济体制仍有待于进一步发展和不断完善，因而政府的作用不容小觑。无论是双方合作规划的制定还是政策措施的实施，都应彰显政府的主导作用；推进对接合作以及消除合作中的阻碍因素，也依然有赖于中俄双方政府的共同努力。而且，“政府搭台、企业唱戏”应是东北老工业基地新一轮振兴与俄罗斯远东超前发展区建设两者实行对接合作的基本原则和主要选项。这对中国和俄罗斯两国政府特别是中俄两个毗邻地区的地方政府具有同样重要的意义。

# 上海合作组织扩员：现实性与未来发展的不确定性

郭连成

**摘　要**　印度和巴基斯坦加入上海合作组织，标志着上海合作组织成立16年来首次正式开启了扩员进程，从而翻开了上海合作组织发展的新的一页。上海合作组织扩员不仅意味着上海合作组织地理空间和政治经济空间的扩大，而且表明上海合作组织成为欧亚地区的重要国际组织，其对世界的重要影响力进一步增强。本文较为深入地分析了印度和巴基斯坦加入后，上海合作组织的发展新机遇以及面临的新课题和新挑战。

**关键词**　上海合作组织扩员　现实性　不确定性　机遇与挑战

在2015年7月的上海合作组织乌法峰会上，上海合作组织启动了接收印度、巴基斯坦加入本组织的程序。2016年，塔什干峰会又签署了《关于印度、巴基斯坦加入上海合作组织义务的备忘录》。中俄两国2016年发布的《中华人民共和国和俄罗斯联邦联合声明》指出："上海合作组织经过15年发展，已经在国际和地区有影响力的权威组织中占据应有位置，成为现代国际关系体系中维护安全、稳定和可持续发展的有效因素……（中俄）相信印度和巴基斯坦的加入，必将提升上海合作组织的合作潜力，提高上海合作组织的国际权威。"[①]2017年6月，上海合作组织在哈萨克斯坦首都阿斯塔纳召开元首理事会，接收印度和巴基斯坦成为上海合作组织正式成员，从而实现了上海合作组织成立16年来的首次正式扩员。这是上海合作组织发展进程中

---

［基金项目］本文为教育部国别和区域研究项目"上海合作组织区域合作的挑战与对策性建议"的阶段性研究成果。

［作者简介］郭连成，苏联经济学博士、研究员、博士生导师，东北财经大学学术委员会委员，教育部备案研究中心"上海合作组织研究中心"主任，辽宁省人文社会科学重点研究基地"东北财经大学区域经济一体化与上海合作组织研究中心"主任，中国亚洲太平洋学会副会长，中国新兴经济体研究会副会长。

① 《中华人民共和国和俄罗斯联邦联合声明》，新华网，http：//news. xinhuanet. com/politics/2016－06/26/c_ 1119111908. htm，2016年6月26日。

的一个重要事件。这不仅意味着上海合作组织政治空间和地理空间的扩大，尤其是将中亚和南亚连接起来，而且也使上海合作组织成为涵盖欧亚地区，且具有更大影响力的国际组织。正如哈萨克斯坦总统纳扎尔巴耶夫此前曾指出的，印度和巴基斯坦加入上海合作组织，使该组织成为涵盖欧亚大陆大部分区域以及近一半世界人口和世界经济20%产值的国际组织。[①] 俄罗斯也对扩员持积极态度。普京认为，上海合作组织已经成为欧亚地区颇受欢迎的、具有吸引力的组织。上海合作组织职能范围的扩大、成员的增加，特别是印度和巴基斯坦这样重要国家的加入，使上海合作组织成为不仅在欧亚地区而且在全世界都具有权威性的、受欢迎的国际组织。[②] 上海合作组织成员国元首理事会第十七次会议与会领导人一致同意，上海合作组织扩员将促进本组织发展，提升本组织潜力。应该以相互尊重、合作共赢、不冲突、不对抗、遵循国际法准则以及平等和不可分割安全、兼顾彼此利益等原则为基础，构建更加公正合理、符合各国共同利益及各自利益的多极世界格局，推动构建人类命运共同体。

一方面，印度和巴基斯坦成为上海合作组织成员，使上海合作组织成为世界最大的区域合作组织。这不仅意味着上海合作组织地理空间的扩大，使其成为涵盖欧亚地区的重要国际组织；而且意味着上海合作组织政治空间的扩大，进一步增强了其对世界的重要影响力和在国际事务中的话语权。

另一方面，在国际关系复杂多变、国际秩序进一步调整的背景下，上海合作组织扩员和发展壮大也面临着许多新课题及新挑战。其中，人们更为关注的诸如印度和巴基斯坦加入上海合作组织会给该组织带来哪些变化？上海合作组织应当如何应对新成员加入后的新变化特别是新挑战？如何平衡和协调各成员国的利益诉求，从而使所有成员国能够凝聚共识、相向而行、深化友好务实合作？这些问题值得深入分析研究。

### （一）上海合作组织扩员的必然趋势与现实性

以“互信、互利、平等、协商、尊重多样文明、谋求共同发展”的“上海精神”为引领，遵循睦邻友好、优势互补、开放共赢、务实合作的原则，上海合作组织扎实推进各领域的合作，为促进地区稳定和繁荣做出了重要贡献，其在世界上的作用更加突出，影响力和吸引力越来越大，“朋友圈”在不断扩大。越来越多的国家希望深化与上海合作组织的合作，也有一些国家申请或准备申请加入上海合作组织，因而扩员成为上海合作组织发展的重大

---

① ШОС – 2016：вызовы и перспективы. Президент Нурсултан Назарбаев принял участие в юбилейном саммите Шанхайской организации сотрудничества，http：//www. kazpravda. kz/articles/eaes/shos – 2016 – vizovi – i – perspektivi1/.

② Интервью китайскому информационному агентству Синьхуа. http：//kremlin. ru/events/president/news/52204.

议题。鉴于此，国家主席习近平 2014 年 9 月 12 日在上海合作组织成员国元首理事会第十四次会议上表示，上海合作组织“扩员大门将正式打开”。他指出：“‘他山之石，可以攻玉。’扩大对外交往、吸收新鲜血液，是上海合作组织自身发展壮大的需要，也符合本组织一贯奉行的开放包容方针。经过十几年审慎研究和协商，上海合作组织扩员法律准备工作已经基本完成，扩员大门将正式打开。我们欢迎有意愿且符合标准的国家申请成为本组织正式成员，为本组织发展注入新的活力。我们要加强成员国同观察员国合作，密切同对话伙伴的沟通，继续完善‘6+5’工作机制，切实将观察员国和对话伙伴吸引到本组织相关合作中来。”① 在 2015 年 7 月启动接收印度和巴基斯坦加入上海合作组织程序的上海合作组织乌法峰会上，中国国家主席习近平发表了题为《团结互助　共迎挑战　推动上海合作组织实现新跨越》的讲话。他提出要坚持“上海精神”，打造本地区命运共同体。要继续以“上海精神”为指引，维护国际公平正义，倡导多边主义和开放主义，相互尊重彼此利益，不干涉别国内政，以和平方式解决分歧争端，以共赢理念促进发展繁荣。2016 年，习近平在乌兹别克斯坦《人民言论报》和“扎洪”通讯社网站发表署名文章时指出：“随着扩员进程启动，上海合作组织朋友圈不断扩大，地域涵盖中亚、南亚、西亚、东南亚，组织合作潜力大大增强，国际地位和影响力持续提升。”

1. *扩员是上海合作组织实行开放主义和自身发展壮大的需要*

在 2001 年上海合作组织成立之初 2001 年通过的《上海合作组织成立宣言》就考虑到未来本组织的发展问题，强调上海合作组织应在协商一致的基础上吸收认同该组织框架内合作宗旨和任务的国家为该组织新成员。2004 年，上海合作组织首次接纳蒙古国作为观察员国，迈出了上海合作组织对外开放的第一步。紧接着，2005 年，上海合作组织元首理事会决定给予巴基斯坦、伊朗和印度观察员国地位。2009 年，上海合作组织元首理事会第九次会议决定给予斯里兰卡和白俄罗斯对话伙伴地位。2012 年 6 月，在上海合作组织元首理事会第十二次会议上，成员国元首一致同意接收阿富汗为上海合作组织观察员国、土耳其为上海合作组织对话伙伴国。但上海合作组织接纳正式成员国的扩员进程一直未曾开启。2010 年，上海合作组织峰会批准了《上海合作组织接收新成员条例》。2014 年 9 月，上海合作组织杜尚别峰会又批准了《给予上海合作组织成员国地位程序》和《关于申请国加入上海合作组织义务的备忘录范本》修订案，从而奠定了扩员的法律基础，也标志着上海合作组织开启扩员进程。印度在杜尚别峰会上正式申请加入上海合作组织，此前巴基斯坦也已提交了加入上海合作组织的申请。但正式启动接纳印度和

① 《习近平在上海合作组织成员国元首理事会第十四次会议上的讲话》，人民网，2014 年 9 月 12 日，http：//politics. people. com. cn/n/2014/0912/c1024 - 25653353. html。

巴基斯坦加入上海合作组织进程，是2015年7月召开的上海合作组织乌法峰会。2016年6月，上海合作组织塔什干峰会签署了印度和巴基斯坦两国加入上海合作组织义务备忘录，使两国朝着成为正式成员国迈出了重要一步，推进了加入上海合作组织的进程。2017年6月，上海合作组织阿斯塔纳元首峰会才正式完成了接收印度和巴基斯坦加入上海合作组织的程序，真正实现了上海合作组织成立16年来的首次扩员。可见，上海合作组织的扩员是十分审慎的。

我们认为，上海合作组织实现审慎而稳妥的扩员，主要是来自其两个方面的需要：一是实行开放主义的需要。上海合作组织的开放性和地缘利益的广泛性，决定了扩员是一个必然的过程。早在上海合作组织成立之初就强调，要坚持开放主义，注意吸收新成员加入本组织。而正式接收印度和巴基斯坦加入上海合作组织，就是以实际行动来兑现上海合作组织扩大对外交往、奉行开放包容方针的承诺。二是上海合作组织自身发展壮大的需要。经过16年的发展，上海合作组织在深化全方位合作的基础上得以不断发展壮大。不仅"朋友圈"越来越大，而且影响力越来越强，维护安全稳定水平越来越高，经济合作与发展动力也不断增强。在这种情况下，不仅需要继续发挥"成员国+观察员国+对话伙伴国"这种多层级合作机制的作用，而且更加需要吸收新鲜血液，增加上海合作组织体量和规模，从而扩大上海合作组织的辐射力和影响力。总之，只有实行多边主义和开放主义，坚持包容性和多元性，才能使上海合作组织永葆旺盛的生命力和强大的凝聚力。

*2. 扩员是上海合作组织维护本地区和周边安全与稳定的需要*

当今世界并不安宁，全球安全形势错综复杂，极端主义思想不断蔓延，暴力恐怖活动进入新一轮活跃期，上海合作组织面临的地区安全威胁在增多。因而上海合作组织各成员国对安全领域的合作极为重视，需求更加迫切。实际上，早在2009年6月俄罗斯叶卡捷琳堡举行的上海合作组织元首理事会第九次会议上，六国元首就签署了《反恐怖主义公约》。2017年6月，上海合作组织阿斯塔纳峰会期间发表了关于共同打击国际恐怖主义的声明，签署了《上海合作组织反极端主义公约》，这进一步凸显了上海合作组织打击"三股势力"的坚定决心，夯实了上海合作组织执法安全合作的法律基础。[①] 同时，完善了共同应对危机机制，也增强了上海合作组织安全合作的行动能力。而印度和巴基斯坦的加入能够为上海合作组织的地区安全合作增添新动能，拓展上海合作组织多边安全机制，进一步维护本地区和周边安全与稳定。

第一，印度和巴基斯坦加入上海合作组织能够强化上海合作组织自身的地区安全合作，特别是有利于打击中亚"三股势力"和南亚恐怖力量，使上

---

① 《外交部介绍〈上海合作组织反极端主义公约〉签署背景》，环球网，2017年6月12日，http：//world. huanqiu. com/hot/2017－06/10826236. html。

海合作组织的安全合作网络得以进一步完善。尤其是印度和巴基斯坦地处西亚、中亚和东亚的连接地带，在应对本地区相互交织的传统安全和非传统安全方面可以发挥重要作用，也为上海合作组织提供了预防南亚极端主义势力向成员国边疆渗透的更大空间。

第二，上海合作组织需要增强对周边安全的影响和应对来自周边安全的挑战，以营造更好的生存发展的外部环境。印度和巴基斯坦加入上海合作组织，能够在阿富汗周边形成安全缓冲地带，有助于阿富汗推进反恐、禁毒等行动，促进阿富汗的社会安全稳定。

第三，加入上海合作组织对印度和巴基斯坦两国自身也有重要意义。长期以来，印巴两国不仅龃龉和摩擦不断，而且双方在克什米尔地区的军事对抗和直接冲突，也是导致南亚地区不稳定和不安全的主要因素。不仅如此，双方还曾一直指责对方支持恐怖主义。而印度和巴基斯坦加入上海合作组织有助于消除两国间的分歧，推动双边关系的改善，也能够促使双方采取共同步骤使本地区免受恐怖主义威胁。这样，可以形成上海合作组织打击南亚、中亚恐怖主义的合力。

总之，在维护地区和周边安全方面，印度和巴基斯坦加入上海合作组织的作用不容小觑。正如中国外交部发言人洪磊曾在2014年9月18日表示的，中方高度重视印度和巴基斯坦在本地区的重要影响和作用。中方相信，印度和巴基斯坦加入上海合作组织将有利于本组织的进一步发展，增进其维护地区安全、促进共同发展的努力。①

3. 扩员是上海合作组织拓展经济合作发展空间的需要

经过16年的发展，上海合作组织经济合作的基础越来越扎实，合作的层次越来越高，合作的领域越来越宽，合作的规模越来越大。上海合作组织扩员，不仅使“朋友圈”进一步扩大，而且扩员后上海合作组织成员国之间的经济合作也步入重要的战略机遇期。成员国间的经贸合作已不仅仅局限于国际贸易和一般性的项目合作，而是逐步上升到发展战略的对接合作，如上海合作组织与“欧亚经济联盟”对接合作、东南方向与东盟及未来的“区域综合伙伴关系”计划对接、向西与中东和向东与东亚地区的对接合作，等等。尤其是以“丝绸之路经济带”建设为契机扩大上海合作组织，并以上海合作组织的扩大带动“丝绸之路经济带”建设，将有效地促进上海合作组织的多边经济合作，提高上海合作组织的凝聚力。②

印度和巴基斯坦是南亚地区颇具经济发展潜力的大国，与上海合作组织

① 《中方欢迎并支持印度、巴基斯坦尽早成为上海合作组织新的正式成员》，《人民日报》2014年9月19日。

② 《习近平指出上海合作组织国际地位提升四大原因》，中国网，2016年6月28日，http://www.china.com.cn/node_7000058/content_38766102.htm。

其他成员国也有紧密的经贸合作关系。两国加入上海合作组织，大大拓展了该组织，区域经济合作和发展的地理空间，将使该组织经济合作的市场规模空前扩大，给上海合作组织带来新的活力，增加经济发展潜力和动力。有资料显示，印度和巴基斯坦加入上海合作组织后，该组织 GDP 总额将增至全球的24%，面积将占世界陆地总面积的43%。① 2016 年，印度 GDP 为2.2635万亿美元，全球排名第七，总量约为中国的24%。据印度《经济时报》报道，根据世界经济论坛（WEF）公布的全球各国经济力指数报告，印度的竞争力在“金砖国家”中位居第二，已经超过了俄罗斯。而巴基斯坦是世界第25大经济体，前些年 GDP 曾一度连续数年保持了7%的快速增长。2016—2017财年巴基斯坦 GDP 增长5.3%，2016 年 GDP 总量为2836.6亿美元。

第一，扩员有利于扩大上海合作组织内的贸易和投资合作规模。印度和巴基斯坦加入上海合作组织，其在经济合作领域的积极作用主要表现在两个方面：一是可以充分利用印度和巴基斯坦所具有的地理和区位优势，推进上海合作组织区域内的基础设施互联互通建设，特别是加强跨境交通领域的合作，在欧亚大陆形成东西向和南北向相互交叉的两大交通运输网络体系；加强能源领域合作，参与油气开发，寻求稳定的能源供应渠道；强化印度和巴基斯坦在具有国际竞争力产业（例如，印度的信息业和制药业、巴基斯坦的纺织业等）领域的贸易与投资合作。二是扩员后的上海合作组织可以在更大空间内更好地发挥和利用本组织的优势，实现合作优势互补和共赢，从而促进各成员国和整个上海合作组织的经济发展。上海合作组织成员国各具经济发展优势：中国经济发展势头迅猛，而且轻工业尤为发达，俄罗斯是重工业和军事生产大国，印度是农业大国；俄罗斯和哈萨克斯坦是能源生产和出口大国，而中国和印度则是能源进口大国，因而上海合作组织内的能源合作不仅具有地缘优势，而且具有高度的市场互补性。总之，扩员后的上海合作组织为成员国的发展注入了新动力。正如习近平所指出的：“我们应该在照顾各方利益和关切基础上，探讨在贸易和投资领域开展更广泛和更高层次合作，相互提供最惠国待遇，推进区域经济一体化进程，构筑本地区统一经贸、投资、物流空间。”②

第二，扩员有利于进一步强化上海合作组织内的能源合作。能源是上海合作组织最重要的地缘利益之一，能源领域的合作也是上海合作组织内经济合作的“重头戏”和优先方向。印度能源消费市场巨大，是继中国、美国、俄罗斯之后的世界第四大能源消费国。到2020年，印度能源的对外依存度将

① Членство в ШОС не приглашение на чай. Спецпредставитель президента РФ Бахтиер Хакимов о планах и проблемах Шанхайской организации сотрудничества. 18. 04. 2017. http：//kommersant. ru/doc/3275166？ utm_source = kommersant&utm_medium = mir&utm_campaign = four.

② 《习近平指出上海合作组织国际地位提升四大原因》，中国网，2016 年 6 月 28 日，http：//www. china. com. cn/node_7000058/content_38766102. htm。

高达85%，因此，满足能源需求，保障能源安全是印度加入上海合作组织的基本诉求和重要动机。而且，对印度最具吸引力的，是"将上海合作组织成员国中的油气生产国、消费国和过境国联合起来，协调能源战略，保障能源安全"。① 印度还希望借助上海合作组织的多边平台，一方面，促进跨国能源管线建设，并加入伊朗—巴基斯坦天然气管线合作；另一方面，强化印度与哈萨克斯坦等中亚国家的双边能源合作。

中亚国家尤其是哈萨克斯坦和乌兹别克斯坦拥有丰富的石油和天然气资源，对中国、印度等资源需求大国极具吸引力。而实现上海合作组织内石油需求大国中国和印度与中亚地区能源供给国家的合作，也要依赖包括阿富汗和巴基斯坦这样占据重要交通地理位置的国家。因此，上海合作组织扩员有助于整合本组织内的能源市场，拓展能源合作空间，促进双边和多边能源合作，并最终建立能源共同体。

第三，扩员有利于扩大上海合作组织内的多边经贸合作。上海合作组织扩员前，区域内6个创始成员国间的双边和多边经济合作主要是在中国与俄罗斯、中国与中亚国家和俄罗斯与中亚国家之间展开的。其中，中俄两国除了双边经济合作，各自也将中亚地区作为基本的合作区域，将中亚国家作为重要的经贸合作伙伴。因为中亚地区不仅石油、天然气、有色金属等自然资源丰富，而且农业和畜牧业较为发达，盛产棉花、小麦和多种农畜产品。中亚地区也是"丝绸之路经济带"的核心地区。因而中俄与中亚国家开展多边经贸合作拥有较好的基础和条件。在上海合作组织内，对中俄而言，中亚国家市场仍相对狭小；而中亚国家也有意扩大对外交往，拓展经济合作空间。印度和巴基斯坦加入上海合作组织，使南亚地区也成为上海合作组织的地理空间范围，标志着上海合作组织从以中亚为核心区域向南亚地区拓展，活动空间更加扩大，为成员国间的多边经贸合作特别是中亚国家实现对外合作的多元化，提供了新的发展契机。印度和巴基斯坦加入上海合作组织，可以使中亚国家参与更多的地区能源和交通运输合作项目。乌兹别克斯坦提出加入TAPI管道（土库曼斯坦—阿富汗—巴基斯坦—印度）项目建设；吉尔吉斯斯坦和塔吉克斯坦等水电发展潜力较大的国家也希望参与中美企业与巴基斯坦的电力合作项目。而且印巴加入上海合作组织后，两国相互接壤和与中亚接近地区，也会在上海合作组织框架内开展地区间的经济合作，促进各自相邻落后地区的经济发展。②

第四，扩员有利于增强上海合作组织的经济辐射力和吸引力。扩员不仅将提升上海合作组织在全球治理中的影响力，并增加其在推进国际经济秩序

① Brig Vinod Anand, "SCO Important for India's 'Connect Central Asia' Policy", Vivekananda International Foundation, 30 September, 2013.

② 参见孙壮志《印巴加入后上海合作组织经贸合作的新契机》，《欧亚经济》2017年第5期。

改革和调整等重大问题上的话语权，而且能够增强上海合作组织自身的经济辐射力和吸引力。一是印度和巴基斯坦加入上海合作组织后，上海合作组织的观察员国仍有蒙古国、伊朗、白俄罗斯和阿富汗4国；对话伙伴国有阿塞拜疆、亚美尼亚、柬埔寨、土耳其、尼泊尔和斯里兰卡6国。上海合作组织对这4个观察员国和6个对话伙伴国有较大的经济吸引力及辐射力，会激发它们更大的经济合作积极性。连同扩员后的8个正式成员国，这18个国家占全球总人口的45%，占全球经济总量和贸易额的26.1%和33.9%，表明上海合作组织市场潜力巨大，且具有较大的经济辐射力和吸引力。据世界贸易组织秘书处预测，至2035年，中国、俄罗斯和印度三国在全球经济中的比重将达到25%—33%，上海合作组织经济合作空间也将进一步扩大，该区域将成为全球经济的重要增长极。① 二是上海合作组织中的俄罗斯、哈萨克斯坦、乌兹别克斯坦、吉尔吉斯斯坦和塔吉克斯坦同时是独联体成员国，而俄罗斯、哈萨克斯坦和吉尔吉斯斯坦又是“欧亚经济联盟”成员国，因而上海合作组织的经济合作能够辐射到独联体、“欧亚经济联盟”；印度和巴基斯坦是南亚区域合作联盟的重要成员，对上海合作组织与外部的经济合作能够起到重要的补充和扩展作用。三是上海合作组织区域内覆盖了“一带一路”倡议规划的6条国际经济合作走廊中的4条，即中蒙俄经济走廊、新亚欧大陆桥、中国—中亚—西亚经济走廊和中巴经济走廊。此外，孟中印缅经济走廊的部分区段也在该区域内。中巴经济走廊建设为贯通中亚与南亚、连接西亚和中亚搭建了桥梁，也有利于拓展区域经济合作。②

### （二）上海合作组织扩员后面临的挑战与不确定性

上海合作组织扩员是发展壮大的必然趋势，具有现实性。同时，扩员也会给上海合作组织带来新的挑战，增加合作的不确定性。从一定意义上说，深入剖析印度和巴基斯坦加入上海合作组织对本组织的挑战和可能带来的负面影响，会更加有助于最大限度地趋利避害，促进上海合作组织健康和可持续发展。中国外交部发言人华春莹在2017年6月1日的例行记者会上表示，我们真诚地希望印度和巴基斯坦加入上海合作组织后，严格遵守《上海合作组织宪章》和《长期睦邻友好合作条约》规定，相向而行，友好合作，秉持“上海精神”，改善彼此关系，共同为上海合作组织发展注入新的活力。③ 这也表明中国希望印度和巴基斯坦弥合分歧，改善两国关系，避免把彼此分歧带入上海合作组织，促进上海合作组织的长远发展。实际上，这不仅是中国

---

① 参见刘华芹《扩员后上海合作组织区域经济合作前景展望》，《欧亚经济》2017年第5期。

② 同上。

③ 《2017年6月1日外交部发言人华春莹主持例行记者会》，中华人民共和国外交部网站，http：//www.fmprc.gov.cn/web/fyrbt_673021/t1466932.shtml。

也是所有上海合作组织成员都非常关切甚至是担心的问题。吉尔吉斯斯坦认为，上海合作组织应先解决好自己的内部问题后再考虑扩员问题，塔吉克斯坦也对扩员持谨慎态度，乌兹别克斯坦则担心印度的加入可能会令上海合作组织改变长期以来形成的以中亚为中心的合作理念。凡此种种，无不反映出成员国对接纳印度和巴基斯坦两国加入上海合作组织的顾虑和担忧。

俄罗斯有些学者也对上海合作组织的扩员表示极大的担忧。他们认为，印度和巴基斯坦两国加入上海合作组织，虽然扩大了上海合作组织的实力和区域范围，也有利于打击恐怖主义，但也会使上海合作组织面临一些问题，尤其是“互信、互利、平等、协商、尊重多样文明、谋求共同发展”的“上海精神”将被破坏，印度和巴基斯坦之间的矛盾甚至可能将扩员带来的所有优势“归零”。① 更有甚者，认为上海合作组织在扩员后很可能出现“瘫痪”。②

综合分析看，上海合作组织扩员后面临的最大挑战和发展的不确定性可能主要来自以下三个方面：

### 1. 印度以扭曲的“大国心态”看待中国崛起，是本地区的麻烦制造者

上海合作组织的宗旨之一是打击恐怖主义和维护本地区安全。在打击恐怖主义问题上，印度和巴基斯坦加入上海合作组织后，可借助上海合作组织平台应对和解决被“三股势力”困扰问题，使上海合作组织的防御合作范围和对恐怖主义的打击从中亚扩展到南亚。但是，在维护本地区安全方面，印度以扭曲的“大国心态”甚至是不正常的“强国心态”来对待和处理本地区安全问题，成为本地区的麻烦制造者。印度和巴基斯坦间的冲突人所共知，长期以来，印度和巴基斯坦在克什米尔地区的武装冲突几乎从未中断过。中印关系也因印度将中国视为“印度头号威胁”而更加复杂化。自2017年6月的“洞朗事件”令人记忆犹新，印度军队越过边境线公然入侵中国领土。尽管中国从维护地区安全稳定的大局出发，致力于上海合作组织国家之间的团结，还是保持了极大的克制，但印度在本地区（中印边境和印巴边境）制造麻烦和称霸的野心昭然若揭。更有甚者，前不久，印度陆军参谋长比平·拉瓦特公然宣称：“我们知道中国是一个强大的国家，但印度也不是一个弱小的国家。在军事上，印度应将重点转向北部边境——我们长期以来一直把关注点放在了西部。”她这是在强调印度需要将其军事重点从与巴基斯坦接壤的西部边境转移到与中国接壤的北部边境，还呼吁要与邻国建立伙伴关系来“共同遏制”中国。目前，印度正准备在与巴基斯坦、中国和孟加拉国交界区域增加15个营的兵力，每个营约为1000名作战官兵的规模。印度前国家安全顾问、前西孟加拉邦邦长M. K. 纳拉亚南认为，2018年，随着印度与美国走得更近，印中关系

① ШОС расширяет понятие экстремизма，07. 04. 2017，http：//kommersant. ru/doc/3263302.

② Декларация вскочила в уходящий состав，08. 06. 2017，http：//kommersant. ru/doc/3319743.

可能进一步恶化。美国最近出台的《国家安全战略》把中国称作“对手”，同时欢迎印度成为美国的“战略和防御伙伴”。这无疑将加剧印度与中国在亚太的竞争。[①] 也决定了未来中印关系不可能是一帆风顺的。

印度和巴基斯坦都是中国的重要邻国，中国的睦邻外交希望与所有邻国建立睦邻友好关系。中国并没有因中印双边关系发展的问题而拒印度于上海合作组织大门之外，而是着眼于大局，放眼上海合作组织的未来发展，同意印度加入上海合作组织。但是，如果印度不转变中国是“印度头号威胁”的固有偏见，未来上海合作组织内中印的博弈将在所难免，上海合作组织发展会面临更多的不确定性。

2. 印度加入上海合作组织意在更多介入中亚地区

印度不仅从未改变争当南亚霸主的野心，而且一直在觊觎中亚地区。从安全角度看，印度认为，“巴基斯坦—阿富汗—中亚”地区仍是威胁印度安全的重点区域，该地区安全形势复杂，恐怖主义、分裂主义、极端主义威胁依然存在。印巴加入上海合作组织后，该地区成为上海合作组织覆盖地区，使印度有条件直接接触中亚各国。因此，加入上海合作组织为印度介入该地区提供了千载难逢的契机。印度从维护自身安全出发，能够在反恐、反分裂等领域直接与域内相关国家协调和合作，这对印度是有利的。印度《经济时报》指出，加入上海合作组织加重了印度在中亚的权重；印度“dailyo”网站称，上海合作组织为印度打开了进入中亚的大门。[②]

在地缘政治方面，中亚对于印度而言更具特殊意义。上海合作组织中有4国位于中亚地区，这些中亚成员国地处欧亚核心地带，也是上海合作组织的核心功能区。早在2012年6月，印度就推出了“连接中亚政策”。印度加入上海合作组织后，中亚地区就成了俄罗斯主导的“欧亚经济联盟”、中国倡导的“丝绸之路经济带”和印度策划的“连接中亚”三大战略的共同覆盖区。[③] 从而使印度避开了与中亚没有地理上接触的不利条件，通过上海合作组织的平台为进一步“连接中亚”、介入中亚提供了合法性。印度对中亚的地缘政治以及能源、经济等多种利益诉求可详见表1。

从表1可见，印度介入中亚地区，并实施其所谓的“连接中亚政策”，一方面意在遏制中国和巴基斯坦；另一方面是在经济上更多介入中亚地区油气资源开采项目，并通过上海合作组织的协调作用来实现连接中亚能源网络的计划。总之，印度要强化自己在上海合作组织中的地位和作用，试图通过

① 《印度前国家安全顾问：2018年中印在亚太竞争或加剧》，https：//baijiahao. baidu. com/s？id=1589353924114219924&wfr=spider&for=pc。

② 《上海合作组织首次扩员备受瞩目　印巴两国将受益于互联互通》，http：//www. sohu. com/a/147336519_ 114731，2017年6月9日。

③ 丁超：《合作博弈：上海合作组织扩员与成员国间的经济关系分析》，《欧亚经济》2017年第5期。

**表 1　印度在中亚的利益**

| 序号 | 印度在中亚的利益 |
|---|---|
| 1 | 开发自然资源 |
| 2 | 争取中亚国家支持进入上海合作组织 |
| 3 | 防范穆斯林集团的复兴，遏制巴基斯坦的影响力 |
| 4 | 在大国博弈中维护印度的利益 |
| 5 | 确保巴基斯坦的每一步利益扩展都在印度掌控之中，如 TAPI 天然气管线 |
| 6 | 尽可能遏制中国 |
| 7 | 改善印度和阿富汗、伊朗的关系，以遏制巴基斯坦 |
| 8 | 发挥软实力优势、部分经济优势，增进经济利益和文化影响力 |

资料来源：白联磊：《印度对上海合作组织的认识和诉求》，《印度洋经济体研究》2017 年第 4 期。

该组织扩大其在中亚地区事务中的影响力，增加在地缘政治和获取经济利益上的砝码。要达到此目的，中亚国家是印度可借助的力量，需要加强与中亚成员国的合作，以平衡中国在中亚地区的影响力。如果长期以来中亚国家一直是在中俄两个大国之间寻求平衡，那么，今后中亚国家可能要在中国、俄罗斯和印度三个大国之间寻求平衡并拓展合作空间。以上分析表明，印度介入中亚地区可能会给上海合作组织稳定发展增加一定的不确定性。

3. 中俄印三方关系对上海合作组织未来发展影响的不确定性

长期以来，中俄两国全面战略协作伙伴关系发展顺利，成果丰硕。但近些年在上海合作组织内中俄两国的平衡关系正在受到一定的冲击：一是中国的国际地位和国际影响力迅速提升，经济实力明显增强，在国际舞台上发挥着越来越重要的作用，因而在上海合作组织内的影响力增大；二是俄罗斯由于受到西方制裁和国际油价下跌等因素的影响，致使经济出现严重下滑，在全球的影响力下降，在上海合作组织内也越来越难以平衡中国的影响。在这一背景下，俄罗斯寄希望于印度加入上海合作组织，一方面，印度与俄罗斯一直保持着友好关系，是俄罗斯传统盟友。近年来，俄印在中俄印三方机制、“金砖国家”合作机制等国际多边机制中始终保持着良好互动和沟通协调，而且印度长期以来一直是俄罗斯最大的武器进口国。2017 年 6 月，印度又与俄罗斯签署了价值 100 亿美元的武器采购合同。另一方面，俄罗斯希望印度能够在上海合作组织内扮演对中国的平衡者角色，使其可能成为俄罗斯在上海合作组织内与中国平衡关系的力量。正是出于上述种种考虑，在俄罗斯极力主张和大力支持下，印度加入了上海合作组织。印度成为上海合作组织正式成员国使该组织面临内部关系复杂化的挑战。上海合作组织扩员后形成了大国间的“中俄印三角”。这种三角模式可能更有利于俄印，而且在上海合作组织内推进中俄印三边关系发展的过程中如何保持中巴关系的平稳发展，是对中国外交能力的考验。至于印巴关系，有俄罗斯学者认为，上海合作组织能够为印巴双方提供对话平台，有利于印巴进行系统性对话。而且中国和印度也可以共商未来。[①] 总体来看，中俄全面战略伙伴关系的推进对印度会形成一定压力；俄印的密切关系也会对中国形成一定的掣肘，甚至如果俄印合力制衡中国，中国作为上海合作组织的创始国和主导国，推动上海合作组织的发展就会遇到阻碍。综上所述，中俄印三边关系发展的不确定性会对今后上海合作组织发展增添新的不确定因素。

### （三）评价与展望

扩员是上海合作组织发展史上的一个重要事件，它使“上海精神”得以传承和发扬光大；扩员也是上海合作组织过去16年成功发展的见证和必然结果。总体而言，印巴加入上海合作组织有助于扩大该组织在政治、安全、经济、人文等领域的合作，也有利于维护中国周边的安全与稳定。本文的研究表明，扩员对上海合作组织是利弊兼具，机遇与挑战并存，希望与困难同在。深入剖析上海合作组织扩员的利弊得失、机遇与挑战、困难与出路，有利于上海合作组织在未来的发展道路上最大限度地趋利避害，兑现扩员红利，促进自身的健康和可持续发展。

第一，进一步发挥中俄两国在扩员后上海合作组织发展中的双引擎作用，是上海合作组织未来稳定和可持续发展的重要保证。就双边关系而言，中俄两国自确立全面战略协作伙伴关系以来，战略互信和全方位合作不断深化，取得了丰硕成果，极大地推动了两国关系的发展。在多边和国际关系领域，中俄两国共同推动了上海合作组织、“金砖国家”“中俄印三边合作”等多边机制的创立和不断发展。由俄罗斯积极推动的中俄印三方外长会晤已成为三国增进政治互信与合作的重要平台。在上海合作组织内，中俄始终保持着密切沟通和协调，发挥着双引擎作用。在扩员后上海合作组织的未来发展中，日益强大的中国应在本组织中继续发挥主导和引领作用，中俄两国要相互尊重彼此利益和重大关切，继续共同倡导多边主义和开放主义，以共赢理念促进上海合作组织的发展。当然，正如俄罗斯学者指出的，中俄交往在很大程度上仍然受到各种成见的束缚。中俄两国之间的相互理解程度仍不足以提升

① Присоединение Индии и Пакистана к ШОС демонстрирует дипломатический потенциал этой площадки, 09. 06. 2017, http: //ru. valdaiclub. com/a/highlights/prisoedinenie - indii - i - pakistana - kshos/? sphrase_ id = 1673.

合作效率。[①] 这是前进中的问题，需要两国在不断增进合作关系的基础上加以解决。

另一方面，中国也应注意到俄罗斯对中亚地区的更多关注。中亚国家是俄罗斯的传统盟友，俄罗斯一直将中亚地区作为自己特殊的利益空间，对其他大国尤其是中国参与中亚合作较为敏感。事实上，在上海合作组织框架内中国与中亚国家的紧密合作的确引起了俄罗斯的担忧。例如，相对于利用上海合作组织平台开展的中国与中亚地区的“一带一路”倡议，俄罗斯更愿意推进“欧亚经济联盟”框架内的合作，更多地寄希望于“欧亚经济联盟”实现区域发展和经济一体化，以此尽量压缩中国同中亚各国直接开展双边合作的空间，维持自己在中亚地区的特殊影响力。对俄罗斯在中亚地区的这种复杂心态应引起注意。[②]

第二，处理好上海合作组织内的中印关系是一项长期而艰巨的任务。总体而言，中印关系目前并不是处在一个较为顺利发展的时期。受扭曲的“大国心态”驱使，印度在一些涉及中印两国共同的切身利益的问题上并不愿意与中国相向而行。例如，印度不仅对 2017 年 5 月在北京召开的“一带一路”国际合作高峰论坛采取不参与的冷漠态度，而且公开指责中国的“一带一路”倡议有损参与国的国家主权。[③] 表明中印双方在“一带一路”倡议及互联互通等问题上的分歧明显。再如，印度对中国支持的“中巴经济走廊”建设也多加指责。诸如此类的分歧和问题难免或可能会随着印度加入上海合作组织而带入该组织。

实际上，印度须面对这样一个现实：“印中除了实力差距，更有全球影响差距”[④]，正是这种实力差距和全球影响力差距，使印度参与的“金砖国家”和上海合作组织是由中国主导，而且今后中国优势只会更大。[⑤] 但不管怎样，中印同为“金砖国家”和上海合作组织成员国，两国虽在领土和南海等重大问题上存有分歧，但作为上海合作组织成员国都必须严格遵守《上海合作组织宪章》《长期睦邻友好合作条约》和《上海合作组织成员国边防合作协定》，秉持“上海精神”，努力改善彼此关系，共同推进上海合作组织发展。尤其是寄希望于《上海合作组织成员国边防合作协定》能为印度加入上海合作组织后的中印边界稳定提供一定的保障，而不再发生印度刚刚加入上

① Артем А. Кобзев，Культурная пропасть между нашими народами сохраняется；Иван Зуенко，о желтой угрозе и китайских инвестициях на Дальнем Востоке. https：//lenta. ru/articles/2016/05/05/relationwithchina.

② 陈东晓、封帅：《体系变革背景下的中俄印三边合作关系——现状、条件及前景》，《国际展望》2016 年第 6 期。

③ 吕萍：《俄罗斯对新形势下上海合作组织的看法与评价》，《俄罗斯学刊》2017 年第 6 期。

④ ［美］拉杰什·拉贾格帕兰：《印中除了实力差距，更有全球影响差距》，《环球时报》2018 年 1 月 8 日。原题：《中国崛起的政治影响》。

⑤ 同上。

海合作组织，就在中印边界地区挑起事端和冲突这种严重违背“上海精神”和破坏《上海合作组织成员国边防合作协定》的行为。

总之，虽然中国所期待的印度和巴基斯坦加入上海合作组织能够促进其发展，并有助于推进“一带一路”倡议向南亚扩展的目标能够在多大程度上实现，仍有待实践的检验，但印度和巴基斯坦加入上海合作组织改变了延续16年的“中俄+中亚”格局，形成了“中俄+中亚+南亚”的新格局，开启了“上海合作+”模式，迈出了上海合作组织发展进程中的重要一步。相信上海合作组织扩员和发展壮大不仅对本组织内的成员国，而且对欧亚地区国家的经济发展和推动加强全球治理都将产生积极的影响。

第三，中巴合作不仅是上海合作组织发展的需要，也是巩固和深化中巴传统友谊、促进巴基斯坦繁荣稳定的需要。从两国关系看，中巴关系已经提升为全天候战略伙伴关系；从推进“一带一路”倡议看，巴基斯坦是沿线重要国家之一和积极参与者，作为对落实“一带一路”建设具有标志性意义的“中巴经济走廊”项目正在顺利推进，一系列合作项目正在落实；从上海合作组织打击恐怖主义和维护本地区安全看，巴基斯坦对打击中亚及阿富汗境内恐怖主义势力和维护安全稳定都发挥着突出的作用。而“中巴经济走廊”无论是对中巴两国经济发展还是根治恐怖主义，都具有重要的意义。因此，今后应继续深化上海合作组织框架下的中巴关系，特别是加快“中巴经济走廊”建设，提升经贸合作水平，加大相互市场开放力度，以此推动扩员后上海合作组织的健康发展。

[新兴经济体发展]

# 关于构建“金砖国家”经济伙伴关系的基本思路

李 新　胡贝贝

摘　要　本文依据“金砖国家”领导人厦门峰会“深化金砖伙伴关系”主题，客观地阐述了“金砖国家”构建经济伙伴关系的必要性、可能性及其困难之处，为深化“金砖国家”经济伙伴关系提供了可行的“路线图”：“一带一路”倡议与“金砖国家”发展战略对接，硬件基础设施对接实现“陆海空大联通”；软件基础设施对接实现“一体化大市场”；经济伙伴关系的融资保障实现“多层次大流通”。

关键词　“金砖国家”　经济伙伴关系　“一带一路”

2017年9月，“金砖国家”领导人聚会厦门举行第九次会晤。此次会晤的主题是与“一带一路”倡议相融合，深化金砖伙伴关系，开辟更加光明的未来。其实，早在2013年“金砖国家”领导人南非德班会晤时，习近平主席就提出了“金砖国家伙伴关系”的概念及其四大目标：“我们要用伙伴关系把金砖各国紧密联系起来，下大气力推进经贸、金融、基础设施建设、人员往来等领域合作，朝着一体化大市场、多层次大流通、陆海空大联通、文化大交流的目标迈进”。[①]2015年，习近平主席在俄罗斯乌法“金砖国家”峰会上全面阐述了“金砖国家伙伴关系”建设的目标和内涵，即维护世界和平的伙伴关系，促进共同发展的伙伴关系，弘扬多元文明的伙伴关系，加强全球经济治理的伙伴关系，打造“金砖国家”利益共同体，共同构建紧密经济

［基金项目］国家社会科学基金重点项目“丝绸之路经济带建设研究”（14AGJ006）。

［作者简介］李新，上海国际问题研究院俄罗斯中亚研究中心主任，世界经济研究所教授，上海财经大学博士生导师；胡贝贝，上海财经大学国际工商管理学院博士研究生。

① 《携手合作，共同发展——习近平在“金砖国家”领导人第五次会晤时的主旨讲话》，《人民日报》2013年3月28日第2版。

伙伴关系。[①] 此次峰会还专门就经济伙伴关系制定了《“金砖国家”经济伙伴战略》等纲领性文件，全面规划了“金砖国家”“一体化大市场、多层次大流通、陆海空大联通、文化大交流”的互联互通发展格局。

## 一 构建“金砖国家”经济伙伴关系的迫切性和必要性

进入21世纪，直到2008年国际金融危机爆发之前“金砖国家”引领了世界经济的发展，由此诞生了“金砖国家”概念。特别是在危机期间发达国家相继陷入金融、债务乃至社会危机和经济衰退之际，以“金砖国家”为代表的新兴经济体一枝独秀，持续领跑世界经济增长率。但是，在2012年前后欧美等发达经济体先后触底反弹，特别是美国经济引领了发达经济体逐步摆脱了经济衰退的局面。在美国退出量化宽松货币政策和宣布“再工业化”以及特朗普宣布史上最大幅度的减税政策之际，全球资本流动方向发生大逆转，对新兴经济体乃至全球的宏观经济稳定构成了新的威胁。世界经济陷入“新常态”陷阱。以“金砖国家”为代表的新兴经济体虽然在增长速度上仍然保持世界领先的地位，但增长幅度已呈现出递减趋势，至今仍未触及谷底。根据世界银行资料，中国经济增长率从2010年的10.6%持续下滑到2016年的6.7%。七年间，印度从10.3%下降到6.6%，南非从3%几乎下降到零。2010年俄罗斯和巴西经济增长指标分别高达4.5%和7.5%，之后持续下降，2015年和2016年双双陷入持续两年的衰退。[②]“金砖国家”经济增速持续放缓背景下，各成员国都面临着经济结构改革，转变经济增长方式，增加就业，保障社会经济稳定和可持续增长的共同任务，成员国之间迫切需要加强团结，深化经济合作，共同抵御经济困难。

国际金融危机使形形色色以邻为壑的贸易保护主义重新抬头。为了避免成为贸易保护主义的牺牲品，各国争相加入或发起新的自由贸易安排。特别是美国在短时期内推动、促成并主导了多项区域经济一体化谈判。《跨太平洋伙伴关系协定》（TPP）和《跨大西洋贸易和投资伙伴关系协定》（TTIP）构成了美国主导的除欧亚地区以外的全球贸易经济新规则体系，从而将极大地制约发展中国家的市场开拓。虽然特朗普政府否决了TPP，TTIP也几乎胎死腹中，但是，美国的贸易保护主义进一步上升，甚至不惜在美墨边境修建隔离墙，威胁与中国开打贸易战。一时间，世界范围内升腾起一股“逆全球化”阴霾。为了突破贸易保护主义的封锁和“逆全球化”逆流，“金砖国家”有必要团结起来，推动全球经济治理体系革故鼎新，顺应新兴市场国家和发

---

① 《共建伙伴关系，共创美好未来——习近平在“金砖国家”领导人第七次会晤上的讲话》，《人民日报》2015年7月10日第3版。

② 世界银行数据库，http://data.worldbank.org.cn/country。

展中国家力量上升的历史趋势，促进全球贸易、金融体系的改革，提升这些国家在国际事务中的代表性和发言权。

## 二　构建“金砖国家”经济伙伴关系的可能性

“金砖国家”拥有全球30%的领土面积，涵盖31亿人口，超过全球总数的40%。2016年创造了18.1万亿美元的GDP，对世界经济贡献率近25%。这两个指标分别比十年前“金砖国家”首脑举行第一次峰会时提高了1倍和50%。贸易总额5.1万亿美元，占全球贸易总额的15.3%。分别提升了50个和2个百分点。① 数据显示，近十年来，“金砖国家”本身的社会经济发展取得了长足的进步，对世界经济的发展做出了巨大贡献。对全球经济增长的贡献一度达到80%，近年来虽然遇到一定的经济困难，对世界经济增长的贡献仍然超过50%，特别是中国和印度的增长率远远超过了世界经济平均增长率。“金砖国家”在世界经济秩序中的地位也大幅度提高，有力地推动了现有国际经济秩序的改革，中国、俄罗斯、印度和巴西等在国际货币基金组织的份额和投票权得以增加。在“金砖国家”的推动下，发达经济体的金融稳定论坛向新兴经济体敞开大门，并改组为金融稳定理事会。“金砖国家”的崛起代表着一个新的世界经济秩序的开始，并在世界经济秩序中扮演新的角色。“金砖国家”相互之间的合作成果就是2013年决定设立的“金砖国家”新开发银行和货币储备基金已经投入运营。这不仅是推动全球经济治理改革并使其向着更加民主化、公平化发展的重大成果，同时也是“金砖国家”之间加强经济合作的有效融资工具。

“金砖国家”经济发展水平相近，在完善全球经济治理和应对全球经济挑战、维护金融稳定等方面具有共同的利益诉求；资源禀赋差异决定了“金砖国家”贸易互补性强。“金砖国家”相互之间的经济合作具有巨大的潜力尚待进一步挖掘。2016年，中国与金砖其他4个国家的贸易额虽然增加了近1倍，但仍然只有2146亿美元，仅占中国进出口总额的6.1%，不足中国与欧盟上半年的贸易额；② 俄罗斯与其他4个成员国的贸易不足800亿美元，占其进出口总额的17.1%，也不足与欧盟上半年的贸易额。③

为了遏制经济增速下滑的势头，“金砖国家”在2012年前后相继出台了一系列基础设施建设规划。2012年，普京进入第三个总统任期，开发西伯利亚和远东被确定为俄罗斯面临的重大战略性任务之一。希望将远东地区打造

① 根据世界银行数据库资料计算得出，http：//data. worldbank. org. cn/country。

② 中国商务部《国别贸易报告》，《俄罗斯、印度、巴西、南非》2017年第1期，http：//countryreport. mofcom. gov. cn。

③ 俄罗斯海关数据，http：//www. customs. ru/index2. php？option = com_ content&view = article&id = 24785：—2016 - &catid = 125：2011 - 02 - 04 - 16 - 01 - 54&ltemid = 1976。

成为亚太能源供应基地、粮食产业基地和木材产业基地，发挥欧亚运输走廊的作用。2015 年，俄罗斯政府批准《北方海航道开发综合方案》；2016 年，俄罗斯政府和议会开始讨论旨在开发西伯利亚大铁路的《建设立体交通物流走廊体系——跨欧亚发展带方案》，俄罗斯联邦会议联邦委员会接受专家组设计的国家规划《跨欧亚发展带》并表示着手准备就此向总统提交的报告；① 2016 年年底，俄罗斯政府还批准了与中国合作的《滨海 1 号和滨海 2 号国际交通走廊发展构想》。

印度在“十二五”计划期间拟对基础设施建设投资 1 万亿美元，主要用于道路、电力和供水设施建设。在电力基础设施建设方面，兴建一系列火力、水力及核能发电站，改善配电网络，提高高压电网容量；着力开发新能源和可再生能源，到 2020 年将太阳能发电量提高到 2 万兆瓦。在公路建设方面，一是重点建设国家级公路和高速公路，二是优先发展乡村公路。其中，包括东西和南北走廊、东北部公路开发计划、新德里—孟买—班加罗尔—钦奈—加尔各答—新德里黄金四边形公路。在铁路建设方面，到 2020 年，计划新增线路 2.4 万千米，双规线路 1.1 万千米，电气化铁路 1.2 万千米。另外，建设 10 个新机场，完成 21 个机场的改建。修建和改建一批现代化港口和码头。

2012 年 8 月，巴西时任总统罗塞夫宣布了一项价值约 665 亿美元的交通基础设施投资计划，大部分投资铁路网的规划和建设，建设纵横国内的干线铁路和高速铁路，其中包括连接太平洋和大西洋的“两洋铁路”项目。2016 年 9 月，巴西总统特梅尔在上海举行的巴西—中国高级商务研讨会上介绍了一项未来 4 年的庞大基础设施投资计划，总价值 2690 亿美元，涉及机场、港口、公路、铁路、矿产和能源等多个领域。他表示基础设施应成为中巴两国经贸合作最具潜力的领域。②

2012 年，南非政府推出《国家基础设施规划》；2014 年，通过了《基础设施建设法》，为未来基础设施建设和部门协调奠定了法律基础。2016 年，公布了新的基础设施建设政府采购标准。这一庞大的基础设施建设规划包括区域战略一体化项目：释放北部矿藏带经济潜能、德班—自由州省—豪登省物流和工业走廊、东南部枢纽和走廊开发、释放西北省经济潜能、萨尔达尼亚—北开普省开发走廊；能源战略一体化项目：发展绿色能源产业，加快新发电设施建设，扩建输配电网络；空间战略一体化项目：城市基础设施建设、城市公共交通计划、农业物流和农村基础设施建设；社会基础设施战略一体化项目：公共医疗设施建设、国家学校建设计划、高等教育基础设施建设；

① 2016 年 12 月 15 日，笔者应邀出席俄联邦会议联邦委员会主席 B. 马特维延科主持的一体化俱乐部会议，会议对国家项目《跨欧亚发展带》进行验收。

② 新华社巴西利亚 10 月 10 日电综述：《中巴经贸合作成果辉煌》，2016 年 10 月 10 日，http：//news. xinhuanet. com/2016 - 10/10/c_ 1119689812. htm。

知识战略一体化项目：家庭、学校通信网络计划；地区战略一体化项目：与其他国家共同建设交通、水利、能源等基础设施项目。

此外，“金砖国家”经济增速下滑的趋势已经得到初步遏制。2017 年，中国经济增长速度有望触底，与 2016 年，持平；2016 年俄罗斯经济总量仅缩减了 0.2%，与 2015 年的 3.7% 相比，已经停止衰退，2017 年有望实现 1%—2% 的增长；2015 年和 2016 年，巴西经济衰退分别为 3.8% 和 3.3%，衰退幅度收窄；2017 年，南非和印度增幅下滑趋势也将得以扭转。这将为“金砖国家”第二个金色十年迎来开门红。

## 三 构建“金砖国家”经济伙伴关系的困难与挑战

“金砖国家”资源禀赋各异，经济结构不同，产业链落差大，经济体制各有千秋，经济体量有大有小，因而五国对经济合作的利益诉求差别较大，在合作的领域和议题选择上也不尽相同。例如，中国资金实力和劳动力资源丰富，作为“世界工厂”对原材料和能源需求巨大，而本国无法满足这种需求，同时产能严重过剩，因而主张贸易和投资自由化，推进贸易便利化和产能合作以及金融、能源和基础设施领域合作；俄罗斯和巴西经济对原材料与能源出口依赖严重，中国和印度是两个能源与原料消费大国，两者之间存在原料资源定价权的竞争；其他成员国对中国提出的贸易自由化主张比较谨慎，担心中国的廉价工业制成品对本国工业造成冲击，印度、巴基斯坦和俄罗斯还时常针对中国产品提出反倾销调查。美国、欧盟和日本都是“金砖国家”的主要贸易伙伴，在开拓国际市场方面，“金砖国家”面临内部竞争，特别是中国和印度之间竞争激烈。

“金砖国家”出于自身利益考虑，各自的中长期发展规划都包含或多或少的地缘政治和地缘经济因素，从而相互之间存在一些提防心理，使战略合作存在某些困难。例如，虽然俄罗斯与中国签署了《“丝绸之路经济带”建设与“欧亚经济联盟”建设对接合作的联合声明》，但对中国在中亚地区经济存在的不断扩大仍感不安，担心“丝绸之路经济带”冲击其主导的欧亚经济一体化进程；印度对中巴经济走廊建设充满敌意，中印边界争端长期得不到解决，政治互信不足致使印度无意参与“一带一路”倡议，进而设计了所谓的“季风计划”。

国际金融危机之后，“金砖国家”经济增长指标的变动说明五国经济出现了某种程度的分化。中国和南非经济呈匀速放缓现象，年平均降幅没有超过 0.5 个百分点。印度在放缓的过程中曾经历了 2014 年和 2015 年连续两年的回光返照，增长率接近 8%，2016 年猛然掉头向下跌幅高达 1.3 个百分点。近两年来，俄罗斯和巴西陷入经济衰退，衰退幅度接近 4%。这种经济下行的分化加大了成员国之间政策协调的难度。同时，“金砖国家”也面临着来自“七国集团”的唱衰乃至打压及其对金砖成员国的拉拢和诱惑。

## 四 构建“金砖国家”经济伙伴关系的抓手：“一带一路”倡议对接成员国发展战略

中国提出“一带一路”倡议的实质在于：与周边以及“一带一路”沿线国家和地区通过基础设施互联互通实现区域经济一体化；与这些国家和地区实施自由贸易区战略，制定贸易和投资规则。“一带一路”倡议与“金砖国家”战略对接可以划分为硬件基础设施对接和软件基础设施对接，双管齐下，齐头并进。

### （一）硬件基础设施对接，实现陆海空大联通

硬件基础设施对接，即通过各种方式，加强互联互通建设，促进金砖伙伴国加快交通、能源、信息等基础设施的网络化建设和跨境对接，实现陆海空大联通的物流运输体系，为畅通物流、资金流、人流和信息流，加强产能合作，促进直接投资和科技产业园区建设打造硬件基础设施。要推进铁路、公路等陆上大通道建设，加快港口建设，完善油气管道、电力输送、通信网络。2015 年发布的《推进共建“丝绸之路经济带”和“21 世纪海上丝绸之路”的愿景与行动》规划了 6 大经济走廊。其中，中蒙俄经济走廊和孟中印缅经济走廊将欧亚大陆上的中国、俄罗斯和印度三个大国紧密联系起来，同时，金砖五国通过“21 世纪海上丝绸之路”畅行无阻。2014 年以来，中国与“金砖国家”达成了许多基础设施建设合作共识。

新亚欧大陆桥贯穿俄罗斯主导的“欧亚经济联盟”。2015 年，中俄两国元首签署《关于“丝绸之路经济带”建设与“欧亚经济联盟”建设对接合作的联合声明》。此后的中俄总理定期会晤签署的《联合公报》均强调了“一带一路”倡议与“欧亚经济联盟”建设对接合作框架下推动交通、跨境基础设施、物流等领域的项目合作。2015 年，欧亚经济委员会成立工作组；2016 年年底，确定了 40 余个与中国合作的项目清单，主要是大型基础设施和跨国交通走廊，投资总额超过 500 亿美元。①

俄罗斯积极欢迎中国投资参与其基础设施建设规划项目。2014 年，中国、俄罗斯和蒙古三国元首决定共建中蒙俄经济走廊，2015 年和 2016 年相继批准了《中俄蒙发展三方合作中期路线图》和《建设中蒙俄经济走廊规划纲要》。发挥内蒙古联通俄蒙的区位优势，完善黑龙江对俄铁路通道和区域铁路网，以及黑龙江、吉林、辽宁与俄罗斯远东地区陆海联运合作，推进构

① 俄罗斯联邦会议联邦委员会一体化俱乐部 2016 年度报告 *Евразийская интеграция: современные вызовы и новые горизонты*。莫斯科：联邦委员会出版社 2017 年版，第 83 页。

建北京—莫斯科欧亚高速运输走廊，建设向北开放的重要窗口。此外，俄罗斯北极地区的“亚马尔液化气”项目是目前全球最大的天然气勘探开发、液化、运输、销售一体化项目。中石油和丝路基金分别持有其20%和9.9%的股权。2015年，两国总理会晤《联合公报》首次提到将“北方海航道”的开发利用列入今后的主要工作之中，表示“加强北方海航道开发利用合作，开展北极航运研究”。2017年5月，普京在出席“一带一路”国际合作高峰论坛上正式提出“俄罗斯北方海航道与‘一带一路’对接”的建议①；习近平在2017年7月面对俄罗斯媒体回应道：“共同开发和利用海上通道特别是北极航道，打造‘冰上丝绸之路’。”② 中俄北极合作将为“21世纪海上丝绸之路”打开通向北冰洋的通道，进而打通整个欧亚大陆的海上环路。

印度对共建“孟中印缅经济走廊”和“海上丝绸之路”态度谨慎，甚至拒绝参加“一带一路”高级合作高峰论坛。但是，并没有完全拒绝“孟中印缅经济走廊”。2017年4月，印度在加尔各答举办了“孟中印缅经济走廊”联合研究工作组第三次会议，四方代表表示将进一步增强互信，秉持平等互利、合作共赢的原则，扎实稳妥推进“孟中印缅经济走廊”建设。同时，印度对中国参与其国内新德里—孟买—班加罗尔—钦奈—加尔各答—新德里黄金四边形交通走廊以及连接缅甸仰光再北上抵达印度东北部的陆海交通走廊计划持欢迎态度。

2014年7月，习近平访问巴西，双方签署了50余份合作文件。基础设施是双方合作的重头戏。中国国家发改委与巴西交通部签署了《加强铁路领域合作备忘录》，中国、巴西、秘鲁三国元首就横贯三国连接大西洋和太平洋的“两洋铁路”合作共同发布声明③，这条铁路将助力南美地区完善交通运输体系。2017年4月，联合工作组中方专家确认了这一方案的可行性。巴西欢迎中国公司参与建设巴西中部1630千米的铁路。两国还计划在特高压输电领域展开合作。

2015年，习近平主席访问南非，两国签署价值65亿美元的合作协议，主要侧重于南非基础设施建设，其中，包括中国向南非电力公用事业提供5亿美元贷款，同时两国还签署了加强核电合作的协议。南非积极欢迎中国在风力发电、太阳能、水电等能源领域加强合作。

此外，早在1999年俄罗斯与印度等相关国家代表就在莫斯科签署了《俄罗斯—里海—伊朗—印度—斯里兰卡货物运输总协定》，打通俄罗斯到印度洋的南北交通走廊。2002年，相关国家交通部长在圣彼得堡签署《启动南北

---

① В. Путин，Выступление на Международном форуме，*Один пояс*，*один путь*，14 мая 2017 года в Пекине. http：//www/kremlin. ru/events/president/news/54491.

② 习近平接受俄罗斯媒体采访，《人民日报》2017年7月4日第1版。

③ 《中国—巴西—秘鲁关于开展两洋铁路合作的声明》，《人民日报》2014年7月19日第3版。

走廊备忘录》。这一走廊可以进一步延伸到马来西亚、新加坡和印度尼西亚。此外，2015 年 12 月，印度与巴基斯坦、阿富汗和土库曼斯坦启动了南亚天然气管道项目，俄罗斯的天然气也可以注入该管道南下印度洋。

### （二）软件基础设施对接，建设一体化大市场

软件基础设施对接，即各伙伴国为了扩大相互之间的贸易和投资规模，消除贸易和投资障碍，而使贸易和投资规则、技术标准、海关监管和检验检疫措施、法律法规等制度基础设施相互衔接，相互适应并制定相关的统一的规则和制度安排。目的是优化市场环境，推进贸易和投资便利化和自由化，减少乃至消除各种有形和无形的贸易壁垒和投资壁垒，消除各种经济要素在不同经济体之间自由流动的障碍。根据软件基础设施对接的程度不同，区域经济一体化进程可以分为特惠关税区（或称优惠贸易安排，如亚太贸易协定）、自由贸易区、关税同盟、共同市场或经济联盟。其中，每种形式的区域经济一体化进程都是伙伴国达成的关于贸易和投资自由化的制度安排和统一规则。

为了落实 2015 年中俄两国元首签署的《关于“丝绸之路经济带”建设和“欧亚经济联盟”建设对接合作联合声明》，中国与欧亚经济委员会在 2016 年下半年启动了关于经贸合作协定的谈判，涉及贸易便利化和海关程序、技术贸易壁垒和卫生检验检疫措施等 9 个议题。俄罗斯和“欧亚经济联盟”成员国由于自身经济体量和竞争能力无法与中国相比而对与中国建设自贸区持谨慎态度。中国与印度已经在 2007 年完成了两国区域贸易安排联合可行性研究，双方就货物贸易、服务贸易、投资及其便利化、经济合作等达成共识，但是，由于政治互信不足至今仍未启动这项贸易安排的谈判。不过，在亚太自贸协定项下，中国与印度结束了第四轮关税减让谈判，目前正在抓紧准备实施。同时，中国和印度也在《区域全面经济伙伴关系协定》的谈判中积极工作。由于中国大量廉价商品进入南非市场，从而对其民族产业造成一定冲击，使中国成为南非提起反倾销最多的对象国。南非贸易部长戴维斯在 2012 年就表示不会考虑与中国等大国签署自由贸易协定，否则会损害本国产业利益。巴西与南非一样专注于本地区自贸区建设，避免与任何大国建立危及自身经济竞争力的自由贸易区。

2017 年 5 月，习近平主席在“一带一路”国际合作高峰论坛上再次呼吁：“要推动自由贸易区建设，加强规则和标准体系相互兼容，提供更好的营商环境和机制保障，充分释放互联互通的积极效应。”[①] 虽然中国已经连续多年成为“金砖国家”的第一大贸易伙伴，但是，考虑到“金砖国家”不同

---

① 《开辟合作新起点，谋求发展新动力——习近平在“一带一路”国际合作高峰论坛圆桌峰会上的开幕辞》，《人民日报》2017 年 5 月 16 日第 3 版。

的地缘政治和经济利益需求，中国与“金砖国家”建立自贸区的时机暂时尚未成熟。不过，“金砖国家”自贸区还是坚持倡导，积极推动。首先，对“金砖国家”间的经贸利益分歧点进行识别和清理，建立“金砖国家”经贸利益分配机制和分歧化解机制，根据求同存异的原则，面向共同关心的整体经济增长和改善经济结构的宏观经济政策，夯实“金砖国家”的共同利益基础。“金砖国家”可以先从优惠贸易安排着手，分别在个别领域达成框架性共识，采取逐步推进的方式，争取与大部分新兴经济体建立自由贸易区，构建“金砖国家”大市场。

如前所述，为了遏制经济增速下滑的势头，“金砖国家”都相继出台了基础设施建设规划，如中国的“一带一路”倡议，俄罗斯的“跨欧亚发展带”构想和“北方海航道”综合开发，印度经济走廊设想，以及巴西和南非大规模基础设施建设规划。基础设施建设是“金砖国家”的共同需要，而金砖其他四个成员国资金严重短缺。中国可以凭借自己庞大的资金实力和建设能力，推动“金砖国家”基础设施互联互通。

## 五　“金砖国家”陆海空大联通：基本框架与目标设置

陆海空大联通是金砖各国的共同需要。为此，“金砖国家”之间应建立健全国际运输合作关系和工作机制，打通经济走廊运输通道，建成开放有序、现代高效的国际道路运输体系，逐步消除制约国际运输发展的软件“短板”和非物理障碍，减少人员和货物的“非效率”运输环节，降低跨境运输时间和成本，提高运输效率和服务水平。与上述“路线图”相一致，陆海空大联通可以从制度关联和跨境运输物流体系两方面齐头并进。

“金砖国家”制度关联可以通过贸易便利化，提高相关机构、机制和程序的协调和业务衔接水平，促进相互之间的合作并保障各国相关规则的一致。这一领域的合作主要集中在以下几个方面：一是加强海关和边境部门的协作，积极推进国际贸易“单一窗口”建设，整合口岸监管设施资源，海关、检验检疫、边检、交通运输等部门发挥各自优势，合理分工，实现资源共享或互补；二是通过补偿地区供应链的“短板”来提高整个供应链的合作效率，以保障其有效运转；三是通过规则的相互衔接和相关贸易代表机构的相互协调以及协调措施效果评价来提高合作的效率，这就需要定期沟通运输物流政策、措施和计划，批准相关长期合作规划；四是在运输信息化技术标准、动态数据交换、卫星导航系统应用、突发事件处置、跨境电子商务等方面的务实合作，简化“金砖国家”多式联运手续；五是就物流工作程序进行协商，保障货物和人员的无障碍跨国流通；六是在提高基础设施项目设计、建设和保障运行，以及实施共同研发计划方面开展合作。重要的是“金砖国家”签署货物运输便利化协定，逐步拓展各国之间的运输合作，研究签署政府间过境道路运输协定。为国际海运、陆运和空运创造良好的条件，加强国际运输各方面的协调，简化国际运输的手续和要求，各种文件相互衔接。同时，中国也有必要适时加入国际运输便利化相关公约。参照国际规则和标准，建立“金砖国家”运输标准体系。

建设安全、均衡和通畅的跨境运输物流体系是促进“金砖国家”经济增长的重要因素。高效运行的运输体系对国际贸易和全球产业链投资具有重要的意义。交通基础设施、信息通信技术是物流体系的重要工具，并在很大程度上节约运输成本。“金砖国家”在这方面的合作主要是发展交通和运输基础设施及其辅助设施：促进运输和交通基础设施发展，解决建设“金砖国家”新的国际运输走廊的技术、设计和法律问题；使用创新技术，提高运输物流体系的效率；促进节能，降低交通工具有害排放；使用运输、基础设施设计、运行和跟踪的安全保障技术；研制和使用新技术特别是智能运输体系和卫星导航系统；在正确评估商业合理性和风险程度的基础上通过 PPP 模式，吸引私营企业、中小企业参与道路、港口、机场以及城市交通和铁路基础设施建设，提供物流服务和运输、设施维护。推进“金砖国家”运输市场信用体系建设，提升国际运输企业信息采集和应用能力。鼓励“金砖国家”保险机构合作，开发适应国际运输需要的保险产品，进一步降低国际运输风险。

为了实现上述目标，“金砖国家”需要在必要的情况下举行政府和企业高级人员的会晤，共同解决“金砖国家”目前存在的和可能出现的影响供应优化链的交通基础设施、物流、通信问题；促进“金砖国家”信息传播领域专家的相互合作与交流；促进“金砖国家”航空运输公司之间的合作，提高运输效率，增加直航航班数量；相互鼓励金砖各国企业参与基础设施建设项目竞标，包括联合投标；就提高铁路基础设施的效率问题开展对话，交流信息；在保障城市交通问题上交换经验。

此外，“金砖国家”应当加强信息通信技术，包括互联网和其他信息传播手段领域的合作，共同解决信息通信技术领域的共同问题。如数字经济领域合作；信息技术部门和信息服务部门的交流；充分发挥信息通信技术包括互联网的潜力，实现“金砖国家”合作的目标；在应对信息安全突发事件问题上，加强“金砖国家”框架下的合作；加强“金砖国家”和其他相应国际机制框架下的合作，共同打击利用信息通信技术从事犯罪和恐怖主义活动；保护信息通信技术和个人信息不受侵害；共同实施涉及信息安全的新技术和服务的研究；在互信和合作基础上保障数字和互联网空间的和平、安全和开放性；“金砖国家”在共同开发信息通信技术软件和设备及其项目落实方面加强合作；推动使用创新通信设备，研究和使用新标准和新技术，防控网络威胁；在降低电话通信、互联网和宽带通信成本方面加强合作。为此，“金砖国家”有必要设立信息通信技术合作工作组，研究信息通信技术推广问题的路径和方法，加强政府间联系；制订培训计划，挖掘信息技术和创新领域人力资本的潜力；加强信息社会政策和计划的专业知识交流，共同分享新技术和服务带来的红利。

## 六 “金砖国家”经济伙伴关系的融资保障：多层次大流通

如前所述，“金砖国家”遭遇经济增速下滑，为了促进经济增长，纷纷出台了基础设施建设规划，增加投资，刺激经济发展。而基础设施建设将要花费巨额资金，这又将成为“金砖国家”沉重的负担。为了满足“金砖国家”以及其他新兴市场和发展中国家的基础设施建设、可持续发展项目的资金需求，“金砖国家”领导人在2014年决定成立法定资本1000亿美元“金砖国家”新开发银行。与此同时，五国领导人还决定建立初始资金规模为1000亿美元的应急储备基金，通过货币互换提供流动性以应对实际及潜在的短期收支失衡压力，加强全球金融安全网，并对现有的国际机制形成补充。2015年的乌法峰会标志着“金砖国家”的这两个金融机制正式启动。“金砖国家”新开发银行和应急储备基金的建立，不仅标志着“金砖国家”合作已从对非正式的对话协调机制向实体化的机制合作迈进，也标志着以“金砖国家”为代表的新兴市场与发展中经济体在完善现有国际货币金融体系方面开始发挥实质性的积极作用。

（1）“金砖国家”新开发银行应建立符合市场规则和国际规则的规则型治理结构及运行机制，实施基于市场的资金来源与运行机制、价格机制、竞争机制和风险机制等。尊重市场机制，减少政府干预。在融资方面，建立依托政府和市场的低成本中长期融资机制，拓展资金来源和优化融资结构；在贷款方面，建立以项目管理为核心、以促进发展为目标的发展业务运行机制，实行项目评估和跟踪制度；建立防范金融风险的稳定业务运行机制。

（2）“金砖国家”应当基于主权平等原则，将应急储备基金设立为一个政府间国际组织，并以解决成员国短期流动性困难和国际收支失衡、维护各国金融稳定、深化货币金融合作为基本宗旨，成为金砖五国的永久性金融冲击应急救助机构。在出资方式上，由各成员国中央银行或货币当局以一定比例出资构建，并确保基金组织自身对储备资金拥有独立的支配权。考虑到1000亿美元的初始资金规模并不能持续满足“金砖国家”的实际需求，可以进一步扩大资金规模以提升救助能力，还可以考虑通过对外发行基金债券，进一步拓宽资金来源渠道。在投票权和决策机制的设定上，可以参照IMF的方式，将总投票权分为基本票和加权票，但在基本票和加权票的分配等具体制度设计上，应尽可能保证公平。在决策机制方面，将决策事项分为根本问题和执行问题两类，涉及根本问题的事项需经部长级决策机构经协商一致通过决定；涉及执行问题的事项则将由执行层决策机构经2/3多数决定。在救助机制方面，首先，应当依赖自身的能力控制并实施贷款，以保证基金运作的独立性；其次，应当在保持基金整体效能与保护援助请求国权益以及维持金融稳定之间找到一个平衡点；同时，也必须考虑可能存在的道德风险。“金砖国家”设立区域经济监测机构有着十分重要的意义，可以提高危机预警能力，防范金融危机的发生。首先，应当建立早期预警系统，健全跨境资金流动监测预警体系，加强对短期资本流动特别是投机资本的有效监控，从而防范国际游资频繁进出对各国金融市场的冲击。其次，在非危机时段，对各成员国的宏观经济运行状况和政策进行监测并定期发布季度和年度报告，从而为各成员国经济发展提供指导。

（3）良好的“金砖国家”金融合作机制离不开本币融资一体化，而债券市场的建立和完善则可以实现这一目的。债券市场体系一体化是构建金融合作机制的必要条件。满足一定条件的成员国企业和相关项目承担主体等都可以通过发行债券来向本国和其他四个成员国融资，通过债券融资解决企业资金不足的问题。为此，需要建立信用评级机构信息发布机制，确保信息准确、实时和完整；其次，由成员国以外汇储备形式按比例出资成立债券发展基金，为债券发行提供增信担保；最后，统一区域内债券交易结算系统，保证债券结算机构间的数据信息联网，建立区内实时结算系统。

（4）随着“金砖国家”新开发银行及应急储备基金的成立，建立金融监管机制迫在眉睫。在监管机制建设过程中，应以尊重各国金融主权为基本原则，以公开透明、平等互利为导向，实现金融监管的公平与效率。同时，建立资本流动监控、危机预警等机制。加快信用等级评价体系的建设，对全球和区域的宏观经济进行有效评估。此外，应加速出台“金砖国家”新开发银行和应急基金管理的各项管理制度，以提高“金砖国家”新开发银行的管理水平。

（5）进一步扩大实施本币结算业务范围。目前，中国除与俄罗斯开展本币结算业务外，其他国家尚未涉及。通过加快双边结算业务，鼓励“金砖国家”之间互设合作机构，签署双边清算合作机制。渐进推动各国货币互换机制的建立与实施。以提高贸易便利化为目标，通过基础设施条件的改善，保证金融电子化的发展，实现各国金融合作过程中的信息共享，加强信息共享机制建设。

此外，2015 年由中国发起的亚洲基础设施投资银行正式成立。它是一个政府间性质的亚洲区域多边开发机构，重点支持基础设施建设，其成立宗旨是促进亚洲区域的建设的互联互通和经济一体化进程，并加强中国与其他亚洲国家和地区的合作。2014 年，中国单方面设立丝路基金，目的是为“一带一路”沿线国家基础设施建设、资源开发、产业合作等相关项目提供融资支持。这两个金融机制为“金砖国家”陆海空基础设施大联通提供额外的资金融通。

# 经济治理与市场化

## ——理解中国成就与挑战的制度根源

孙景宇

**摘　要**　许多文献都指出，法律作为市场经济的制度基础，对市场交易的执行具有重要意义。然而，在中国转型过程中，法律变革却滞后于其经济市场化进程。本文的分析表明，在法律不完善的条件下推进市场化，是造就中国经济转型成就和挑战的共同根源。原因在于，法律并不是保障市场交易执行的唯一治理机制，关系型治理作为一种替代的治理机制，在中国经济市场化过程中发挥了重要作用。但是，关系型治理并不能支撑中国经济的长期发展，而私人外部治理能够成为连接关系型治理和法律的桥梁，可以与关系型治理和法律形成互补。中国经济治理机制优化的方向，是形成法律、私人外部治理和关系型治理三种机制协调互补的治理结构。

**关键词**　经济治理　市场化　关系型治理　私人外部治理

## 一　引言

市场化是当代中国经济的一个重要特征。自1978年改革开放以来，随着市场在经济中发挥越来越重要的作用，中国已经实现了将近四十年的经济高速增长。根据国家统计局公布的数据，1978年，中国GDP为3678.7亿元；2015年，GDP为689052.1亿元；2016年，GDP初步估算为744127亿元。持续的经济增长已经使中国从生存型社会过渡到发展型社会，并进入到中高收入国家行列。

目前，主要有两种理论来解释中国的经济成就。一种是比较优势发展战略理论。林毅夫等认为，发展战略的选择是否和资源禀赋的比较优势一致，是决定经济体制模式进而决定经济发展绩效的根本原因。改革开放以前，中

［作者简介］孙景宇，南开大学经济学院副教授，经济学博士。

国发展缓慢的根本原因在于推行了不符合中国比较优势的重工业优先发展战略；改革开放以来，中国经济得以迅速发展的关键在于改革三位一体的传统经济体制，使中国所具有的资源比较优势能够发挥出来，通过发展劳动密集型产业提高了经济的竞争力。另一种是分权理论。钱颖一等认为，从中央政府向地方政府的财政分权，为地方政府发展本地区经济提供了激励，从而造就了中国经济的成功。时至今日，有大量的理论和实证研究探讨分权与中国经济转型和增长之间的关系，张军和周黎安编辑的论文集对相关研究进行了汇总。

上述两种理论都把市场能够有效运作当成隐含的假设前提，没有提及中国的市场经济是如何发育出来并不断成长的。而没有市场的有效运作，比较优势发展战略和分权政策都不能够正常发挥作用。作为对上述两种理论的补充，本文从微观层面分析支撑中国市场经济运行的制度基础，探讨中国的经济市场化是如何从无到有、从小到大的。我们认为，向市场经济转型过程中的制度建设不仅包括法律等基于正式制度的治理机制，还包括其他基于非正式制度的治理机制；不仅要关注制度的供给，更要关注制度的需求。本文的研究表明，转型过程中的制度构建是经济发展阶段的函数。在中国经济发展的不同阶段，市场经济的有效运转都需要与之相对应的制度支撑发挥作用。中国经济市场化过去所取得的成就和未来发展所面临的挑战，都可以归结为一个共同的制度根源。

## 二 市场交易和经济治理

经济市场化给中国带来了显著的成就和繁荣。亚当·斯密在《国富论》中指出，市场经济之所以能够使一国走向繁荣和发展，原因在于它通过市场交易将广泛的劳动分工联结为一个共同的体系，使每个社会成员在追求自身利益的同时带来社会财富的增益。而劳动分工之所以能够促进一国财富的增进，是因为它可以提高劳动生产力。迪克西特（Avinash Dixit，2004）将这样的生产过程称为“斯密过程”，在微观经济学教科书中，“斯密过程”被总结为“福利经济学第一定律”，即竞争的市场一定是有效的。当市场上的每一个消费者和生产者都根据市场价格来确定其最优化策略时，可以达到这样一种情况：无论是生产者的利润、消费者的效用和社会总产量都处于最大化状态，也就是说，资源配置达到了最优化。这种状态也被称为帕累托最优状态。

然而，仅靠价格机制并不能保障市场交易的顺利进行。因为在市场交易中，参与双方都希望获得更大的收益，只要有可能，都存在采取各种手段扩大自身收益的动机。比如，卖方总是倾向于提高产品的售价或者消极怠工，买方则倾向于拖欠货款甚至拒绝付款。威廉姆森（Oliver Williamson）将这类损害群体而有利于个人的行为统称为“机会主义行为”。这种情况非常类似于“囚徒困境”，虽然市场交易对买卖双方而言都是有利的，但机会主义行为的存在却使市场交易难以达到双方合作的均衡解。

在迪克西特的基础上，我们可以建立一个简单的分析框架来更深入地理解市场交易过程。假定一项经济活动需要两个人共同参与完成，这项活动既可以是买卖双方的市场交易，也可以是两个人订立的一份合约，等等。无论是对于参与人 1 还是参与人 2，他们都有两种选择对待对方：诚实或者欺骗。我们假定：如果参与人 1 和参与人 2 都选择诚实，将分别得到收益 $H_1$ 和 $H_2$。如果参与人 1 和参与人 2 都选择欺骗，将分别得到收益 $C_1$ 和 $C_2$，并且有 $H_1 > C_1$，$H_2 > C_2$。机会主义行为的存在意味着，如果参与人 1 选择欺骗而参与人 2 选择诚实，参与人 1 将得到收益 $D_1$，$D_1 > H_1$；参与人 2 将得到收益 $L_2$，$L_2 < C_2$。类似地，如果参与人 1 选择诚实而参与人 2 选择欺骗，参与人 1 将得到收益 $L_1$，$L_1 < C_1$；参与人 2 将得到收益 $D_2$，$D_2 > H_2$。具体支付矩阵如表 1 所示。这种情况是典型的“囚徒困境”，很容易得到，此时每个人的最优选择都是欺骗，因而均衡解是（$C_1$，$C_2$）。这意味着机会主义行为的存在会成为市场交易顺利进行的障碍，有效运行的市场经济需要对交易的执行进行治理，通过一定的治理机制来甄别和遏制机会主义行为。换句话说，市场经济只有获得了足够的治理机制的支持，才可能取得成功。

**表 1　　市场交易中的“囚徒困境”**

| | | 参与人 2 | |
|---|---|---|---|
| | | 诚实 | 欺骗 |
| 参与人 1 | 诚实 | $H_1$，$H_2$ | $L_1$，$D_2$ |
| | 欺骗 | $D_1$，$L_2$ | $C_1$，$C_2$ |

当然，从理论上说，可以用科层组织来代替市场交易，也就是威廉姆森意义上的“一体化”。但是，威廉姆森也指出，用科层组织代替市场交易，虽然可以降低市场交易成本，但却会产生官僚主义成本。因此，一项交易究竟是用市场组织还是用科层组织好，取决于市场交易中的交易成本和组织内部的官僚主义成本之间的权衡。在现实中，传统社会主义实行的计划经济，就是尝试用科层组织来代替市场交易。诺贝尔经济学奖获得者迈尔森（Roger Myerson）在信息经济学的委托—代理框架下比较了计划经济和市场经济下的社会协调问题，根据他的研究，虽然计划经济在解决逆向选择问题方面具有优势，但在道德风险问题方面具有劣势。实际上，在存在道德风险的情况下会出现逆向选择问题，因而道德风险是更为基本的问题，这意味着科层组织无法完全替代市场交易。这也是传统社会主义国家从计划经济向市场经济转型的原因之一。因此，我们必须寻找其他途径来解决市场交易中的机会主义

问题。换句话说，市场交易离不开经济治理。

综上所述，科层组织并不能完全替代市场交易。由于市场交易的正常进行容易遭受机会主义行为的破坏，有效运行的市场经济需要有相应的机制来对投机者进行甄别、改造或惩罚，从而对市场交易加以规约。从这个意义上说，要探究中国经济市场化的本质经验，就必须理解中国在其经济市场化过程中是怎样实现对交易执行的治理的，转型又是怎样为相应的治理机制创造出了发挥作用的条件。

## 三 法制建设与转型国家市场化的悖论

已经有越来越多的经济学家认识到，法律作为最重要的正式制度，对于维护和保障社会经济良好运行具有重要作用，是现代市场经济的基础。迪克西特认为，法律体系是成功的市场经济不可或缺的条件，这是传统经济学的一个共识。对于欠发达国家，塞德曼夫妇（Ann Seidman and Robert B. Seidman）更是强调："一个完整的发展理论必须能指导法律的形成和实施，以改变第三世界国家持续贫穷和被压迫的制度。"科斯（1960）注意到，在一定条件下，经济的外部性或者说经济的非效率可以通过当事人的谈判和再交易而得到纠正。这也就是著名的"科斯定理"。在此基础上，库特和尤伦（Cooter and Ulen，2012）进一步指出，由于谈判和再交易在产权清晰简单时比复杂模糊时更容易，因而可以通过建立法律定义简单且清晰的产权来消除私人协商的障碍。他们还指出，除了"润滑"谈判，建立法律也可以减少不合作或者合作失败造成的损害。当双方没能达成事实上可能实现的私人合作协议时，法律应当把产权分配给评价最高的一方，从而使产权交易不再必要，使私人协商造成的损失最小化。

就市场交易而言，法律是以交易双方所达成的正式合约为基础的，其有效运作依赖于法庭作为独立于交易双方之外的第三方对机会主义行为进行仲裁和强制性惩罚。法律能够遏制市场交易中机会主义行为的基本机制是：法律对违约者的事后惩罚会使违约行为得不偿失，从而产生阻吓作用。在第二部分的模型中，如果参与人1欺骗了参与人2，法庭事后对其施加惩罚为 $\theta$，当惩罚足够高以至于参与人1采取机会主义行为的净收益 $D_1-\theta$ 小于选择诚信所得到收益 $H_1$ 时，参与人1的理性选择就是诚信。也就是说，当法庭施加的事后惩罚 $\theta>D_1-H_1$ 时，法律的阻吓作用就可以遏制参与人1的机会主义行为。同样地，为了遏制参与人2的机会主义行为，要求法庭通过施加的事后惩罚 $\theta>D_2-H_2$。在更一般的意义上，关于最优法律和最优阻吓作用的研究主要来自加里·贝克尔（Gary Becker）和乔治·施蒂格勒（George Stigler），故也被称为贝克尔—施蒂格勒模型。

从严格意义上说，转型就是一个制度变革的过程。与制度变迁相比，制度变革并不是社会力量自发演化的结果，而是在一个相对较短的时期内（从历史长程来看）人为地、有意识地对社会发展的轨道或者社会发展方向的调整。法律是最重要的正式制度，对于维护和保障社会经济良好运行方面具有重要作用，因而也被看作是建立起与市场经济相适应的制度支撑的重要内容。世界银行曾经提出，法制建设对于降低交易成本、增强市场交易的确定性、控制市场交易者的投机行为具有重要的作用，因而应当成为转型国家推进经济市场化的关键，而俄罗斯东欧国家在转型之初所进行的产权私有化、经济自由化则是为建立经济法制所做的必要准备。国际货币基金组织（IMF）前总裁科勒尔（Horst Köhler）也强调，没有法律，民主社会和市场经济就无法正常运行，因此，转型国家必须对稳定市场经济所必需制度的建立予以高度优先考虑，改善法律环境并做出依法治国的政治承诺。

在上述思想的影响和指导下，俄罗斯东欧国家在转型之初便开始了法律和相关制度的改革。为了能够在短时间内快速地建立起相对完整的法律体系，俄罗斯东欧国家大量借鉴和模仿西方发达国家尤其是欧盟的法律制度，运用移植的方式来进行法律改革，构建新的法律体系。在一些情况下，西方法律甚至未经任何修改就被直接移植到了某些国家。然而，即使在最成功的转型国家中，现在的许多新的商业法律也没有得到有效或一贯的实施。正如韦德·钱纳尔（Wade Channell）所说："新法律很好，它们只是没有执行。"在欧洲复兴开发银行（EBRD）和世界银行的调查中，"我相信法律制度将维护我的合同和商业纠纷的财产权"，俄罗斯、吉尔吉斯斯坦、摩尔多瓦和乌克兰有75%的公司表示，他们不同意。哈伊（Jonathan Hay）和施莱弗（Andrei Shleifer）在俄罗斯发现，即使非法私营执法机构也可以在功能不全的法律制度下的特定地区的争议解决中取代法律。缪瑞尔（Pctcr Murrell）汇总了有关研究俄罗斯和东欧国家的法律失败的论文。

从世界范围内来看，俄罗斯东欧国家所选择的法律变革方式具有一定的普遍性。20世纪后半期以来，已经有越来越多的学者注意到法律与发展之间的关联，正如塞德曼夫妇所强调的："一个完整的发展理论必须能指导法律的形成和实施，以改变第三世界国家持续贫穷和被压迫的制度。"于是在20世纪60年代和90年代兴起了两次法律与发展浪潮，旨在通过向发展中国家提供法律加强法制建设来推动后发国家的经济发展。但无论是在俄罗斯东欧国家还是在广大第三世界国家，这种忽视法制建设的时机选择和方式选择的供给主导型法制建设都没有取得预期的效果，并以失败而告终。

与此相对应，中国的经济市场化是在法制不完善的情况下进行的：依法治国、建设社会主义法治国家直到1997年党的"十五大"才成为治国的基本方略和社会主义现代化的重要目标，直到1999年才被写入宪法。直至今日，全面依法治国依然是"四个全面"战略布局中的重要一环；私有产权的确立并未成为中国经济市场化的一个前提基础，因为中国的产权明晰化经历了相当长的过程，曾几何时，正是产权并不清晰的乡镇企业成为支撑中国经济增长的一支重要力量；同时，中国的经济市场化并不是一个纯粹的自由化的过程，而是在政府的干预下进行的，一系列理论和实证研究表明，地方政府在中国经济市场化过程中起到了非常重要的作用。那么，为什么在始终没有形成良好法律体系的中国，市场经济在不断发展壮大，成就了中国“奇迹”般的高速经济增长。而在更加注重对法律规则进行改造的俄罗斯东欧国家，却不但没能塑造一个健康的市场经济，反而给这些国家带来了新的灾难？

从理论上说，法律能够规约市场交易，这至少需要满足以下两方面的条件：首先，必须存在一套运行良好的法律体系。一般而言，法律机器的构建并使其良好运转是一个缓慢而昂贵的过程，不仅需要起草、解释和执行各种法律条款和条文，培训和雇用法庭及律师人员，还要建立司法、行政、立法的各权力机关并维护其运转，更重要的是，必须能有效地减少腐败以保证法庭判决与执行的公正性。显然，对于发展中国家和转型国家来说，这绝不是一项可以一蹴而就的工作。其次，即使存在这样一套运行良好的法律体系，基于法律的治理机制还对交易相关信息具有较高的要求，法庭必须能够证实这些信息，否则就不能判定违约行为是否发生。但是，在很多交易中，违背合约的情况只能为当事人和具有专业知识的第三方所了解，因此，法律并不适用于所有交易的执行，即使是在法律体系运作良好的现代发达国家，也需要其他治理机制与之形成互补。另外，法庭必须在法律范围内受理所有的案件，保持所有案件在规则和程序上的绝对一致，因此，在灵活性上存在固有的劣势，这也要求用其他治理机制来补充法律的作用。

从交易执行视角来看，中国和俄罗斯东欧国家向市场经济转型的实质，就是为规约市场交易的治理机制创造出发挥作用的空间，从而保证市场交易的正常进行。俄罗斯东欧国家的经济市场化更加侧重于让法律发挥作用，因而它们将法制建设作为推进经济市场化的关键，而把产权私有化、经济自由化作为建立经济法制的前提基础。但是应当看到，法律只有在社会个体对其产生需求的情况下才能够发挥作用。对社会个体而言，采用正式合约来保证交易执行是有成本的：这不仅表现在需要支付诸如审判、聘请律师等方面的费用，还表现在采用正式合约存在一定的风险，例如，纠纷可能无法得到公正的裁决、法律体系的运转速度也许过于缓慢等。因而，只有当交易者通过市场交易所获得的收益大于使用正式合约的成本时，交易者才会产生对法律的需求。如果法制建设没有达到一定的完善程度，从而司法和执法的质量不高、法律体系的运行效率低下，就会大大增加交易者使用正式合约的成本，在此情况下，国家颁布的法律规则可能只是形同虚设。事实上，法律规则质量不高、法律体系运行效率低下、腐败和“寻租”活动盛行使法庭裁决缺乏公正性，这些正是俄罗斯法制建设的现实。当然，如果市场交易的收益足够大以至于超过了使用正式合约的成本，社会个体也会形成对法律的需求。而从根本上说，市场交易的收益是与经济发展水平相联系的：当经济发展水平比较低时，社会分工不发达，通过市场交易可获得的收益也就不大。因此，处于较低经济发展水平的发展中国家难以产生对法制的需求。可见，对转型国家来说，由于经济发展水平不高、市场交易的收益有限，因而严重影响了社会个体对于法制的需求。而同时建立一个运行良好的法律体系，以将使用正式合约的成本降到较低的水平，又不是短时间内所能完成的任务。因此，在没有形成足够法制需求的情况下，超越经济发展阶段来进行法制供给，就很难取得理想的效果，至少在体制转型的早期阶段，法律难以在转型国家经济市场化的过程中发挥主要作用。

## 四 中国经济市场化的逻辑

虽然法律以及基于法律基础上的政府监管是现代市场经济最重要的制度支撑，但是，正如埃利克森（Ellicson，1991）在批判“法律中心主义”时所说，不能把建立法律等正式规则看作是规约市场秩序的唯一方法。在现实中，即使是在制度功能完善、政府法律机器到位的现代国家中，当出现经济或非经济纠纷时，诉诸法律也并非双方的首选，而只是最后的选择。当法律体系不能良好运转时，法律之外的治理机制往往发挥了不同程度的替代作用。中国转型的经验表明，在经济发展水平较低的情况下，社会个体缺乏对法制的需求，关系型治理可以作为一种替代的治理机制来规约市场交易，保证市场交易的正常进行。

### （一）关系型治理与中国经济的市场化

关系型治理是以交易者之间的持续交往为基础的，它以长期交易关系的破裂作为可置信威胁来遏制交易者的机会主义行为。关系型治理的基本情形是双边重复博弈：如果相同的当事人无限期地重复博弈，任何一方的欺骗都会触发另一方的“冷酷”惩罚，从此结束长期博弈关系，那么只要交易者对于结束长期博弈关系的成本现值预期高于对当期欺骗收益的预期，长期重复博弈就能在无须外部第三方参与的情况下保证合作性均衡的实现。在第二部分模型中，与参与人 1 选择诚信相比，他选择欺骗的收益将增加 $D_1 - H_1$。但他的行为会导致参与人 2 在与其未来的所有交往中都选择欺骗，因而参与人 1 未来的收益会减少 $r(H_1 - C_1)$，其中 r 为贴现率，可以反映参与人对未来的重视程度。显然，当 $r(H_1 - C_1) > D_1 - H_1$ 时，参与人 1 的最优选择将是诚信。这样，长期合作关系的破裂就成为机会主义行为的可置信威胁。阿克塞尔罗德（Axelrod，1984）的研究表明，当 r 逐渐趋近于 1 时，也就是参与双方都足够重视他们的未来时，市场交易不需要第三方就可以实现合作的纳什均衡。

在现实中，关系型治理的一般情形是多边重复博弈，即参与人很少同某一个人保持长期关系，但他始终是某个稳定而有凝聚力的团体的成员，这个团体会将参与人合作者的违约信息迅速、准确地传递到所有其他成员那里，违约者声誉的丧失会触发该团体的集体惩罚机制，所有成员都不再与其进行交易，从而将其驱逐出关系网络。如果这种集体惩罚的威胁是可信并足够严厉的，该团体就能阻止其成员的机会主义行为，创造出类似于长期重复博弈理论所描述的自我实施均衡。在上面的模型中，假定参与人 2 是一个团体中的成员，这个团体既可以是罗克（Rauch，2001）意义上的族群，也可以是格雷夫（Greif，2006）意义上的商人联盟或商业协会。虽然参与人 1 并不一定与参与人 2 保持长期合作关系，但他却与参与人 2 所在的团体之间保持长期合作关系。在这种情况下，如果参与人 1 欺骗了参与人 2，这个消息会迅速在整个团队成员中传播，从而导致团体其他成员在未来与参与人 1 之间的交易中都选择欺骗。这样，参与人 1 在与参与人 2 的交易中选择欺骗可以获得额外收益 $D_1 - H_1$，但在未来与团体其他成员之间的交易中会出现损失，其中，r 为贴现率，$H_i$ 为参与人与团体第 i 个成员交易时选择诚信的收益，$C_i$ 为参与人 1 与团体第 i 个成员交易时选择欺骗的收益，n 为团体成员的人数。如果满足条件，那么参与人 1 在与参与人 2 交易时的最优选择将是诚信。

与法律不同，关系型治理可以在没有第三方的情况下自我实施，因而不会产生制度建设的成本，可以在向市场经济转型之初制度不完善的情况下规约市场交易。

关系型治理最初是由栗树和在分析东亚奇迹和亚洲危机的过程中提出来的。王永钦（2006）进一步指出，关系型治理的作用范围可以从一个市场扩展到互联的多个市场。但是，王永钦的研究所关注的只是长期重复博弈的标准情形，没有对关系型治理发挥作用的条件特别是为使集体惩罚可信而应满足的条件做出全面的分析。另外，王永钦将其原因归结为转型方式的差异，他认为，关系型治理之所以能够在中国发挥作用，是因为渐进式转型没有使原来维系社会经济互动的关系型合约遭到很大的破坏，在法律不完善的情况下，关系型合约仍然能够维持社会经济的运行；而俄罗斯的激进式转型几乎是在一夜之间打破了这种长期以来自我实施的关系型合约，但在短期内又不可能建立起依赖法治的治理模式，于是便出现了“治理真空”。然而，在我们看来，渐进式改革并非中国首创，从历史上看，包括中国和苏联东欧国家在内的传统社会主义国家在 20 世纪 50—90 年代初曾经历了三次比较明显的“改革浪潮”。总的来看，这三次改革浪潮都是渐进式的，中国在 1978 年改革开放之初所采取的许多举措都曾经在这三次浪潮中被苏联东欧国家所实行。那么，为什么关系型治理只在中国 1978 年开始的改革开放中发挥了重要作用，而在其他情境下都无一例外地失败了？事实上，行政命令协调是传统社会主义经济最主要的治理机制，俄罗斯东欧国家的“休克疗法”所破坏的其实是传统体制下业已形成的生产链条，而不是关系型治理机制。

与传统社会主义国家的三次“改革浪潮”一样，中国自1978年开始的改革开放，仍然是以组织化调控的弱化和松动为主要内容的，但这次改革所采取的战略与以往不同，并不是直接从城市国有企业开始的，而是率先从农业领域开始并取得突破的。我们认为，这种以农村为突破口的转型战略为关系型治理创造出了发挥作用的条件，是中国经济市场化成功启动的关键。农业生产受自然和地域等因素影响非常大，具有工种复杂、作业分散、季节差别大等特点，因而它总是与相对封闭、人口流动有限的村社联系在一起的，在村社内部，社会个体之间的相互协作有利于传播技术，降低决策成本和管理成本，提高承担风险的能力。由于村社内部的社会个体往往是以家庭、血缘或地缘等关系为纽带联结在一起的，他们之间在认知体系上的差别很小，信息也很容易在村社内部得到快速准确的传递，因此，村社内部成员能够对违约行为赋予相同的含义并使之得到广泛传播，这意味着多边集体惩罚的威胁在村社内部具有极高的可信性。同时，村社相对封闭的交往空间和有限的人口流动，既增强了人们对于长期重复交易的预期，又减少了人们在村社外部获得交易收益的可能性。这些都为关系型治理在行政命令减弱后发挥作用创造了非常好的条件。

从实际情况来看，农业领域的改革所引致的经济市场化是从集市交易开始的，农户一般在当地集市购买生产资料，出售产品，与本社区农户进行其他交易，如雇用机械或劳动力、进行民间借贷等。作为农业改革一项重要成就的乡镇企业——在改革开放后相当长的一段时间内，乡镇企业一直是中国经济活力的主要来源——也往往是在“离土不离乡”的情况下，背靠村社、通过与亲戚朋友“拉关系”等方式获得资源、实现发展的。这些事实都说明，农业改革确实为关系型治理创造出了发挥作用的条件，使其在中国经济市场化早期发挥了重要的作用。20世纪80年代初，国有企业微观环节放权让利的改革及“双轨制”的出现，为乡镇企业提供了进入与发展的条件；同时，城市部门偏向重工业的产业结构及随之出现的短缺经济，也为以轻工业为主的乡镇企业创造了广泛的市场。于是，几百个县和几千个生产大队的企业家似的领导者利用这一机会，闯入了他们向往多年的城市市场。在这一过程中，关系型治理的范围开始扩大到非农业领域。诸如战友关系、同学关系等许多社会关系都被开发出来用来保障市场交易的执行，一些社会学文献将中国社会的这种特征称为“裙带关系”或者“熟人经济”。

在当前研究中，Allen、Qian和Qian（2005）发现，声誉和关系是支持中国民营经济增长的最重要机制。郑军、林钟高、彭琳（2013）通过对上市公司的研究表明，在转型经济环境中，企业关系网络已然成为法律制度缺失的一种替代保护机制，从而降低交易成本，提高企业价值。另外，边燕杰发现，社会关系会影响中国城市的就业分配和劳动力流动。杨美惠（Yang Mayfair

Mei－hui）认为，礼品、餐饮和娱乐是保持社会关系的常用方式。蔡洪滨（Cai Hongbin）、方汉明和徐立新认为，娱乐和旅游支出既可以作为“润滑剂”在获得政府服务方面发挥作用，也可以作为“保护费”在降缴税收和额外管理支出方面发挥作用，还可以在与供应商和客户建立关系资本方面发挥作用。黄玖立、李坤望（2013）的实证研究也表明，企业在吃喝方面的支出越高，就越容易从政府和国有企业那里获得订单。

### （二）关系型治理的局限性

关系型治理发挥作用的关键在于交易者对所预期的违约成本现值与当期违约收益的权衡，只有当现实条件能够创造出足够大的预期违约成本现值时，关系型治理才能发挥作用，以保证交易得到顺利的执行。为此，需要具备以下条件：首先，由于违约成本发生于未来，因此，交易者必须足够地看重未来，如果即使重复交易也难以保证交易在未来的持续重复进行，或者未来的交易收益变动不居，交易者就会对预期违约成本做出较大的贴现处理，从而降低预期违约成本的现值。其次，由于预期违约成本既包括交易者对于未来持续交易收益的预期，也包括对外部交易机会所带来的收益的预期，前者与后者之差构成了预期违约成本，因此，关系型治理发挥作用，要求现有关系所带来的交易收益应该足够地大于在关系之外所能获得的交易收益，使交易者在现有关系破裂后，只能在关系之外获得较原来相去甚远的收益，从而形成足够高的预期违约成本。最后，对于多边关系来说，集体惩罚的威胁必须可信，这一方面要求团体拥有一个良好的信息传递网络和一个适当的规模，以使任何违约的信息都能迅速、准确地传递给所有成员，速度和准确性的缺乏会使人们对违约成本的估计大打折扣；另一方面团体成员还要解决集体行动问题，共同参与到对违约者的惩罚之中，这就要求团体成员拥有相近的认知体系，从而能够对违约行为赋予共同的含义。

关系型治理发挥作用的条件意味着，这种治理机制所支持的市场经济具有较高的集中度和封闭性，市场交易往往被关系局限在一个个较小的范围内。这一方面阻碍了资源向具有更高效率的用途流动，限制了通过市场整合扩展分工专业化的能力；另一方面对市场竞争的削弱延缓了技术更新的进程。因此，关系型治理虽然避免了法制建设的昂贵成本，降低了对交易相关信息的要求，但却限制了市场交易的范围，不利于经济效率的实现。此外，关系型治理的作用机制决定了它具有“自我削弱”的性质：随着这种治理机制所支持的市场经济不断达到更高的发展水平，日益激烈的市场竞争逐渐降低着人们对未来的重视程度，交易当事人在关系外部获得较高交易收益的机会逐渐加强，交易团体的规模也逐渐得到扩展，团体成员在认知上的差异逐渐扩大，这使关系型治理在推动市场经济发展的同时也削弱了其自身继续发挥作用的能力。

从转型实践来看，进入21世纪以来，中国初步确立起了市场经济的基本框架，经济发展水平和市场化程度大大提高，这使关系型治理发挥作用的环境发生了较大的变化，从而难以继续发挥作用以推动中国市场经济的发展。首先，伴随着市场经济发展的是市场竞争的日益加剧，这使市场主体的进入和退出日益频繁，在此背景下，在位者的破产和潜在竞争者的进入都使当事人难以面对一个稳定的交易团体，以保证交易在未来的持续重复进行。因此，日益激烈的市场竞争降低了人们看重未来的程度，关系型治理的作用将在这一过程中受到削弱。其次，市场经济的发展提高了人们在关系之外可获得的交易收益。在市场成长的早期，社会分工不发达，可供选择的交易对象有限，交易者在现有关系之外很难找到合适的交易伙伴以获得相仿的交易收益，于是，现有关系的破裂就对交易者构成了巨大的威胁，从而有效地遏制了机会主义行为的发生；但随着市场经济的发展，社会分工日益活跃，从事市场交易的经济主体逐渐增加，人们越来越容易在现有关系之外找到新的交易伙伴并获得不错的收益，这降低了交易者的预期违约成本，逐渐破坏着关系型治理发挥作用的基础。再次，市场经济的发展必然意味着越来越多的人进入市场从事经济交易，这就扩展了交易团体的规模。然而，如果团体规模超过了一定的临界水平，就会造成团体内信息传递的困难，交易者的违约信息便难以迅速而准确地传递给所有其他成员，这降低了集体惩罚的可信性，使关系型治理的作用受到了削弱。最后，市场进出的日益频繁和团体规模的不断扩展，使团体成员在认知体系上的差异逐渐显现并扩大。这意味着团体成员对机会主义行为将产生不尽相同的理解，当某个交易者声称自己遭到了欺骗时，团体的所有成员并不能形成合力对欺骗者实施惩罚，这将使关系型治理无法继续有效地保证交易的顺利进行。

更重要的是，这种主要由关系型治理提供支持的市场经济并不足以保障中国经济的长期繁荣和发展。第一，在关系型治理下，资源的流动总是要受到关系的限制，当交易者面对能使其获得更高收益的交易时，并不能自由地转换交易对象以获得更高的合作剩余，这不仅使大量的交易被锁定在低效率状态，也降低了经济主体通过技术进步等方式追求更高效率的激励。第二，在中国市场经济的成长过程中，以官员为核心的社会关系网络起到了非常重要的作用，但这也不可避免地使已经建立起来的市场经济中存在着政府过度干预的现象，也缺乏对“官商勾结”、市场经济“权贵化”的有效制约，微观经济主体的市场行为受到政府的制约而妨碍了市场效率的提升，这最终会演变为市场深化的强大阻力。第三，中国经济的进一步发展需要实现国内市场的整合。中国市场经济的成长在很大程度上是通过对外开放、利用外部市场来弥补内部市场的不足实现的，这使中国市场经济的发展具有不平衡性。不同地区的市场发育状况和经济发展水平主要取决于与世界市场的融合程度：融入世界市场的程度越深，市场发育越好，经济发展水平越高。因此，在中国，东部地区要好于西部地区，沿海地区要好于内陆地区，开放地区要好于闭塞地区。虽然各地区都不同程度地融入世界市场之中，但从全局来看，国内市场的整合程度并不高，与跨国市场交易相比，国内市场交易所受到的制约因素更多。

可见，在转型的深化与完善阶段，关系型治理难以进一步推进中国市场经济的发展，必须使对市场交易的规约从主要依靠“关系”这种非正式制度向主要依靠程序化、规范化的正式制度转变。

## 五 转型新阶段经济治理机制的优化

法律是最重要的正式制度之一。使市场交易的规约从主要依靠关系等非正式制度，向主要依靠程序化、规范化的正式制度转变，是转型国家进一步推进经济市场化所面临的共同任务。这里，我们强调以下两点：

第一，建立健全法制不是一个短期的过程。俄罗斯东欧国家法制建设的实践表明，决定法制建设成败的关键是“字面上的法律”转化为“行动上的法律”，忽视法律需求的法律供给难以达到预期目的。因此，加快立法仅仅是改善经济治理的一个方面。此外，目前的文献主要集中在如何尽快形成好的法律，而事实上好的法律通常都是逐渐从不完善走向完善的。因而决定法制建设成功的关键，是看其在发展过程中是否有能力解决不断出现的新问题。这意味着需要建立一个有效的机制，来推动法律适应不断变化的环境，逐渐从不完善走向完善。

第二，在现实中法律不能规约所有的市场交易。由皮斯托（Katharina Pistor）和许成钢提出的“不完备法律理论”认为，由于法律需要被设计为长期适用于大量的对象，并且要涵盖大量迥然不同的案件，而立法者却不能预见未来所有可能的事件，所以，法律具有内在的不完备性，即无法准确无误地规定出所有相关的使用情况。他们区分了法律不完备性的两种情况：一种是法律没有对特定行为进行界定或仅列举了少数行为，使对行为结果的限定很宽泛；另一种是法律虽然明确了应予制止的行为，却不能涵盖所有相关行为。他们认为，法律的不完备性对立法和执法制度的设计有深刻的影响。在高度不完备的法律下，如果损害行为能加以标准化，并且该行为继续下去会产生大量的外部性，此时监管优于法庭。因为监管者能够更灵活地随时间推移而修改法律，并进行主动式执法。

从另一个角度来看，当合同较为复杂时，对法律规则的解释和适用需要投入更多的精力，此时法庭是否有动力和激励去核实法律细则也是一个问题。因为如果缺乏激励，法庭很可能会推迟裁定，或者干脆放纵可能的违规违约者。格拉瑟、约翰和施莱弗（Glaeser，Johnson and Shleifer，2001）的研究认为，由法庭执法的一种替代策略是由监管者执法。由于法庭的设置更为独立而难以驱动，因而与法庭相比，监管者较容易有惩罚违规者的激励，其好处在于他们执法比法庭更为积极，但潜在的成本是因为他们有动机去发现违规而采取过度激烈的做法使无辜者受到惩罚。因此，在法庭和监管者之间有这样的权衡：法庭执法激励较弱但没有扭曲，监管者执法激励较强却可能发生扭曲。他们的研究结论是：当执法需要投入较大成本来收集证据时，监管者执法将比法庭执法更加有效。

皮斯托和 Xu（2003）、格拉瑟、约翰和施莱弗（2001）的研究，都指出了政府监管对于经济治理的重要意义。政府作为监管者，可以在准入限制、行业规范、经济监督和行政处罚等方面发挥作用，从而规约市场交易。但从另一个方面来看，好的政府监管不仅要求是有效的，还要求是公平的，从而避免出现“掠夺之手”，这意味着政府应该在法律允许的范围内依法行政。诺思（North，1981）在对经济史上的制度变迁的研究中指出，国家在有能力解决机会主义行为并实现规模经济的同时，也具有可以最大化其垄断租金从而使经济体制处于低效率状态的能力，这就是著名的诺思悖论。为了化解诺思悖论，诺思及其合作者认为，必须建立足够强大的独立司法体系以限制政府对工商业者的违约能力。他们认为，英国在 1688 年进行的光荣革命成功地建立了对王权单方面剥夺所有权的限制，使政府得以切实可信地承诺保护产权，这是西方世界兴起的关键。

另外，政府监管也面临着与法律类似的问题，即要求所依据的信息是可证实的。按照施瓦茨（Schwartz，1992）的定义，信息是可证实的意味着它可以被观察到，也能够以经济的方式向其他人证明。如果向第三方证明的成本超过收益，此时信息仅是可观察的，而无法写入一个可以实施的合同中。而且，即使信息是可证实的，由于市场交易很可能涉及各个领域的专业知识，政府是否有能力进行验证也值得怀疑。

最后，在从关系型治理向基于法律和政府监管等正式制度的规则型治理转型的过程中，正式制度的完善有可能会在短期内造成关系型治理机制的弱化。这可以通过前面的模型来说明。在关系型治理中，如果参与人 1 在与参与人 2 的市场交易中选择欺骗，其净收益为 $D_1 - H_1 - r(H_1 - C_1)$。假定参与人 1 在与参与人 2 的关系破裂后，还可以与参与人 3 在规则型治理下进行市场交易，并且参与人 1 依然选择欺骗，那么他的净收益将是 $D_1 - \theta - H_1$。值得注意的是，$\theta$ 由可证实信息决定，$r(H_1 - C_1)$ 由可观察信息决定，而可证实信息一般来说会少于可观察信息，因而 $r(H_1 - C_1)$ 可能会大于 $\theta$。所以，$D_1 - \theta - H_1$ 很可能会大于 $D_1 - H_1 - r(H_1 - C_1)$，这个结果增加了参与人 1 破坏关系型治理的可能性。换句话说，从关系型治理到规则型治理的转型过程中，可能会出现治理真空。

## 六 私人外部治理与治理机制的协调互补

私人外部治理可以解决在认知体系上具有较大差异的大量交易者之间不经常的双边交易。从理论上说，只要有关交易者违约的信息可以传递到他的潜在交易伙伴，那么潜在交易伙伴的抵制就会成为他欺骗行为的可置信威胁。私人外部治理就是由私人第三方作为信息中介和仲裁机构的治理机制。其运作机制是：私人第三方作为一个利润导向型组织，可以收集交易者的交易信息，并在收取费用后将信息提供给想查询其合作伙伴交易历史的人员。在市场交易中，如果有参与者对其交易存在争议，私人第三方可以做出仲裁。如果有参与人违约，私人第三方将记录其信息，并将信息传递给其未来可能的交易伙伴。从这个意义上讲，私人第三方作为一个“信息中介”，补充了关系型治理中声誉机制的作用，使集体惩罚的实现不再依赖于团体内部的信息传递网络，从而大大扩展了市场交易的范围；同时，专业化的信息中介能够提供更高质量的交易历史信息，使当事人能够对相关交易者的历史行为做出符合自身认知体系的判断，这不仅解决了交易事前信息的准确获得问题，还提高了交易者行为的灵活性，使其能更多地关注于经济效率而不是传统认知体系下他人的看法。可见，私人外部治理打破了关系对于市场交易范围的束缚，提高了交易者行为的灵活性，从而更有利于经济效率的实现。

除此之外，私人第三方还可以作为一个“仲裁机构”提供合约执行服务。在对纠纷的裁决上，私人仲裁机构具有相对于法庭的信息优势：私人仲裁机构按照产业、地域等进行专业化分工，拥有各个领域的专家，因而可以利用他们的专业知识来降低信息收集的成本，并对相关信息做出更充分的利用和更准确的解释。因此，私人仲裁往往能够提供效率更高的纠纷解决方案。同时，私人仲裁还可以根据案件的特定情况采取适当的程序和规则，相对于法庭来说，更具灵活性。而在裁决的执行上，私人仲裁则缺乏保证执行与裁决相一致的强制力，但他们可以将不履行裁决作为另一种违约行为记录下来并公之于众，或者直接将违抗裁决者排除在外，这在当事人足够看重未来时是一种有效的执行手段。

私人外部治理机制至少可以追溯到中世纪的欧洲，当时的私人仲裁机构——法律商人（The Law Merchant）就发挥着类似的作用。在现代社会，私人外部治理常常由行业协会提供。在一些特定情形下，有组织的犯罪团伙（黑手党）也可以被视为信息中介及仲裁机构。巴蒂娜（Oriana Bandiera）对19世纪封建体制解体后意大利西西里黑手党起源的研究发现，由于安全保护的公共供给无效率，盗贼泛滥，土地所有者开始雇用原来封建地主的守卫以及一些强硬的盗贼来保护他们的财产。怀廷（Whiting Robert）和道尔（John Dower）发现，1945年8—9月，日本在第二次世界大战中投降，日本政府全面崩溃，在驻扎的美军重建秩序之前，黑帮分子（Yakuza）在市场重启中发挥了很大的作用。瓦雷泽（Federico Varese）在俄罗斯和其他转型国家也发现了类似的情况。

建立和发展私人外部治理对于实现中国经济治理机制的协调互补具有重要意义。

第一，建立和发展私人外部治理所需要的成本要小于法制建设的成本，在很多法制不完善的情况下，私人外部治理甚至可以由社会自发形成，因而可以弥补从关系型治理向规则型治理转型过程中的治理真空。在俄罗斯转型的实践中，当法律移植失败时，恰恰是社会自发建立的、以“黑手党”这种非政府机构为第三方的私人外部治理机制填补了俄罗斯的治理真空，在一定程度上保证了交易的执行。当然，与由行业协会充当第三方的私人外部治理相比，由“黑手党”作为第三方的私人外部治理在稳定性和专业性方面相去甚远，这也是俄罗斯市场经济发育不良的一个重要原因。但是，俄罗斯的案例表明，通过鼓励并扶持行业协会或其他社会中介组织来建立和发展私人外部治理机制是可行的。

在当代中国，一个有代表性的私人外部治理规约市场交易的情况就是电子商务。众所周知，电子商务的发展之所以能够大大领先于相关的法律制度建设，原因就在于像阿里巴巴这样的公司通过建立网上营销平台充当着私人第三方的角色。一方面，买家可以在网上发表有关卖家和产品信息的评论，供其他潜在购买者参考；另一方面，公司也可以发挥金融托管的作用，即由第三方代为保管交易资金，直到得到交易相关方的确认后再将资金转交给卖家。

第二，建立和发展私人外部治理机制可以补充关系型治理中声誉机制的作用，有助于打破关系对于市场交易范围的束缚，扩大其发挥作用的空间。私人外部治理对违规者的惩罚也更为灵活。既可以将违约者的相关信息传播出去以形成集体惩罚机制，也可以将其交给法庭，由法庭进行惩罚。因此，私人外部治理可以成为从关系治理向规则型治理转型的桥梁。

第三，私人外部治理可以与规则型治理形成互补。由私人第三方作为“仲裁机构”，虽然比法庭拥有更强的收集、利用、解释信息的能力，并更具有规则与程序上的灵活性，能够弥补法律的失灵。但是，这要求私人第三方能够在诚实公平方面做出可置信的承诺。既不与交易者勾结，隐藏他的违约信息，也不追求额外的收益。虽然从理论上说，追求利润最大化的私人第三方有动力使自己的承诺变得可信，但实际上，当私人第三方对未来没有足够重视时，需要其他的机制来约束他的行为。因此，更有效的方式是与其他治理机制形成互补，利用法律或政府来监管私人第三方的行为，从而更好地发挥其作为“信息中介”和“仲裁机构”的作用。

## 七 结语

本文的目的，是为中国市场经济的发育和成长提供逻辑自洽的理论解释。我们认为，市场经济的正常运行需要相应的治理机制来规约市场交易。从这个意义上说，中国经济市场化的关键就是为相应的治理机制发挥作用创造条件。虽然法律规则是现代市场经济最重要的制度支撑，但是，我们强调的是，法制建设与经济市场化并不是同步的。由于完善的法律体系难以在短期内建立起来，诉诸法律成本过高会降低社会个体对法律的需求，因而在转型的早期阶段，通过法制建设来推进经济市场化的努力往往难以奏效。事实上，法律并不是规约市场交易的唯一机制。与法律不同，关系型治理由于具有自我实施的特征而几乎不需要建设成本，因而可以在中国法制建设不完善的情况下代替法律来规约市场交易，为经济市场化提供制度支撑。但是，关系型治理的内在缺陷决定了其作用效果会随着市场规模的扩大而弱化，难以推动中国经济的进一步市场化。我们的观点是，在法制不完善的情况下，由关系型治理支撑的经济市场化，是中国已经取得的成就和未来发展所面临挑战的共同制度根源。

在中国经济市场化的新阶段，中国需要实现从基于非正式制度的关系型治理向基于正式制度的规则型治理的转型。但是，我们认为，这种替代不应当是全面的，而且在转型过程中很可能会出现治理真空。由私人第三方作为信息中介和仲裁机构的私人外部治理，可以成为连接关系型治理和规则型治理的桥梁，对于形成经济治理机制的协调互补和优化具有重要意义。

# 构建“金砖国家”RVC的经济可行性研究

王绍媛　李国鹏　秦煜洽

**摘　要**　后金融危机时代，受美国、欧盟等发达国家政策调整的影响，经济全球化呈现一系列新特征，“逆全球化”现象被推到风口浪尖。传统的多边自由主义受到冲击，更加灵活、直接的双边主义和区域主义开始盛行，发达国家抱团发展以及新兴经济体群体化发展都是新时期的显著特征。与此同时，传统的全球价值链体系也受到强烈冲击，呈现出一些新趋势，主要包括发达国家价值链延伸、发展中国家低端竞争、南北合作模式固化、价值链条碎片化等问题，面对经济全球化新形势的冲击，新型的区域价值链更符合世界各国参与区域经济合作的需求。因此，本文以“金砖国家”为视角，基于改进的RCA指数探讨“金砖国家”区域价值链构建的经济可行性。

**关键词**　“金砖国家”　全球价值链　区域价值链　全球化新形势　区域经济合作

## 一　引言

随着全球经济一体化和国际化分工的深度发展，以价值链（Value Chain，VC）形式参与国际分工体系正成为世界经济发展的主流模式。按照波特的竞争优势理论，可以通过价值链分析企业内从原料采购到生产制造，再到营销服务的整个价值增值过程，定位价值增值最高的环节，有效地结合企业的优势资源，建立企业的核心竞争力。价值链的一个重要作用就是研究产品的生产组织方式，分析企业间的联系，分析企业间的各种协作机制。随着价值链理论的不断发展，20世纪90年代以来，学者开始将价值链的理论应用到全

---

［基金项目］辽宁省经济社会发展研究课题（2018LLKTYB－037）。

［作者简介］王绍媛，东北财经大学“区域经济一体化与上海合作组织研究中心”兼职研究员、国际经贸学院教授；李国鹏，经济学博士，大连民族大学国际商学院；秦煜洽，东北财经大学国际经贸学院硕士研究生。

球市场的分析，利用价值链理论分析跨国公司配置全球资源的过程，研究全球价值链（Global Value Chain，GVC）的驱动力问题，逐渐成为分析产业间、产业内、企业间分工合作的有效工具。在GVC模式下，来自不同国家的不同企业，根据各自的比较优势参与GVC的不同环节，随着价值链在全球范围的延伸，国家之间、企业之间的经贸关系不断加深。在很长一段时间，GVC成为推动经济全球化快速发展的重要动力。对于跨国公司而言，如何高效地嵌入GVC并参与国际化分工成为国际化发展的重要课题之一。然而，在传统的GVC体系下，不同国家、不同企业的角色呈现固化现象。总体来说，凭借先天的技术优势，发达国家企业长期占据GVC的研发、设计、营销等高利润环节；对于发展中国家企业而言，受加工贸易模式的影响，长期从事生产、组装、加工等低附加值业务。久而久之，传统的GVC体系逐渐形成“发达国家占两头、发展中国家在中间”[①] 的局面，以欧盟、美国、日本为代表的发达国家主导GVC的趋势越来越显著，以中国等新兴经济体为代表的广大发展中国家长期处于GVC的低端位置，面临着被“俘获”和“低端锁定”的巨大威胁。不断发展的新兴经济体正成为世界经济发展的新势力，“金砖国家”如何摆脱在传统GVC体系中的被动地位并成为未来新兴经济体参与全球经济治理的重要因素？

新一届美国政府的建立，特朗普团队“回归本土”的新政对世界经济一体化和国际分工体系产生不小的冲击，“逆全球化”一度成为世界经济发展的热点问题。至于“逆全球化”到底会不会取代“全球化”成为未来世界经济发展的主流方向，在很长一段时间内，将成为政界、商界和学界激烈探讨的话题。如果将传统GVC的模式固化问题和“逆全球化”问题结合在一起，对于新兴经济体及广大发展中国家而言，如何高效地嵌入传统GVC体系变得不再明智。在美国“回归本土”、欧盟“抱团取暖”、中国“一带一路”倡议背景下，世界经济一体化发展呈现出更多的双边、区域趋势，如何团结广大周边国家并提高自身在国际分工体系中的地位，成为经济全球化新形势下各国参与国际经贸合作的战略思考。作为国际分工的主流模式，价值链依然将扮演不可或缺的角色。然而，不再单单依靠GVC，基于区域经济一体化的区域价值链（Regional Value Chain，RVC）将逐步成为国际分工合作的主流模式。相较于传统的GVC体系，RVC模式更契合经济全球化的新趋势，如何有效地构建RVC并参与相关RVC体系是未来世界各国尤其是新兴经济体及广大发展中国家的重中之重。

作为新兴经济体的典型代表，近年来，“金砖国家”合作机制越来越成熟，逐渐成长为世界经济发展和全球治理的新力量。与其他发展中经济体一样，“金砖国家”同样面临被发达国家主导的传统GVC体系“俘获”和“低

---

① “发达国家占两头、发展中国家在中间”局面的形成是依据微笑曲线的形状。

端锁定”的局面。鉴于“金砖国家”的重要角色和RVC模式的未来前景，本文考虑以区域经济一体化为视角，以“金砖国家”为出发点，探讨“金砖国家”构建RVC的经济可行性。具体来说，本文通过计算以贸易增加值测度的改进RCA指数，对比分析“金砖国家”的产业差异，明确不同国家、不同产业的优劣势，定位“金砖国家”不同产业之间的互补性、竞争性，落实“金砖国家”构建RVC的经济可行性，为未来真正构建“金砖国家”RVC提供相应的对策建议。

## 二 全球化新形势下的GVC与RVC

随着全球经济步入后金融危机时代，全球化呈现一系列新趋势，主要包括双边主义和区域主义的大发展、发达国家集团抱团取暖、新兴经济体群体化崛起、全球治理体系改革等方面。

第一，在全球化新时代，传统的多边主义发展严重受挫，以世界贸易组织为代表的多边贸易谈判机制被逐渐搁置，以美国、欧盟、日本、中国、俄罗斯等为代表的世界贸易组织成员开始转向双边形式和区域形式的经贸合作；相较于传统的多边主义，双边主义和区域主义虽然不利于达成真正意义的贸易自由化，但是，具备更高的灵活性，更能适应当前世界经济发展的大环境。

第二，国际金融危机对发达国家经济发展造成巨大的冲击，即使步入到后危机时代，发达国家依然处于调整恢复阶段；在美国越来越关注本土经济发展的情形下，以欧盟为代表的发达国家集团纷纷抱团发展，通过有效整合相互的利益风险点来强化升级北北合作模式，巩固在世界经济舞台上的立足点，着手应对经济全球化新形势下的各种挑战。

第三，国际金融危机的爆发给新兴经济体崛起创造了绝佳的机会，在发达经济体休整调养阶段，新兴经济体群体在世界经济舞台大放异彩，成为南南合作的良好范式，为世界经济发展的多样性、稳定性和可持续性创造有利时机；在新兴经济体群体化崛起的趋势下，世界经济发展开始降低对南北合作模式的过度依赖，依靠自身发展动力、活力与潜力，新兴经济体及广大发展中国家能够为世界经济发展提供更加强有力的支持。

第四，全球化新形势下，动荡的世界经济环境也为全球治理体系改革创造空间。一方面，传统的全球治理体系过多地代表发达国家的声音，在双边主义和区域主义盛行的情况下，以往的利益分配无法在发达国家之间达成一致，传统治理体系的主导权争议越来越突出；另一方面，以新兴经济体为代表的广大发展中国家要求在全球治理体系中获得更高的话语权，凭借自身经济发展实力，新兴经济体希望在世界经济舞台上获得更加公平的发展机会。综上所述，如何在新形势下找到合适的发展模式是发达国家、新兴经济体及发展中国家面临的共同课题。

在全球化新形势的影响下，传统的国际分工体系和GVC模式受到巨大的冲击，由发达国家主导的GVC体系开始弱化，南北合作模式在世界经济发展中的角色性呈现下降趋势。在全球化新时代，GVC面临的主要问题包括发达国家价值链延伸、发展中国家低端竞争、南北合作模式固化、价值链条碎片化等。关于GVC体系中发达国家价值链延伸的问题，受到国际金融危机冲击，以美国、欧盟、日本等为代表的发达国家越来越回归本土发展，跨国公司纷纷从新兴经济体及广大发展中国家撤资，由此带来的制造业回流现象对传统的价值链分工造成巨大的冲击；发达国家不仅在研发、设计、营销等高附加值环节占据主导地位，随着国际金融危机爆发，发达国家更是逐渐涉猎价值链中的组装、加工、生产等低利润业务，发达国家沿着GVC的业务拓宽正在改变GVC的传统分工模式。关于GVC体系中发展中国家低端竞争的问题，以新兴经济体为代表的广大发展中国家凭借先天的资源优势和劳动力优势扎堆在GVC的低附加值环节，为了抢占在GVC中的位置并维持微薄的利润，发展中国家之间不惜开展激烈竞争，长久的恶性循环并未有效地发挥发展中国家真正的比较优势；国际金融危机爆发以来，随着传统GVC结构的调整，发展中国家企业不仅要面临同伴的竞争，更要面临来自发达国家企业的巨大压力，生存空间被进一步压缩，更谈不上沿着价值链由低端走向高端。关于GVC体系中南北合作模式固化问题，长期以来，发达国家一直占据研发、设计、营销等高附加值环节，发展中国家则徘徊在简单的组装、加工、再生产等低附加值环节，GVC发展强烈依赖南北合作模式，发达国家和发展中国家的角色被打上深深的烙印；在多边贸易主义思潮下，GVC体系中固化的南北合作模式严重缺乏活力，不公平的机会分配不利于全球经济转型升级，逐步拉大的贫富差距成为经济全球化和贸易自由化的绊脚石。关于GVC体系中价值链条碎片化问题，受到GVC模式固化和“逆全球化”冲击，多边主义思潮下的价值链分工阻碍重重，激增的贸易保护主义不断破坏价值链条的整体性；在双边主义和区域主义的驱动下，参与传统GVC分工的国家开始将目光聚集在价值链条的某个局部，通过缩小参与国际分工的范围和一定的贸易损失为代价，不断切割传统的价值链条，试图提高参与国际分工、经贸合作的灵活性和高效性。

经济全球化新时代，传统的GVC逐渐暴露出一系列发展弊端，基于GVC的国际分工体系面临巨大的挑战。在双边主义和区域主义的影响下，价值链碎片化成为GVC改革的一个方向，价值链的碎片化就是RVC的初级阶段。具备相关条件的国家，以自身为中心，充分发挥自身的优势产业和优势资源，将广大周边国家①聚集在一起，着手构建以自身为中心的RVC。纵观价值链发展历史和国际化分工历程，基于某个区域范围的价值链分工一直贯穿整个

① 这里的周边国家指广义层面的，并不单单包括地理位置相邻的国家。

GVC体系。首次将GVC和RVC放在一起讨论的是鲍德温（Baldwin），在经济全球化新形势下，产品价值创造的区域化特征远超过全球化特征，当前，世界产品的价值链体系主要围绕北美、欧洲、亚洲三个区域，逐渐形成三大RVC体系；在北美地区，美国凭借世界经济霸主地位，长期主导着北美RVC的发展；在欧洲地区欧盟各成员相近的发展水平为欧洲RVC的构建和运行创造良好的条件；在亚洲地区，日本凭借强大的技术优势掌控着亚洲尤其是东亚RVC的发展。在目前的世界经济大环境下，国际分工体系更多地依托GVC和RVC双环流，在传统GVC发展面临困境和挑战的局势下，如何有效地构建并参与RVC体系成为世界各国尤其是以新兴经济体为代表的广大发展中国家的重要方向。不同于传统的GVC，RVC更加地灵活高效，并且符合经济全球化新时代的发展要求。对于新兴经济体而言，随着全球主要消费市场转向南方国家，极大地激励了新兴经济体构建RVC的热情。在成为RVC终端市场后，相对宽松的市场限制为发展中国家参与RVC提供机会，同时，精简的运营流程为新兴经济体产业升级创造空间。新兴经济体逐渐由参与者变为主导者，通过RVC实现资本引入和技术分享，高效地融入国际分工新体系。综上所述，积极构建并参与RVC体系成为新兴经济体及广大发展中国家参与国际新分工体系的重要途径。

## 三 构建“金砖国家”RVC的经济可行性

作为新兴经济体的重要代表，“金砖国家”合作机制已经运行了十多年，从贸易、投资、基建到金融领域，每年一届的“金砖国家”领导人峰会推动合作机制越来越务实，逐渐成为引领“金砖国家”经济发展的重要平台。作为各个大洲的地区大国，无论在国家发展历史还是经济演化轨迹方面，各个“金砖国家”差异性明显。作为价值链构建运行的重要基础，产业差异是“金砖国家”整体差异的重要方面，中国在“金砖国家”中经济总量最大，制造业实力雄厚，具有“世界工厂”的称号。印度以服务业见长，电子信息产业发达，具有“世界办公室”的称号。巴西农业发展在“金砖国家”中实力最强，农业科技发展迅猛，具有“世界原料基站”的称号。俄罗斯作为世界主要能源生产国和出口国，资源禀赋优势明显，具有“世界加油站”的称号。南非是非洲的门户和桥头堡，是发展中国家利益的代表者和守护人。在“金砖国家”领导人第八次会晤通过的《果阿宣言》中，明确提出“将中国制造业、印度技术、南非金融业、巴西农业和俄罗斯能源矿业整合成一条完整价值链”。

在中国政界和学术界，已经出现加快构建中国主导的RVC的声音。“十三五”规划明确提出“开放发展，把握开放的主动权”；商务部和发展改革委等七部门联合发布的《关于加强国际合作提高我国产业全球价值链地位的指导意见》明确提出，“主动打造互利共赢的全球价值链，打造我国占据主动地位的全球产业链”。在中国政府极力推动“一带一路”建设的大环境下，部分学者提出基于“一带一路”沿线国家构建中国主导的 RVC，还有学者从中国—东盟自贸区升级的视角，提出在东南亚地区尝试构建中国主导的 RVC。可见，经济全球化新形势下将注意力放在 RVC 上已经初步达成共识。鉴于“金砖国家”的产业差异和新兴经济体的代表性，本文尝试分析在“金砖国家”范围内构建 RVC 的经济可行性。①

### （一）以贸易增加值测度的改进 RCA 指数

传统的 RCA 指数由美国经济学家巴拉萨提出，是测算部分国际贸易比较优势的一种方法，主要反映一个国家或地区某一产业贸易的比较优势。通过该产业在该国出口中所占的份额与世界贸易中该产业占世界贸易总额的份额之比来表示，剔除了国家总量变动和世界总量波动的影响，可以较好地反映一个国家某一产业的出口与世界平均出口水平的相对优势。

传统 RCA 指数的计算公式如下：

$$RCA_{ij} = \frac{X_{ij}/X_{it}}{X_{wj}/X_{wt}}$$

式中，$RCA_{ij}$表示 $i$ 国 $j$ 行业的显示性比较优势指数；$X_{it}$表示 $i$ 国所有行业的出口总额；$X_{ij}$表示 $i$ 国 $j$ 行业的出口额；$X_{wt}$表示世界各国所有行业的出口总额；$X_{wj}$表示世界各国 $j$ 行业的出口总额。

基于传统总额贸易计算的 RCA 指数因为未剔除国外附加值而造成计算的 RCA 指数与真实的比较优势情况有所偏差。随着价值链越来越成为世界各国参与国际分工的主流模式，中间品贸易在一国进出口中占有相当大的比重，单纯依靠贸易总额计算的 RCA 指数并不能反映出一国在世界中的真正比较优势。按照 KPWW 方法，在增加值贸易理论框架之下，一国所生产的产品可分为两种用途。一是供本国或其他国家投入新的生产环节当中制造新产品，即作为中间产品使用；二是直接由本国或其他国家进行消费，即作为最终产品使用。进行贸易统计分析时，主要有两种口径。在分工深入到产品内不同工序前，出口贸易以最终产品为主，直接使用贸易额作为产品价值的统计口径并不会引起较大误差。但是，随着全球化进程的深入，各价值产生环节呈现出垂直分离的态势，中间产品贸易逐渐取代最终产品贸易，成为国际贸易中产品出口的主要形式，继续使用原有的统计方法，将夸大从事 GVC 下游环节的国家或地区的竞争力，越靠近 GVC 下游，实际获得的利益与出口额相差越大。表 1 是 KPWW 方法对总出口的分解。

① “金砖国家”RVC 构建不单单取决于经济层面，还依赖于政治层面，在后续研究中，将通过建立政治关系指数来测度“金砖国家”RVC 构建的政治可行性。

**表1　　KPWW对总出口的分解**

<table>
<tr><td colspan="5">总出口</td></tr>
<tr><td colspan="4">国内增加值</td><td rowspan="3">国外附加值（Ⅴ）</td></tr>
<tr><td rowspan="2">用于进口国最终消费的产品和服务出口（Ⅰ）</td><td colspan="3">表现为中间产品出口</td></tr>
<tr><td>用于进口国最终消费的中间品直接出口（Ⅱ）</td><td>用于进口国转口到第三国的中间品间接出口（Ⅲ）</td><td>用于进口国返销到本国的中间品出口（Ⅳ）</td></tr>
<tr><td colspan="2">直接出口增加值</td><td>间接出口增加值</td><td></td><td></td></tr>
</table>

鉴于传统RCA指数的不足，本文通过贸易增加值替代贸易总额建立改进的RCA指数，更加真实地反映一国在全球价值链中的比较优势，准确把握一国各行业在世界市场中的竞争地位。

改进RCA指数的计算公式如下：

$$New\_RCA_{ij}=\frac{E_{ij}/E_{it}}{E_{wj}/E_{wt}}$$

式中，$New_RCA_{ij}$表示$i$国$j$行业改进的显示性比较优势指数；$E_{it}$表示$i$国所有行业出口的总贸易增加值；$E_{ij}$表示$i$国$j$行业出口的贸易增加值；$E_{wt}$表示世界各国所有行业出口的总贸易增加值；$E_{wj}$表示世界各国$j$行业出口的贸易增加值。

根据改进RCA指数，本文接下来通过计算“金砖国家”从2000—2014年的显示性比较优势，进而较为全面地反映“金砖国家”的产业竞争性与互补性。

### （二）基于改进RCA指数的“金砖国家”产业分析

1. 数据来源

利用世界贸易组织和经济合作与发展组织联合发布的世界投入产出表（World Input Output Database，WIOD），可以计算整理出各国各行业贸易附加值数据，进而获得“金砖国家”改进的RCA指数，从增加值贸易角度重新衡量“金砖国家”在价值链体系中的位置。样本数据选取从2000—2014年共15年的数据。①

2. 行业分类

依据WIOD数据库的分类，总共分为56个行业，即C1—C56，具体如下：

---

① WIOD数据库没有提供南非的数据，该部分暂时标记数据缺失。在未来的研究中，将结合经济合作与发展组织投入产出数据，整合WIOD数据库的产业分类，更加全面地计算“金砖国家”的增加值贸易，这是本文未来研究的一个方向。

C1：作物和动物生产、狩猎和相关服务活动；

C2：林业和伐木；

C3：渔业和水产养殖；

C4：采矿和采石；

C5：制造食品、饮料和烟草制品；

C6：纺织品、服装及皮革制品制造业；

C7：生产的木材和软木制品除家具外，草编结材料制造；

C8：纸和纸制品制造；

C9：记录媒体的印刷和复制；

C10：焦炭和精炼石油产品制造；

C11：化学品和化工产品制造；

C12：基本药物产品和药物制剂制造；

C13：橡塑制品制造；

C14：其他非金属矿产品制造；

C15：基本金属制造；

C16：制造金属制品，机器和设备除外；

C17：计算机、电子及光学产品制造业；

C18：电气设备制造；

C19：机械及设备等制造；

C20：汽车、拖车和半挂车的制造；

C21：其他运输设备的制造；

C22：家具制造业、其他制造业；

C23：机械设备的修理和安装；

C24：电力、煤气、蒸汽和空调供应；

C25：水的收集、处理和供应；

C26：污水收集，废物收集、处理和处置活动，物料回收，补救活动和其他废物管理服务；

C27：建设；

C28：汽车、摩托车批发零售业和修理业；

C29：批发贸易、机动车辆和摩托车除外；

C30：零售业、机动车辆和摩托车除外；

C31：陆路运输和管道运输；

C32：水上运输；

C33：航空运输；

C34：运输仓储和支持活动；

C35：邮政速递活动；

C36：住宿和餐饮服务活动；

C37：出版活动；

C38：电影、录像和电视节目制作、录音和音乐出版活动，节目制作和广播活动；

C39：电信；

C40：计算机程序设计、咨询和相关活动，信息服务活动；

C41：除保险和养老金基金外的金融服务活动；

C42：保险、再保险和养老基金，强制性社会保险除外；

C43：金融服务和保险活动的辅助活动；

C44：房地产活动；

C45：法律和会计活动、总部的活动，管理咨询活动；

C46：建筑和工程活动、技术试验和分析；

C47：科学研究与发展；

C48：广告与市场研究；

C49：其他专业、科学和技术活动，兽医活动；

C50：行政和支持服务活动；

C51：公共行政和国防、强制性社会保障；

C52：教育；

C53：人类健康和社会工作活动；

C54：其他服务活动；

C55：家庭作为雇主的活动、家庭自用的未分化产品和服务生产活动；

C56：域外组织和机构的活动。

3. “金砖国家”改进的RCA指数

以2014年为例，“金砖国家”在价值链分工中的比较优势的计算结果见表2。

**表2 “金砖国家”改进的RCA指数**

| 行业 | 中国 | 巴西 | 印度 | 俄罗斯 | 南非 |
|---|---|---|---|---|---|
| C1 | 0.87 | 2.39 | 8.25 | 1.81 | — |
| C2 | 1.00 | 1.38 | 2.55 | 0.00 | — |
| C3 | 1.05 | 0.51 | 0.87 | 0.00 | — |
| C4 | 0.95 | 1.00 | 0.62 | 2.80 | — |
| C5 | 0.95 | 2.85 | 0.67 | 0.82 | — |
| C6 | 1.05 | 0.30 | 1.26 | 0.04 | — |
| C7 | 1.03 | 0.34 | 1.93 | 0.32 | — |
| C8 | 0.91 | 2.64 | 1.81 | 2.04 | — |
| C9 | 0.98 | 1.54 | 5.16 | 0.00 | — |

续表

| 行业 | 中国 | 巴西 | 印度 | 俄罗斯 | 南非 |
|---|---|---|---|---|---|
| C10 | 0.82 | 2.92 | 1.42 | 4.86 | — |
| C11 | 1.03 | 0.74 | 0.83 | 0.30 | — |
| C12 | 1.02 | 1.16 | 1.97 | 0.00 | — |
| C13 | 1.02 | 0.97 | 1.36 | 0.41 | — |
| C14 | 1.04 | 0.35 | 0.96 | 0.34 | — |
| C15 | 1.03 | 0.24 | 0.46 | 0.86 | — |
| C16 | 1.04 | 0.64 | 1.60 | 0.00 | — |
| C17 | 1.06 | 0.07 | 0.09 | 0.11 | — |
| C18 | 1.06 | 0.15 | 0.41 | 0.00 | — |
| C19 | 1.04 | 0.34 | 0.57 | 0.34 | — |
| C20 | 1.01 | 1.18 | 0.59 | 0.46 | — |
| C21 | 1.04 | 0.44 | 1.46 | 0.00 | — |
| C22 | 0.66 | 6.17 | 20.39 | 1.31 | — |
| C23 | 0.00 | 0.00 | 0.00 | 0.00 | — |
| C24 | 0.96 | 0.61 | 0.92 | 2.88 | — |
| C25 | 0.63 | 10.94 | 11.10 | 0.00 | — |
| C26 | 1.07 | 0.00 | 0.00 | 0.00 | — |
| C27 | 1.04 | 0.39 | 0.38 | 0.35 | — |
| C28 | 0.00 | 19.37 | 9.16 | 13.07 | — |
| C29 | 0.86 | 1.17 | 1.34 | 5.53 | — |
| C30 | 0.39 | 11.67 | 11.91 | 7.11 | — |
| C31 | 0.73 | 3.41 | 11.30 | 4.45 | — |
| C32 | 1.01 | 1.04 | 1.73 | 0.50 | — |
| C33 | 0.79 | 3.18 | 3.30 | 5.07 | — |
| C34 | 0.71 | 4.11 | 3.51 | 6.81 | — |
| C35 | 1.07 | 0.00 | 0.00 | 0.00 | — |
| C36 | 0.92 | 2.85 | 4.91 | 0.64 | — |
| C37 | 0.00 | 34.45 | 0.00 | 0.00 | — |
| C38 | 0.00 | 34.45 | 0.00 | 0.00 | — |
| C39 | 0.75 | 6.24 | 2.20 | 3.58 | — |

续表

| 行业 | 中国 | 巴西 | 印度 | 俄罗斯 | 南非 |
|---|---|---|---|---|---|
| C40 | 0.80 | 4.14 | 16.55 | 0.00 | — |
| C41 | 0.70 | 8.67 | 3.16 | 2.48 | — |
| C42 | 0.98 | 0.00 | 9.87 | 0.00 | — |
| C43 | 0.00 | 0.00 | 0.00 | 0.00 | — |
| C44 | 0.81 | 1.97 | 4.56 | 5.25 | — |
| C45 | 1.03 | 1.12 | 0.13 | 0.00 | — |
| C46 | 0.00 | 16.19 | 64.52 | 0.00 | — |
| C47 | 0.58 | 15.69 | 0.00 | 0.00 | — |
| C48 | 0.00 | 0.00 | 0.00 | 0.00 | — |
| C49 | 1.07 | 0.00 | 0.00 | 0.00 | — |
| C50 | 0.21 | 6.71 | 0.14 | 22.05 | — |
| C51 | 0.79 | 4.00 | 0.00 | 5.16 | — |
| C52 | 0.92 | 2.77 | 1.93 | 1.56 | — |
| C53 | 0.88 | 3.09 | 2.01 | 2.65 | — |
| C54 | 0.94 | 2.27 | 2.28 | 1.41 | — |
| C55 | 0.00 | 0.00 | 0.00 | 0.00 | — |
| C56 | 0.00 | 0.00 | 0.00 | 0.00 | — |

### （三）构建“金砖国家”RVC的经济可行性

通过表2可以看出，2014年，中国相对于其他“金砖国家”而言，在渔业和水产养殖、化学品和化工产品的制造、基本金属制造、其他非金属矿产品的制造、计算机电子及光学产品制造业、电气设备制造、机械及设备等制造、建设和邮政速递活动等方面具有显著比较优势。其中，中国在渔业和水产养殖RCA指数为1.05，而巴西为0.51，印度为0.87，俄罗斯为0.00；中国在化学品和化工产品制造RCA指数为1.03，而巴西为0.74，印度为0.83，俄罗斯为0.30；中国在基本金属制造RCA指数为1.03，巴西RCA指数为0.35，印度为0.95，俄罗斯为0.34；中国在计算机电子行业RCA指数为1.06，巴西RCA为0.07，印度为0.09，俄罗斯为0.11；电气设备制造行业，中国RCA指数是1.06，巴西是0.15，印度是0.4，俄罗斯是0.00；机械及设备制造行业，中国为1.04，巴西为0.34，印度为0.57，俄罗斯为0.34。

巴西在食品制造；纸和纸制品制造；汽车、摩托车批发零售和修理业；

出版活动；电影录像和电视节目制作、录音和音乐出版活动、节目制作和广播活动；科学研究与发展；教育；人类健康和社会工作活动等方面具有显性比较优势。印度在作物和动物生产、狩猎和相关活动；林业和伐木；记录媒体的印刷和复制；基本药物产品和药物制剂制造；橡塑制品制造；家具制造业、其他制造业；陆路运输和管道运输；计算机程序设计、咨询和相关活动，信息服务活动；保险、再保险和养老基金，强制性社会保险除外；建筑和工程活动、技术试验和分析等领域占据相对竞争优势。俄罗斯则在采矿和采石；焦炭和精炼石油产品制造；电力、煤气、蒸汽和空调供应力；陆路运输和管道运输；水上运输；航空运输等领域占据主导地位。鉴于“金砖国家”改进RCA指数分析，中国在影响国计民生的重大行业中占据主导地位，巴西在食品方面的领先优势、印度在基本药品和家具制造等方面的经验以及俄罗斯在能源资源上的深入挖掘对“金砖国家”RVC构建提供重要补充，考虑到“金砖国家”的比较优势和产业差异，可以在金砖范围着手打造RVC体系。

## 四　推动构建“金砖国家”RVC的政策建议

通过前文分析可以发现，“金砖国家”在不同产业的优势各异，按照改进的RCA指数测度，“金砖国家”之间的产业（说明：以下所说行业仅列出关键词）互补性如下：中国表现在渔业和水产养殖、化学品和化工产品制造、基本金属制造、其他非金属矿产品制造、计算机电子及光学产品制造业、电气设备制造、机械及设备等制造、建设和邮政速递活动等方面；俄罗斯表现在采矿和采石；焦炭和精炼石油产品制造；电力、煤气、蒸汽以及海陆航空运输等领域；巴西表现在食品制造、纸制品制造、汽车摩托车、出版、电视影像、科学研究与发展、教育、人类健康等方面；印度表现在作物和动物生产、木材、记录媒体的印刷和复制、基本药品制造、橡塑制品制造、家具制造业、陆路运输和管道运输、计算机程序设计、保险、建筑工程等领域；南非由于数据缺失暂未得到验证。总体来说，“金砖国家”产业存在一定的差异性和互补性，具备践行《果阿宣言》的产业基础，即将中国制造业、印度技术、南非金融业、巴西农业和俄罗斯能源矿业整合成一条完整价值链。在经济全球化新形势下，构建“金砖国家”RVC充满机遇与挑战，为了更好地把握机会、应对挑战，在“金砖国家”构建RVC过程中，需要全面考虑以下因素：有效平衡GVC和RVC双环流，继续深化“金砖国家”合作机制，逐步加强“金砖国家”多层次化互联互通，探索建立“金砖国家”RVC绩效评估体系，尝试发挥中国的主导效应等。

### （一）有效平衡GVC和RVC双环流

在当前国际分工体系下，GVC虽然遭遇经济全球化新形势的一系列冲击，但依然是国际分工合作的重要基石，GVC形成的国际化发展思维深深地影响着世界各国。在“金砖国家”构建RVC的过程中，需要充分权衡GVC和RVC的角色，有效地发挥GVC和RVC的双环流效应：一方面，作为各自大洲的地区大国，“金砖国家”需要巩固各自当前的国际分工体系，不断强化自身的比较优势，抓住全球范围的价值链条，希冀在传统的GVC体系中有所突破；另一方面，围绕“金砖国家”合作平台，依托各自的产业优势，发挥相互之间的差异性和互补性，加快构建“金砖国家”RVC的步伐，将RVC提升到“金砖国家”合作机制的重要事项，进一步提高“金砖国家”合作机制的平台效应。通过平衡GVC和RVC双环流，“金砖国家”可以在新旧国际分工体系中准确定位，紧随经济全球化的新浪潮，抓住世界经济改革发展机会，加快步入经济全球化新时代。

### （二）继续深化“金砖国家”合作机制

十几年来，在“金砖国家”领导人峰会的引领下，“金砖国家”合作机制越来越务实，逐渐成为推动新兴经济体合作发展的典范。作为“金砖国家”合作机制的重要事项，“金砖国家”RVC将推动合作机制更加微观、具体，为未来“金砖国家”合作升级提供强有力的支持。在“金砖国家”RVC的构建过程中，“金砖国家”合作机制是重要的软环境，两者相辅相成，通过不断完善“金砖国家”合作机制，能够加快“金砖国家”RVC的构建步伐。未来，在深化“金砖国家”合作机制的过程中，针对各个国家的特定差异，需要继续完善合作机制的针对性，兼顾各个国家的发展需求和特定优势，有效地融入合作机制，将各个国家的不同角色发挥到最大程度。同时，开放发展将是“金砖国家”合作机制深化的一个重要方向，在合作机制越来越成熟的前提下，通过打造“金砖＋”的发展模式，考虑纳入更多的新兴经济体国家，推动新兴经济体的群体化发展，以“金砖国家”RVC为跳板，深化南南合作模式，为新兴经济体RVC构建夯实基础。

### （三）逐步加强“金砖国家”多层次化互联互通

宏观层面的政府互通一直是“金砖国家”合作机制的重要方式，十几年来，“金砖国家”领导人峰会在推动合作机制运行过程中扮演极其重要的角色。在宏观良好合作的氛围下，如何进一步推动向中观、微观等多领域的互联互通深化事关“金砖国家”合作机制的未来发展。在多层面互联互通方面，需要充分发挥宏观、中观和微观三个层面的协同效应，推动政府、产业、企业的有效融合，发挥民间力量在“金砖国家”互联互通中的角色。在多领域互联互通方面，“金砖国家”合作机制不应仅仅局限于经济、投资、贸易、金融等传统领域，民生、文化、体育、旅游等相关产业同样事关合作机制的未来发展，通过将合作延伸到国民经济的各个领域，真正将“金砖国家”从实质层面融合在一起，而不仅仅是一个概念效应。通过发挥多层面互联互通和多领域互联互通的融合效应，逐渐强化“金砖国家”各个层次的交流与合作，将“金砖国家”团结在一起，利用各个层面、各个领域的不同力量，为“金砖国家”RVC构建提供推动力。

### （四）探索建立“金砖国家”RVC绩效评估体系

运行效率是评价“金砖国家”RVC的重要指标，构建只是“金砖国家”RVC体系发展的第一步，接下来需要做的是对“金砖国家”RVC运行进行评估，切实提高“金砖国家”RVC绩效。换言之，“金砖国家”RVC绩效评估体系是“金砖国家”RVC构建的配套措施，通过运行评估对“金砖国家”RVC体系形成全面认识，审度未来的发展方向和发展趋势。“金砖国家”RVC绩效评估体系是一个动态过程，结合各个“金砖国家”参与RVC构建情况，综合不同的产业发展，尽可能收集“金砖国家”RVC的反馈信息，为改善“金砖国家”RVC提供条件。同时，“金砖国家”RVC绩效评估体系需要参考传统GVC体系的相关理论和实践，综合GVC与RVC的统一性和差异性，探索建立行之有效的评估体系，为“金砖国家”RVC构建提供决策支持。在建立“金砖国家”RVC绩效评估体系过程中，需要结合“金砖国家”和RVC的特点，筛选有效的评估指标，将“金砖国家”和RVC联系在一起，为“金砖国家”RVC构建和运行提供坚实的保障。

### （五）尝试发挥中国的主导效应

综合“金砖国家”各自的产业优势和发展机会，相互之间的互补性为“金砖国家”RVC构建创造有利条件。为了加快推进“金砖国家”RVC构建进程，为“金砖国家”合作机制未来发展提供更好的导向性，鉴于经济实力、产业优势、国际地位以及共谋发展的积极性，可以考虑将中国定位为领导者的角色。一方面，中国是“金砖国家”合作机制的主推者，多年来，中国一直在推动“金砖国家”各个层次的合作交流，为“金砖国家”务实合作贡献诸多力量；另一方面，新一届中国政府强烈主张开放发展，坚持以积极主动的态度参与世界经济新秩序和全球治理新体系，在国际事务处理上的话语权得到显著提升。无论是在客观能力还是主观态度方面，中国都达到“金砖国家”RVC构建的领导者角色，因而，需要充分发挥中国的主导效应和经济优势，为“金砖国家”RVC构建出谋划策。

## 参考文献

[1] 蔡春林、刘畅、黄学军：《“金砖国家”在世界经济中的地位和作用》，《经济社会体制比较》2013年第1期。

[2] 鞠建东、余心玎：《全球价值链上的中国角色——基于中国行业上游度和海关数据的研究》，《南开经济研究》2014年第6期。

[3] 刘志彪：《沿“一带一路”构建全方位、开放型、由我主导的全球价值链》，《江苏政协》2016年第4期。

[4] 林跃勤：《新兴经济体经济增长方式评价——基于“金砖国家”的分析》，《经济社会体制比较》2011年第10期。

[5] 盛斌、陈帅：《全球价值链如何改变了贸易政策：对产业升级的影响和启示》，《国际经济评论》2015年第1期。

[6] 魏龙、王磊：《从嵌入全球价值链到主导区域价值链——“一带一路”战略的经济可行性分析》，《国际贸易问题》2016年第5期。

[7] Baldwin，R. and Javier，G.，Supply - Chain Trade：A Portrait of Global Patternsand Several Testable Hypotheses，*NBER Working Paper*，2013，No. 18957.

[8] Tang，H.，Wang，F. and Wang，Z.，Extending the Input - Output Table Based on Firm - level Data，*CESIFO Working Paper*，2016，No. 5811.

# 俄罗斯地区吸引 FDI 的时空演变及影响因素

## ——基于空间计量模型的实证研究

徐昱东　崔日明　亓　朋　包　艳

**摘　要**　本文以俄罗斯 69 个地区为研究对象，基于 2000—2013 年的面板数据，利用探索性空间数据分析方法分析了 2000—2013 年俄罗斯地区吸引外商直接投资（Foreign Direct Investment，FDI）水平的时空演变格局，采用空间误差模型（Spatial Error Model，SEM）分析了地区 FDI 流入水平的主要影响因素。探索性空间数据分析表明，俄罗斯地区 FDI 流入同时存在空间集聚和空间离散趋势，但空间集聚的程度更大，总体上呈现出正的空间自相关性，与东部地区相比，西部地区的空间集聚程度在增强；基于空间误差模型的分析表明，经济发展水平、经济开放水平、产业集聚水平、技术创新、教育水平的提高均会对地区 FDI 流入产生了显著的促进作用；工资、基础设施和自然资源潜力的影响并不显著；没有考虑国内外差别的税收变量却有利于 FDI 流入。研究在为中国企业投资俄罗斯进行区位选择时如何更好地进行投资区位选择、利用空间溢出机制或渠道、规避空间溢出效应不活跃的地区、判定影响 FDI 的主要因素等方面提供决策支持。

**关键词**　俄罗斯　对外直接投资　探索性空间数据分析　空间计量模型

---

［基金项目］山东省社科规划项目“全球价值链重构对山东省经贸发展的影响及对策研究”（16CJJJ33）、国家社会科学基金重大项目“构建开放型经济新体制的重点及基本框架研究”（15ZDA056）、国家社会科学基金重点项目“构建开放型经济新体制研究”（014AZD017）、教育部人文社会科学重点研究基地重大项目“转型国家与美国的共生与博弈研究”（14JJD810021）、教育人文社会科学研究一般项目“贸易开放与生态福利绩效：基于宏微观匹配数据的实证研究”（15YJC790079）和山东省自然科学基金“贸易开放与生态福利绩效研究”（ZR2015PG002）。

［作者简介］徐昱东，经济学博士、应用经济学博士后，鲁东大学副教授；崔日明，经济学博士，辽宁大学教授、博士生导师；亓朋，经济学博士，鲁东大学副教授；包艳，经济学博士、应用经济学博士后，辽宁大学副教授。

# 一 引言

对外直接投资对俄罗斯克服资源依赖、发展创新型经济具有重要意义。近年来，俄罗斯吸引外资的政策力度逐步加大，作为近邻的中国在投资俄罗斯方面有着地缘优势，中国民间也有大量资金亟须“走出去”，在投资方向上，相对于西方发达国家和地区，包括俄罗斯在内的“金砖国家”应该成为重要的投资方向。当然，对一个国家的投资，最终还是要落到东道国某个具体的地区。因此，从地区层面考察影响俄罗斯 FDI 流入的因素对包括中国投资者在内的国内外投资者具有重要借鉴意义。本文就是在上述背景下展开，试图从俄罗斯吸引对外直接投资的时空演变及其影响因素角度为中国企业投资俄罗斯时的区位选择提供决策支持。

# 二 文献综述

随着全球化进程的持续深入，学术界出现了大量有关 FDI 流入影响因素的研究，大致可以将其分为三类：第一类是强调成本因素的影响，如要素成本、交易成本的作用，如邓宁（Dunning，1980）、Veugelers（1991）、Culem（1988）、Hatzius（2000）等都指出，较低的劳动力成本是吸引 FDI 的重要因素，Cheng 与 Kwan（2004）则实证检验了基础建设对 FDI 的影响；第二类则是强调东道国需求方面的影响，如市场规模潜力等，如 Tallman（1988）、Grosse 与 Trevino（1996）、Kiminoetal（2007）分析指出，东道国的市场规模和 FDI 之间呈正向关系；第三类则是综合考虑供给成本和市场需求方面带来的吸引力，如 Raslmi（2003）、Globeman（1999）、夏皮罗（Shapiro，2001）等研究发现，市场规模、劳动力成本、高技术水平等因素对 FDI 流入有很显著的影响。上述研究成果为研究地区层面 FDI 流入的影响因素提供了可资借鉴的分析框架和方法。

具体到俄罗斯的 FDI 流入影响因素方面的国内外研究，在数量上相对较少，尤其是实证类型的研究成果。从国内来看，有实证研究发现，产业集聚程度和创新能力是影响俄罗斯 FDI 区位选择的主要因素，但给出的影响因素仍十分宽泛，且该研究并没有明确数据类型是联邦大区层面还是联邦主体层面，这都影响到研究结论的借鉴意义（谭蓉娟、李新，2008）[①]，上述分析似乎并没有反映出俄罗斯这一经济体的特性；作为补充，有研究从转型国家比较典型的产权保护和政府干预度两个制度因素入手进行分析指出，明晰界定和保护产权以及政府的正向干预行为对净化投资环境、促进 FDI 增长的重要

① 谭蓉娟、李新：《俄罗斯 FDI 区位选择影响因素实证分析》，《东北亚论坛》2008 年第 9 期。

性（许倩倩，2013）。[①]

相比之下，国外的研究成果从数量上看要更多些。Broadman 和 Recanatini（2001）[②]、Iwasaki 和 Suganuma（2005）[③]，以及 Ledayeva 和 Linden（2006）等运用地区 FDI 流入数据和其他宏观经济变量评估了地区 FDI 流入的影响因素，普遍认为，市场规模、基础设施和自然资源是非常重要的驱动因素[④]；Ksenia Gonchar 和 Philipp Marek（2014）指出，市场准入和知识资本存量是影响 FDI 俄罗斯分布差异的原因所在[⑤]；而 Olga Kuzmina、Natalya Volchkova、Tatiana Zueva（2014）通过对俄罗斯 40 个行政区划的商业调查发现：高频率地使用非法支付手段、来自监管机构的高压、执法部门和犯罪都对外商直接投资产生了负面影响。[⑥]

俄罗斯作为世界上重要的转型经济体，有关其他转型经济体 FDI 流入影响因素方面的研究也有助于理解俄罗斯 FDI 流入影响因素的分析，如 Alan A. Bevan 和 Saul Estrin（2004）[⑦] 发现，劳动力成本、吸引力因素、市场规模和市场邻近程度对 FDI 产生重要影响。有趣的是，实证分析还发现，东道国风险不是一个显著的决定因素。Ĉrt Kostevc、Tjaša Redek 和 Andrej Sušjan（2007）利用 24 个转型经济体 1995—2002 年的面板数据实证分析发现，制度的各个方面对外资流入有显著的影响，同时，预算赤字、内部私有化和劳动成本对外国直接投资也存在统计上的显著性。[⑧] Campos 和 Kinoshita（2003）[⑨]、Zhuravskaya 和 Guriev（2010）[⑩] 以及 Arbatli（2011）[⑪] 等对俄罗斯

① 许倩倩：《转型国家制度因素对 FDI 影响的实证分析——以俄罗斯为例》，《现代管理科学》2013 年第 5 期。

② Broadman, H. and F. Recanatini, 2001, Where has all the foreign investment gone in Russia? *Policy Research Working Paper* 2640, World Bank. Washington.

③ Iwasaki, I. and K. Suganuma, Regional distribution of foreign direct investment in Russia [J]. *Post-Communist Economies*, 2005, 17 (2): 153-172.

④ Ledayeva, S. and M. Linden, 2006, Testing for foreign direct investment gravity model for Russian regions. *Working Paper* No. 32. Department of Business and Economics, University of Joensuu.

⑤ Ksenia Gonchar, Philipp Marek, The regional distribution of foreign investment in Russia [J]. *Economics of Transition*, 06/2014.

⑥ Olga Kuzmina, Natalya Volchkova, Tatiana Zueva, Foreign direct investment and governance quality in Russia [J]. *Journal of Comparative Economics*, 2014 (42): 874-891.

⑦ Alan A. Bevan, Saul Estrin, The determinants of foreign direct investment into European transition economies [J]. *Journal of Comparative Economics*, 2004, 32 (4): 775-787.

⑧ Ĉrt Kostevc, Tjaša Redekand Andrej Sušjan, Foreign Direct Investment and Institutional Environment in Transition Economies [J]. *Transition Studies Review*, 2007, 14 (1): 40-54.

⑨ Campos, N. and Y. Kinoshita, 2003, Why does FDI go where it goes? New evidence from the transition economies, *IMF Working Paper* WP/03/228. IMF. Washington.

⑩ Zhuravskaya, E. and S. Guriev, Rethinking Russia: Why Russia is not South Korea? [J]. *Journal of International Affairs*, 2010, 63 (2): 125-139.

⑪ Arbatli, E., 2011, Economic policies and FDI inflows to emerging market economies, *IMF Working Paper* WP/11/192. IMF, Washington.

与其他转型经济和资源丰裕型国家的 FDI 流入情况进行比较研究后发现，俄罗斯欠佳的制度环境是导致俄罗斯较低的 FDI 流入水平的主要原因。

考虑到俄罗斯不同地区之间巨大的差异性，Saime Suna Kayam、Alexandr Yabrukov 和 Mehtap Hisarciklilar（2007）[①] 在分析俄罗斯地区 FDI 流入差异的决定因素时指出，FDI 的空间分布归因于地区之间的差异性，如工资、教育水平、运输条件以及地区生产总值的不同引发的所投资地区和备选地区的市场规模的不同，进而发现，邻近地区对 FDI 水平的冲击并没有影响所投地区的 FDI 流入。同时，备选地区的市场规模和自然资源禀赋对外商直接投资地区选择的影响较大。

除了上述经典的计量分析，考虑空间因素的空间计量研究成果还是较为少见的，尽管意识到了 FDI 流入的空间依赖性非常重要（Ledayeva，2007）。[②] 总之，上述分析为我们理解影响俄罗斯各地区 FDI 流入的影响因素提供了丰富的视角，为接下来的研究奠定了扎实的基础。但多限于经典的计量分析，鲜有考虑空间因素的空间计量研究成果，这大大降低了实证分析的过程和结论对现实的解释力。考虑到空间依赖性的空间计量分析能有效地弥补上述不足，在一定程度上提升了研究成果的解释力，其实践指导价值也得以提升。本文就是在上述总体思想指导下展开的，主要包括数据与研究方法、俄罗斯地区 FDI 流入水平的空间特征分析、俄罗斯地区 FDI 流入水平的影响因素分析、稳健性检验和内生性检验，最后是结论与前瞻。

## 三　数据与研究方法

### （一）数据来源及说明

自然资源潜力，表示地区自然资源总量及自然资源对投资的保障程度，该数据来源于俄罗斯评级机构 EXPERT RA 的在线数据库。[③]

其他所用数据均来自俄罗斯联邦统计局出版的统计手册《俄罗斯地区社会经济指标》，需要说明的是，2000—2014 年，俄罗斯的行政区划经历过几次调整，比如，2005 年，彼尔姆州（Пермская область）与科米—彼尔米亚克自治区合并，成立新的彼尔姆边疆区（Пермский край）；2007 年，泰梅尔自治区与埃文基自治区并入克拉斯诺亚斯克边疆区；同年，科里亚克自治区并入堪察加州（Камчатская область），该州更名为堪察加边疆区

---

① Saime Suna Kayam，Alexandr Yabrukov，Mehtap Hisarciklilar，What Causes the Regional Disparity of FDI in Russia? A Spatial Analysis［J］. *Transition Studies Review*，2007（20）：63 –78.

② Ledayeva，S.，2007，Spatial econometric analysis of determinants and strategies of FDI in Russian regions in pre – and post –1998 financial crisis period. *BOFIT Discussion Paper* 15/2007.

③ 网址：http：www. raexpert. ru。

（Камчатский край）；2008 年，乌斯季奥尔登斯基布里亚特自治区并入伊尔库茨克州；同年，赤塔州同阿加布里亚特自治区合并成立新的外贝加尔边疆区（Забайкальский край）。我们在处理过程中均做了前后一致性处理。

地区数目的问题，俄罗斯现有联邦主体 83 个，这里暂不包括克里木共和国和塞瓦斯托波尔；又因为，地区统计年鉴中大部分“自治区”都是以被包含的形式出现在相应其他地区里面的，比如，汉特曼西斯克自治区和亚马尔—涅涅茨自治区就被包含在秋明州了，类似的还有阿尔汉格尔斯克州包含了涅涅茨自治区；这样，我们在处理数据的时候，由最初的 83 个联邦主体减少至 80 个。同时，卡巴尔达—巴尔卡尔共和国、卡拉恰伊—切尔克斯共和国、达吉斯坦共和国、印古什共和国、卡尔梅克共和国、北奥塞梯共和国、图瓦共和国、车臣共和国、楚科奇自治区、阿尔泰共和国、巴什科尔托斯坦共和国 11 个联邦主体的 FDI 数据缺失或至少一半的数据缺失，所以，就没有统计在内。因此，我们赖以建模的 2000—2013 年的地区面板数据中包含的地区为 69 个。①

### （二）变量选取及数据处理

基于文献综述部分的研究成果，结合投资者关心的问题，我们综合考虑了成本、需求、制度环境等多种因素对 FDI 流入可能产生的影响，本文空间面板数据模型分析部分所选取的变量以及变量定义如表 1 所示。

表 1 面板数据变量及其可操作性定义

| 编号 | 变量名称 | 变量属性 | 变量符号 | 变量定义 | 理论预期 |
|---|---|---|---|---|---|
| 1 | 外商直接投资额 | 被解释变量 | FDI | 俄罗斯各地区年对外直接投资流入量 | |
| 2 | 经济发展水平 | 解释变量 | GDP | 国内生产总值（GDP） | 正 |
| 3 | 经济开放水平 | 解释变量 | OPEN | 地区出口总额占地区生产总值比重 | 正 |
| 4 | 产业集聚水平 | 解释变量 | FCAP | 固定资本积累总额 | 正 |
| 5 | 劳动力成本 | 解释变量 | WAG | 工人月均工资水平 | 负 |
| 6 | 税收负担水平 | 解释变量 | TAX | 企业所得税占当地 GDP 比重 | 负 |
| 7 | 技术创新水平 | 解释变量 | PANT | 发明专利申请数 | 正 |

① 上文关于地区类型的划分中涉及的地区数量即这里指出的 69 个地区。

续表

| 编号 | 变量名称 | 变量属性 | 变量符号 | 变量定义 | 理论预期 |
|---|---|---|---|---|---|
| 8 | 教育水平 | 解释变量 | EDU | 每万人中接受高等教育人数 | 正 |
| 9 | 基础设施水平 | 解释变量 | INF | 每万平方千米公路里程 | 正 |
| 10 | 自然资源潜力 | 解释变量 | NARS | 地区自然资源总量及自然资源对投资的保障程度 | 正 |

选取数据的相关处理情况，说明如下：

一是我们在估计之后，利用多重共线性方差膨胀因子检验所选解释变量共线性的问题。经验判断方法表明：当 $0 < VIF < 10$ 时，不存在多重共线性；当 $10 \leqslant VIF < 100$ 时，存在较强的多重共线性；当 $VIF \geqslant 100$ 时，存在严重多重共线性。

二是文中所使用的空间相关性分析以及空间面板数据回归分别由 GeoDa 软件和 STATA12.0 软件实现。

### （三）空间权重设置

在判断研究地区的空间依赖关系以及计算全局和局部空间自相关指标时，我们选择 Geoda 软件自带选项中的“后”邻接关系即共边或共点为邻接创建空间权重矩阵，阶数选择 1 阶。

在运用空间面板数据进行空间滞后模型、空间误差模型检验时，我们还采用了基于欧氏距离的距离矩阵；在进行稳健性检验时，我们采用各地区中心城市公路距离的倒数构建的经济距离矩阵。①

### （四）研究方法

#### 1. 探索性空间数据分析方法

探索性空间数据分析方法（Exploratory Spatial Data Analysis，ESDA）作为一种“数据驱动”分析方法，主要是利用统计学原理、图形图表等方法对空间信息进行分析，从而发现数据的空间分布规律，揭示数据的空间依赖性和空间异质性等现象。空间自相关分析是 ESDA 的核心内容，是指某种变量在不同空间位置观测数据之间的相关性。② 我们采用两类空间自相关系数并结合莫兰（Moran）散点图来分析俄罗斯各地区 FDI 流入的空间分布模式。

① 根据俄罗斯运输网站计算，网址：http：//truckmarket. ru/。

② Anselin，L.，Syabri，I.，Kho，Y. et al.，Geo Da：An Introduction to Spatial Data Analysis [J]. *Geographical Analysis*，2006，38（1）：5 – 22.

（1）全局空间自相关指标

全局空间自相关系数莫兰指数（Moran's Ⅰ）最早应用于全局聚类检验，这里用于度量俄罗斯各地区FDI流入在整个研究地区范围内的空间分布特征，即检验整个研究地区中FDI流入水平在邻近地区间是否相似、相异（空间正相关或负相关），还是相互独立。

莫兰指数的计算公式如下：

$$I = \frac{n\sum_{i=1}^{n}\sum_{j=1}^{n} w_{ij}(x_i - \bar{x})(x_j - \bar{x})}{\sum_{i=1}^{n}\sum_{j=1}^{n} w_{ij}\sum_{i=1}^{n}(x_i - \bar{x})^2}$$

中，$n$是研究区域内省级地区总数，$w_{ij}$是空间权重矩阵，这里我们选择Geoda软件自带选项中的“后”邻接关系即共边或共点为邻接创建空间权重矩阵，阶数选择1阶。$x_i$和$x_j$分别是省级地区$i$和省级地区$j$的属性。属性的平均值$\bar{x} = \frac{1}{n}\sum_{i=1}^{n} x_i$，属性的方差$S^2 = \frac{1}{n}\sum_{i=1}^{n}(x_i - \bar{x})^2$。

莫兰指数的取值一般在-1—1之间，大于0表示空间正相关，越接近于1，说明相似属性的空间聚集性越强（高值与高值相邻、低值与低值相邻）。值小于0表示空间负相关，越接近于-1，说明相异属性的空间聚集性越强（高值与低值相邻、低值与高值相邻）。值越接近0，说明属性的空间分布是随机的。

（2）局部空间自相关指标

一是局部空间自相关系数局部莫兰指数（Local Moran's Ⅰ），也称为LI-SA（Local Indication of Spatial Association，LISA），用来检验局部地区是否存在相似或相应的观测值聚集在一起，这里，我们用以探索俄罗斯各地区FDI流入在子区域与其邻近地区同一属性的相关程度。结合莫兰散点图，可以识别冷热点区域的空间分布状态。

局部莫兰指数的计算公式如下：

$$I_i = \frac{(x_i - \bar{x})}{S^2}\sum_{i \neq j} w_{ij}(x_j - \bar{x})$$

式中，$I_i$为正，表示一个高值被高值包围（HH），或一个低值被低值包围（LL）；$I_i$为负，表示一个高值被低值包围（HL），或者一个低值被高值包围（LH）。

二是莫兰散点图。莫兰散点图可以看成是某地区的观测值与该地区的空间滞后变量之间的相关关系，以某地区的观测值为横轴，该地区的空间滞后变量为纵轴组成的二维坐标图。莫兰散点图分为四个象限，每个象限对应一个地区与其相邻地区的空间关联模式。第一象限表示该地区具有较大的观测值，其附近地区也有较大的观测值（HH）；第二象限表示该地区有较小的观测值，其附近地区具有较大的观测值（LH）；第三象限表示该地区有较小的观测值，其附近地区也具有较小的观测值（LL）；第四象限表示该地区具有较大的观测值，其附近地区具有较小的观测值（HL）。

2. 空间经济计量模型

传统的经济计量方法往往将经济活动在空间上的异质性忽略掉，假设经济活动在不同的地理空间上是匀质的，即经济变量之间符合计量的经典前提条件如独立分布、误差项同方差等，以符合假设推断遵循的基本理论前提如高斯—马尔科夫（Gause - Markov）定理，但这却忽视了事情的真相，即各地区之间的经济活动存在这样那样的各种联系，随着大数据时代的到来，人们能够获取的空间数据不断增加，空间计量模型的使用也在不断完善，纳入空间效应的计量模型将因综合考虑到经济活动之间的空间异质性和误差项等方面而在一定程度上弥补了传统的面板回归分析的不足。

## 四 俄罗斯地区 FDI 流入水平的空间特征分析

### （一）俄罗斯地区 FDI 流入水平的空间分布描述

FDI 流入水平存在明显的地区差异，我们以 FDI 流入水平高低不同的 4 个位次相应的地区数在所在联邦区的多少不同分析 2000 年、2006 年和 2013 年 FDI 流入水平高低分布的变化。从七个大的联邦区来看，2006 年，FDI 流入水平较高的地区多集中在中央联邦区、南方联邦区和西北联邦区，流入水平较低的地区多集中在西伯利亚联邦区、伏尔加联邦区和远东联邦区，呈现出西高东低的基本态势；2006 年，FDI 流入水平较高的地区是两个联邦区即中央联邦区和西北联邦区，之前的南方联邦区相对位次下降，伏尔加位次相对提升，在一定程度上可以判定，西北联邦区、伏尔加联邦区和中央联邦区这三个地理位置上相邻地区呈现出一定的集聚趋势；FDI 流入水平较低的地区除了西伯利亚地区，还分布在中央联邦区、伏尔加联邦区和西北联邦区，这说明，这三个地区内部 FDI 流入水平差异较大，高低并存。2013 年的 FDI 流入情况与 2006 年相仿，不同之处是，在 FDI 流入较低的地区中，西北联邦区位次相对改善，南方联邦区则相对恶化。

### （二）俄罗斯地区 FDI 流入水平的空间演变特征

1. FDI 流入水平全局空间相关性分析

以 QUEEN 方式创建空间权重矩阵，计算 2000—2013 年俄罗斯各地区 FDI 流入水平的全局莫兰指数（见表 2），由计算结果可知，除 2000 年的莫兰指数统计上不显著外，2001—2013 年莫兰指数均显著为正，这表明在上述时间区间内俄罗斯各地区吸引的 FDI 具有正的空间相关性，FDI 的区位选择具有明显的集聚特征，并非随机分布。从莫兰指数值变动趋势来看，总体上呈上升趋势（见图1），这表明 FDI 流入的空间依赖程度越来越强。尤其是 2007—2010 年逐年升高，在 2010 年达到最高水平，后又逐年降低，这个时段的最低值出现在 2013 年，但仍然高于 2001 年、2004 年、2005 年和 2007 年 4 个年度的莫兰指数。

表 2　2000—2013 年俄罗斯地区 FDI 流入水平的全局莫兰指数值

| 年份 | 莫兰指数 | t 统计值 | 年份 | 莫兰指数 | t 统计值 |
| --- | --- | --- | --- | --- | --- |
| 2000 | 0.065 | 0.848 | 2007 | 0.133 | 8.97 |
| 2001 | 0.157 | 2.22 | 2008 | 0.216 | 7.13 |
| 2002 | 0.323 | 11.7 | 2009 | 0.348 | 16.2 |
| 2003 | 0.186 | 8.51 | 2010 | 0.464 | 12.6 |
| 2004 | 0.0868 | 2.12 | 2011 | 0.395 | 8.07 |
| 2005 | 0.0751 | 1.84 | 2012 | 0.295 | 5.64 |
| 2006 | 0.194 | 8.83 | 2013 | 0.169 | 5.8 |

注：2000 年莫兰指数的显著性水平超过了通常认可的水平，其他年份的显著性水平均小于 5%。

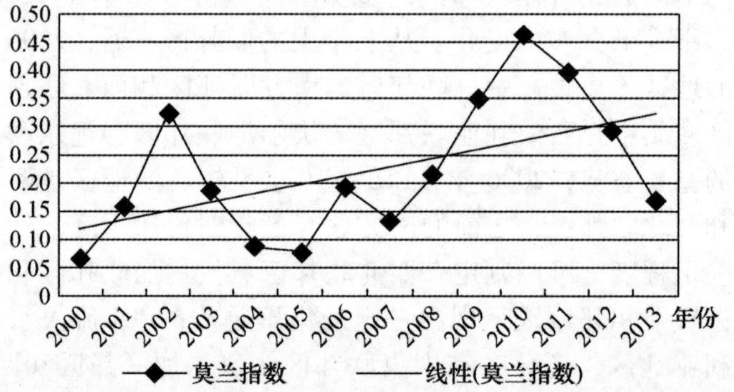


**图 1　2000—2013 年俄罗斯地区 FDI 流入水平的全局莫兰指数值**

2. FDI 流入水平局部空间相关性分析

2001—2013 年各年度 FDI 流入水平的莫兰指数只表明我们关注地区的整体空间聚集特征，若要识别局部区域在空间上的差异，获取更具体的空间依赖方面的信息，必须利用莫兰散点图和 LISA 来进行局部空间相关分析。

通过为 2000—2013 年的莫兰指数值设置趋势线发现，2001 年、2006 年和 2012 年三年的莫兰指数值的变动趋势与 2000—2013 年的总体变动趋势十分接近，具有代表性，因此，我们选取 2001 年、2006 年和 2012 年作为代表性年份进行分析，以揭示研究区间内 FDI 流入水平的空间演进特征。

（1）各地区 FDI 流入水平的莫兰散点图

图 2 中的（a）、（b）、（c）直观地展示了 2001 年、2006 年和 2012 年俄罗斯各地区 FDI 流入水平的空间格局。从图 2 中可以看出，大多数地区①分布在第一象限（HH）和第三象限（LL），在地理空间上呈现显著的正相关关系。

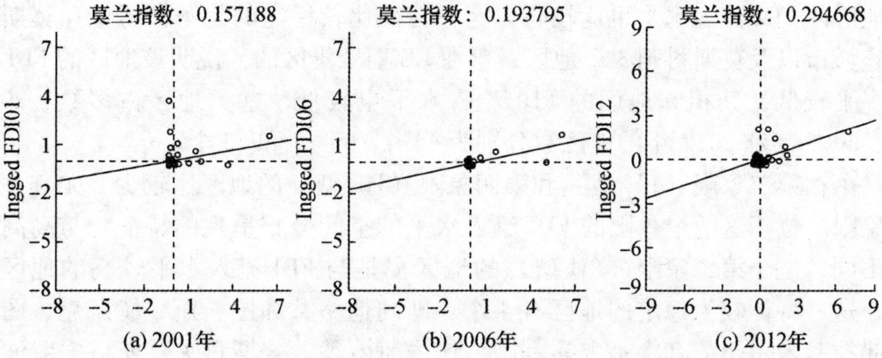


**图 2　2001 年、2006 年、2012 年俄罗斯各地区 FDI 流入水平莫兰散点图**

2001 年有 4 个地区落在第一象限，即圣彼得堡、莫斯科、莫斯科州和斯维德洛夫斯克州；有 44 个地区落在第三象限，落在第一象限和第三象限的地区占样本总数的 69.56%。

类似地，2006 年落在第一象限的地区是圣彼得堡、莫斯科和莫斯科州 3 个地区、落在第三象限的地区数是 54 个，占地区样本总数的 84.06%。

2012 年落在第一象限的地区为阿尔汉格尔斯克州、圣彼得堡、莫斯科、莫斯科州、卡卢加州、秋明州和雅罗斯拉夫州 7 个地区，落在第三象限的地区数是 42 个，总共占样本总数的 71.01%。

2001 年落在第二象限的地区是阿迪格共和国、阿尔汉格尔斯克、卡卢加、卡累利阿、诺夫哥罗德、普斯科夫、罗斯托夫、斯摩棱斯克、斯塔夫罗波尔、图拉和弗拉基米尔 11 个地区。落在第四象限的地区是克拉斯诺达尔边疆区、圣彼得堡、新西伯利亚、奥伦堡州、彼尔姆边疆区、滨海边疆区、萨马拉和秋明 8 个地区。

2006 年落在第二象限的地区是阿迪格、卡卢加、梁赞、斯摩棱斯克、图拉、特维尔、弗拉基米尔州和雅罗斯拉夫 8 个地区；落在第四象限的地区仅有圣彼得堡和克拉斯诺达尔边疆区两个地区。

2012 年落在第二象限的地区是阿迪格、卡累利阿、诺夫哥罗德、普斯科

① 因为俄罗斯“飞地”圣彼得堡和萨哈林州这一西一东两个地区属于“孤岛”型地区，只能出现在莫兰图的横轴上，所以，69 个地区中只有 67 个地区分属不同的象限。

夫、斯摩棱斯克、斯塔夫罗波尔、斯维尔德洛夫斯克、图拉、特维尔、弗拉基米尔州和犹太自治州 11 个地区；落在第四象限的地区是阿穆尔、克拉斯诺达尔、圣彼得堡、鄂木斯克、滨海边疆区、鞑靼斯坦和沃罗涅日 7 个地区。

从第一象限（HH 型）、第三象限（LL 型）分布的地区可以看出，各地区的 FDI 流入水平呈现两个正相关的聚集区，即 HH 型聚集区和 LL 型聚集区。落在 HH 型聚集区，意味着该地区自身的 FDI 流入水平较高，同时，相邻地区的 FDI 流入水平也比较高，这一特征比较稳定的是圣彼得堡和莫斯科两座城市以及莫斯科州 3 个地区；落在 LL 型聚集区的，说明该地区的 FDI 流入水平较低，其相邻地区的 FDI 流入水平也较低，这类地区占多数，2001 年、2006 年和 2012 年的地区数分别为 44 个、54 个和 42 个。

落在第二象限（LH 型）和第四象限（HL 型）的地区比较少，尤其是第四象限。位于这两个象限的 FDI 流入水平的空间分布呈现的特征，与高高低低不同，位于第二象限（LH 型）的地区多是与 FDI 流入水平较高的地区相邻，这一特征较为稳定的地区有 4 个，即阿迪格共和国、斯摩棱斯克、图拉和弗拉基米尔州，其次是卡累利阿、诺夫哥罗德、普斯科夫、斯塔夫罗波尔和特维尔 5 个地区，在 2001 年或 2006 年出现在第二象限之后 2012 年再次出现。

位于第四象限（HL 型）的地区即那些被 FDI 流入水平较低地区包围的地区，在 2001 年、2006 年和 2012 年这样的地区数分别是 8 个、两个和 7 个；这一特征最为稳定的是圣彼得堡，该地区被卡累利阿、诺夫哥罗德、普斯科夫和沃洛格达州 4 个地区包围；在 2001 年或 2006 年出现在第四象限后 2012 年再次出现的地区是克拉斯诺达尔和滨海边疆区这两个地区，前者被罗斯托夫、斯塔夫罗波尔包围，后者的邻居是哈巴罗夫斯克边疆区。FDI 流入水平在各地区之间存在高高、低低分布和低高、高低关系的分析也充分说明，俄罗斯各地区的 FDI 流入在空间分布上同时存在依赖性和异质性。

（2）各地区 FDI 流入水平分析

因为莫兰散点图是对所有地区的空间依赖关系的判断，对每个象限具体的地区并没有给出显著性水平的指标，这里需要进一步计算其显著性指标（见表 3），以进一步探究空间分析的结果。从表 3 可以看出，2001 年、2006 年、2012 年达到显著性水平的地区数分别为 8 个、3 个和 6 个。尽管大部分省级地区均未通过统计意义上的显著性水平检验，但也表明了俄罗斯各地区吸引 FDI 方面的地理分异特征，从 2001—2012 年俄罗斯地区吸引 FDI 方面的空间集聚存在由东部地区向西部地区转移的总体趋势，以首都莫斯科为中心的集聚呈现“一枝独秀”的态势；莫斯科和莫斯科州与周边地区的互动和溢出效应较为明显；相反，下诺夫哥罗德州的空间 LL 型关联模式较为稳固，反映出该地区在吸引 FDI 流入方面与周边地区缺乏良性的相互学习和溢出效应。

**表 3　　正态假设检验显著的俄罗斯地区 FDI 流入水平的局部莫兰指数**

| 2001 年 | | | 2006 年 | | | 2012 年 | | |
|---|---|---|---|---|---|---|---|---|
| 地区 | I 值 | p 值 | 地区 | I 值 | p 值 | 地区 | I 值 | p 值 |
| 莫斯科 | 9.7494 | 0.042 | 莫斯科 | 9.9409 | 0.0320 | 莫斯科 | 13.3136 | 0.028 |
| 阿穆尔 | 0.1090 | 0.05 | 莫斯科州 | 0.9460 | 0.0480 | 莫斯科州 | 1.5788 | 0.046 |
| 伊尔库茨克 | 0.0890 | 0.006 | 阿斯特拉罕州 | 0.0673 | 0.0440 | 阿尔汉格尔斯克 | 1.3022 | 0.026 |
| 下诺夫哥罗德 | 0.0706 | 0.026 | | | | 下诺夫哥罗德 | 0.0428 | 0.0440 |
| 萨哈 | 0.0996 | 0.032 | | | | 奔萨 | 0.1288 | 0.0380 |
| 坦波夫 | 0.0770 | 0.050 | | | | 斯维尔德洛夫斯克 | -0.2587 | 0.0120 |
| 阿迪格共和国 | -1.2264 | 0.0100 | | | | | | |
| 斯塔夫罗波尔边疆区 | -0.4132 | 0.0260 | | | | | | |

# 五　俄罗斯地区 FDI 流入水平的影响因素分析

## （一）模型选择与检验

我们运用空间滞后模型（SLM）和空间误差模型（SEM）来检验变量间的空间效应。针对“空间依赖性”的不同理解，Lesage（2014）① 给出了空间计量模型的具体形式：

1. 空间滞后模型

空间滞后模型探讨经济变量在一个地区是否有扩散现象（溢出效应），用于分析一个地区的经济行为受到其邻近区域经济行为溢出影响的现象。其模型表达式为：

$$Y=\sigma WY+X\beta+\varepsilon,\ \varepsilon\sim N\left[0,\ \sigma^2 I\right]$$

式中，$X$ 为 $N\times K$ 外生变量矩阵，如经济增长、资源禀赋等因素；$Y$ 为

① 詹姆斯·勒沙杰、R. 凯利·佩斯：《空间计量经济学导论》，北京大学出版社 2014 年版，第 33—39 页。

$N \times 1$的被解释变量；$W$ 为 $N \times N$ 的空间权重矩阵；参数 $\beta$ 反映了解释变量对被解释变量产生的影响；$\sigma$ 为空间依赖系数，代表样本观测值空间依赖的强度；$WY$ 被解释变量的空间自相关项，反映空间距离对 FDI 流入的影响；$\varepsilon$ 为满足正态独立同分布的随机误差项。

根据上述模型，我们将俄罗斯各地区 FDI 流入与各影响因素之间关系进行实证分析的空间滞后模型设定为：

$$FDI_{it} = \alpha + \beta_1 GDP_{it} + \beta_2 OPEN_{it} + \beta_3 FCAP_{it} + \cdots + \beta_9 NARS_{it} + \rho WFDI_{it} + u_{it}$$

式中，$\beta_i$ 为回归系数；被解释变量 $FDI_{it}$表示第 $i$ 个地区第 $t$ 年度 FDI 的流入水平，$\rho WFDI_{it}$为被解释变量的空间滞后项；$u_{it}$为满足正态分布的随机误差项。省略部分包括工资水平（WAG）、税收水平（TAX）、技术创新水平（PANT）、教育水平（EDU）以及基础设施水平（INF）等解释变量及其系数，下面根据空间误差模型设定的模型也类似此处的设置。

2. 空间误差模型

空间误差模型（SEM）中空间个体之间的相互作用是通过误差项中的空间相关来实现的，当空间经济之间由于存在遗漏变量或其他不可观察到的因素的相互作用时，可以采用这种模型。SEM 模型设定如下：

$$Y = X\beta + \varepsilon,\ \varepsilon = \lambda W\varepsilon,\ u \sim N\ [0,\ \sigma^2 I]$$

式中，误差项 $\varepsilon$ 由空间自相关项和满足正态独立同分布的随机误差向量 $u$ 组成；$\lambda$ 是空间误差自相关系数，衡量邻近区域的变量观测值 $Y$ 对本区域观测值 $Y$ 的影响方向和程度。其余符号含义与介绍空间滞后模型时的相同。

用于对俄罗斯各地区 FDI 流入水平发展与各影响因素之间关系进行实证分析的空间误差模型设定为：

$$FDI_{it} = \alpha + \beta_1 GDP_{it} + \beta_2 OPEN_{it} + \beta_3 FCAP_{it} + \cdots + \beta_9 NARS_{it} + \lambda W\varepsilon + u_{it}$$

式中，$\lambda W\varepsilon$ 为空间滞后误差项；$u_{it}$为满足正态分布的随机误差项。

为了判断 SLM 模型和 SEM 模型哪个更适合用于对俄罗斯地区 FDI 流入水平的分析，可以通过拉格朗日乘数形式的 LM – Error、LM – Lag 检验、稳健 LM – Error、稳健 LM – Lag 检验来实现空间依赖性检验并进行识别。我们借鉴 Anselin 和 Florax（1995）提出的判别准则①：如果在空间依赖性检验中发现，LM – Lag 较之 LM – Error 在统计上更加显著，且稳健 LM – Lag 显著而稳健 LM – Error 不显著，则可以判断适合的模型是空间滞后模型；反之，则可以判断空间误差模型是恰当的模型。除了拟合优度 $R^2$ 检验，通常还可以通过自然对数似然函数值（Loglikelihood）、似然比率（LR）、施瓦茨准则（SC）和赤池信息准则（AIC）等对模型进行选择，对数似然值越大，SC、AIC 越小则该模型的拟合效果越好。检验结果显示：LM – Error 比 LM – Lag

---

① Anselin, L., Florax, R., *New Directions in Spatial Econometrics* [M]. Berlin: Springer – Verlag Berlinand Heidelberg GmbH & Co. K, 1995.

更显著，且稳健 LM - Eror 显著而稳健 LM - Lag 不显著，因此，文中选择空间误差模型对俄罗斯各地区的 FDI 流入水平及其解释变量的影响效应进行实证分析。

### （二）空间计量模型的实证结果

1. 不考虑空间效应的回归

在不考虑空间效应的情况下，对俄罗斯各地区 FDI 流入水平面板数据及其影响因素进行回归，作为一个参照系，首先进行混合回归（OLS），考虑到各个地区之间的差异性，可能存在不随时间变化的遗漏变量，故考虑使用固定效应模型（FE），然而，在确认个体效应存在的情况下，即便不使用混合回归，仍可能以随机效应（RE）的形式存在，针对上述可能性，我们分别采用了 LSDV 法、豪斯曼检验法等相关的检验，最终我们选择固定效应模型（陈强，2013）。① 估计结果如表 4 所示。

**表 4　俄罗斯各地区 FDI 流入影响因素回归结果**

| 自变量 | 模型 1（FE） | 模型 2（RE） | 模型 3（OLS） |
|---|---|---|---|
| GDP | 0.3390***<br>(6.92) | 0.3647***<br>(8.06) | 0.3451***<br>(4.03) |
| OPEN | 572994.9***<br>(4.10) | 328520.2***<br>(3.57) | 264087.6***<br>(3.71) |
| FCAP | 0.6522954**<br>(2.23) | 0.0077768<br>(0.03) | -0.4228<br>(-1.14) |
| WAG | -7.1877**<br>(-2.40) | 1.60476<br>(0.60) | 9.2960***<br>(3.67) |
| TAX | -891433.2**<br>(1.94) | 169720.8<br>(1.03) | -25210.42<br>(-0.18) |
| PANT | 432.7389***<br>(4.49) | 301.4534***<br>(6.09) | 384.5096***<br>(3.14) |
| EDU | 1284.574***<br>(5.35) | 138.3816<br>(0.77) | -403.1018***<br>(-2.49) |
| INF | 302.6533<br>(0.77) | -94.8607<br>(-0.38) | -248.6913<br>(-1.15) |

① 陈强：《高级计量经济学及 Stata 应用》，高等教育出版社 2013 年版。

续表

| 自变量 | 模型1（FE） | 模型2（RE） | 模型3（OLS） |
|---|---|---|---|
| NARS | 1007.5470<br>(0.29) | -1173.929<br>(-0.96) | -1780.526***<br>(-3.19) |
| _cons | 328543.9***<br>(-4.46) | -188375.4*<br>(-1.70) | 43023.52<br>(0.54) |
| 样本数 | 966 | 966 | 966 |
| $R^2$ | 0.3102（组内） | 0.2852（组内） | 0.5999 |

注：*、**、***分别代表在10%、5%、1%的显著性水平下显著，没有星号的系数在回归中没有表现出显著性，括号内为t统计值，第1行中的R与F分别代表随机效应与固定效应模型，固定效应为t统计值，随机效应为z统计值。

基于2000—2014年俄罗斯地区面板数据进行固定效应回归的结果显示，模型设置中解释变量对俄罗斯各地区FDI流入的影响，显著性方面，除基础设施（INF）、自然资源潜力（NARS）之外均显著，显著性水平普遍较高，均在5%的显著性水平以下。在影响的方向上均符合理论预期，即经济发展水平、经济开放水平、产业集聚水平、技术创新水平、教育水平、基础设施水平、自然资源潜力均有利于俄罗斯各地区FDI的流入，而劳动力成本和税收负担水平则不利于FDI流入。

由前面的探索性空间数据分析我们知道，俄罗斯各地区FDI流入之间存在空间相关性，经典线性回归模型忽略了空间效应而导致模型设置偏误，需要进行空间面板数据模型检验。

2. 空间面板数据模型回归

由于空间相关性和空间异质性的存在，样本不再满足独立同分布的经典假设，普通最小二乘法估计空间模型可能导致模型回归参数、空间参数和标准误差估计的不一致性（Lesage，2014）。

安塞林（Anselin，1988）建议采用极大似然法估计空间滞后模型和空间误差模型的参数。① 我们利用Stata 12.0软件下载的相关命令，采取极大似然法对空间误差模型进行拟合，得到各解释变量对俄罗斯地区FDI流入的空间格局演变的影响效应，这里只报告了时空效应固定效应的空间滞后模型和空间误差模型结果，同时，作为参照，将固定效应（组内）回归结果一并列示，如表5所示。

① Anselin, L., *Spatial Econometrics: Methods and Models* [M]. Dordrecht: Kluwer Academic Publishers, 1988: 158-192.

**表 5　　空间计量模型（SAR、SEM）估计结果**

| | SAR（FE，BOTH） | SEM（FE，BOTH） | FE |
|---|---|---|---|
| GDP | 0.3459***<br>(7.11) | 0.3505***<br>(7.23) | 0.3390***<br>(6.92) |
| OPEN | 538858.5***<br>(3.91) | 540651.6***<br>(3.92) | 572994.9***<br>(4.10) |
| FCAP | 0.6872**<br>(2.44) | 0.6883**<br>(2.43) | 0.6523**<br>(2.23) |
| WAG | −9.9804<br>(−1.41) | −9.1296<br>(−1.29) | −7.1877**<br>(−2.40) |
| TAX | 372141.4**<br>(2.28) | 355460.2**<br>(2.17) | −891433.2**<br>(1.94) |
| PANT | 429.064***<br>(4.65) | 412.8985***<br>(4.50) | 432.7389***<br>(4.49) |
| EDU | 1714.281***<br>(4.22) | 1694.755***<br>(4.18) | 1284.574***<br>(5.35) |
| INF | −76.4856<br>(−0.17) | 107.0866<br>(0.25) | 302.6533<br>(0.77) |
| NARS | 1698.158<br>(0.50) | 1736.965<br>(0.51) | 1007.547<br>(0.29) |
| ρ | 1.0278***<br>(2.98) | | 328543.9***<br>(−4.46) |
| λ | | 0.7130*<br>(1.68) | |
| 样本数 | 966 | 966 | 966 |
| $R^2$ | 0.3100（within） | 0.3069 | 0.3102（within） |

注：***、**、*分别表示在 1%、5% 和 10% 的显著性水平下显著；括号内为 z 值。

由空间误差模型得出的结果可以看出，与之前传统的面板回归的固定效应相比出现了新的变化，主要体现在以下几个方面：

第一，在通过了显著性水平检验，影响方向相同的影响变量中，经济发展水平、产业集聚水平、教育水平对俄罗斯地区 FDI 流入的影响程度均出现不同程度的提升，经济开放水平、技术创新的影响程度下降。

第二，在空间误差模型仍未通过显著性水平检验，但影响方向符合理论预期的仍然是基础设施变量和自然资源潜力变量。只不过前者的影响程度大幅下降，后者大幅提升。

第三，空间误差模型与固定效应模型相比，大的变化体现在工资的影响，尽管在方向上仍然符合理论预期，但变化不再显著；同时，税收的影响，虽然仍然显著，但影响的方向与理论预期相反。这可能反映出俄罗斯地区税收方面的一些重大变化。

为加快吸引外资投向某些产业或地区，俄罗斯政府对于外资还是先后颁布了《俄罗斯联邦外国投资法》《俄联邦特别经济区法》等法律法规，采取某些比国内企业更优惠的减免税政策，目前主要包括以下三类：一是对一些优先投资项目的税收优惠；二是对外商投资行业的优惠；三是对外商投资地区的优惠等。[①] 比如，为了进一步规范国外投资者在俄境内投资寻找、勘探和开采矿物资源及有关活动，俄罗斯政府及时修改和补充了《俄联邦产品分成协议法》，极大地简化了投资者与国家之间的关系，特别是在税收方面，征税基本上被按协议条款分配产品所取代。在协议有效期内，投资者免交除企业所得税、资源使用税、俄籍雇员的社会医疗保险费和俄罗斯居民国家就业基金费以外的其他各种税费。[②] 也就是说，我们没有区分税收负担的国内外差异有可能影响了估计结果。

综合以上分析说明，纳入空间效应的模型可能更好地反映了影响俄罗斯地区流入的真实情况，对俄罗斯各地区 FDI 流入的解释能力优于没有考虑空间效应的固定效应模型。

## 六　稳健性检验和内生性检验

我们做了两类稳健性检验。

一类是构建新的空间权重法，因为空间权重矩阵不需要估计，它的设置具有一定的随意性，可能造成结果的不稳健。这里我们构建一个新的空间权重矩阵，矩阵的元素为俄罗斯各地区的首府城市两两之间公路距离的倒数，用该矩阵来检查模型结果的稳健性。我们可以发现，基于新的空间权重矩阵得到的空间分析结果与基于欧式距离空间权重矩阵的结果基本一致，显示之前的结果的稳健性。主要体现在：其一是似然比检验表明，理想的模型仍然是 SEM 模型；其二是俄罗斯各地区 FDI 流入呈现出显著的空间关联性，即空

① 商务部中国投资指南网（http://www.fdi.gov.cn/pub/FDI/dwtz/ggtzzc/oz/els/default.htm）。

② 李晓嘉、刘鹏：《韩国、俄罗斯、澳大利亚三国 FDI 税收激励政策介绍及借鉴》，《涉外税务》2010 年第 3 期。

间自相关系数统计显著且为正；其三是基于新的空间权重矩阵，我们同样发现，显著影响俄罗斯各地区 FDI 的流入的变量与空间误差模型揭示的相同。

另一类是随机生成荒谬矩阵法。为了检验空间影响的结果是否只是个统计现象，我们尝试设置一个随机生成的空间“荒谬矩阵”。其原理在于：如果设置任何一个随机的、没有任何意义的（荒谬的）空间权重矩阵，仍然能够发现对外直接投资存在空间互动性（虞义华，2015）。[①] 那么，我们上述得到的空间滞后模型结果就只是个统计现象或数据或程序现象，而缺乏经济意义。因此，我们做的最后一个稳健性检验，就是利用一个随机生成的空间权重矩阵，通过基于 OLS 模型残差项的莫兰指数检验和稳健的拉格朗日乘子来检验残差空间自相关和空间滞后性。检验结果显示，两种检验对应的 p 值都远超过 10%，因此，基于随机荒谬矩阵的分析，我们发现空间互动效应不存在。这个结果可以说明我们的实证结果不是统计（程序）现象。

对于上述的空间实证分析，我们忽略了一些潜在的问题。例如，更深层次的市场化可能带来更多的 FDI，但更多的 FDI 可能加快市场化进程；同样，一方面，工资的增加可能降低 FDI；另一方面，FDI 的提升可能使外企能够支付给工人更高的工资。如果上述猜测成立的话，我们的模型则存在内生性问题，进而导致上述的估计量是有偏的，也不具有一致性。对于这种内生性问题，我们通常采用工具变量分析方法，工具变量分析方法的具体介绍可详见鲍姆等（Baum et al.，2003）。简言之，工具变量分析方法要求工具变量必须满足相关性和外生性两个特征，相关性要求工具变量与潜在的内生变量相关，而外生性要求工具变量与模型的残差项不相关。前者通过第一阶段回归的 F 检验来检测，而后者涉及两个检验：基于工具变量数目大于内生变量数目的萨根（Sargan）过度识别检验以及安德森（Anderson）典型相关似然比识别不足检验。当工具变量通过上述检验之后，接下来，我们用豪斯曼内生性检验自变量的内生性问题，因为如果过度识别检验失败，模型是不能识别的，进而豪斯曼内生性检验的结果是无效的（Larcker and Rusticus，2010）。[②] 我们的检验结果是，基于两种空间权重矩阵构建的工具变量经检验都是无效的，模型可能存在潜在的内生性问题仍然无法有效处理。

## 七　结论与前瞻

首先，通过分析发现，俄罗斯各地区的 FDI 流入水平总体上不是随机分

① 虞义华：《空间计量经济学理论及其在中国的实践应用》，经济科学出版社 2015 年版，第 58 页。

② Larcker，D. F.，Rusticus，T. O.，On the Use of Instrumental Variables in Accounting Research [J]. *Journal of Accounting and Economics*，2010，49（3）：186－205.

布的，而是呈现出正的空间相关特性，FDI 流入水平相似的地区在地理空间上呈现聚集趋势。通过莫兰散点图分析，俄罗斯各地区的 FDI 流入水平的地区集聚呈现出由期初东西两个集聚区向单一的西部集聚转移的态势，同时还发现，西部集聚的空间相关性不仅表现为 HH 型正相关还表现为 LL 型正相关，前者主要体现在西北联邦区和中央联邦区，后者主要体现在伏尔加联邦区。

其次，俄罗斯各地区 FDI 流入水平的地区分布具有空间相关性和空间负相关和离散性，但是，研究区域总体上空间正相关和空间集聚特征更为明显。对于空间相关性的 HH 型的地区应加强研究，我国企业投资该类地区时应主动积极利用这类地区的相互学习和溢出机制或渠道；对 LL 型地区，我国投资企业应全方位考虑该类地区对 FDI 的各种限制，更加慎重考虑投资该类地区；类似地，对 LH 型地区也要注意深入考察造成这一局面的根本原因，不要贸然投资该类地区。

最后，采用空间误差模型对影响地区 FDI 流入水平空间格局演变的因素进行分析，结果发现：经济发展水平、经济开放水平、产业集聚水平、技术创新、教育水平的提高均会对地区 FDI 流入具有显著的促进作用；工资的影响不再显著，基础设施和自然资源潜力的影响也不显著，没有考虑国内外差别的税收变量却有利于 FDI 流入。

本文通过探索性空间数据分析和空间计量模型分析在一定程度上弥补了未考虑空间效应条件下研究的不足，提出了若干新的发现。但也有许多不足。众所周知，获取自然资源导向的对外直接投资对俄罗斯的经济发展具有重要意义，但在我们的分析中该因素的影响却并不显著，再如，如何有效地区分 FDI 的真实属性，将真正的 FDI 和“伪装”的 FDI 区分开也是下一步研究的方向。

# 新兴国家风险治理与合作

林跃勤

**摘　要**　全球化时代，环境复杂性及快速变化使任何一个国家在经济社会发展中均面临各种风险。处于转型与赶超发展关键期的新兴国家面临着更多的不确定性、更加复杂更尖锐的风险和冲击，要克服脆弱性与不稳定性，实现共赢发展，新兴国家必须致力于创新转型，增强风险治理能力，深化风险治理合作。本文试图在比较“金砖国家”等主要新兴国家群体面临的各种风险基础上，探索其完善风险治理能力及合作能力建设思路，以保证各自的稳健持续发展与合作共赢。

**关键词**　新兴国家　风险治理　合作

风险，是一种在一定条件下转化为危机事件的可能性。因此，值得公民、组织、社会和政府警醒及慎重应对。应对风险的不同态度和措施影响到风险会否转化为危机以及危害的不同程度。树立重视危机理念，建立准确评估风险、全面动态监测风险、有效治理风险的体系框架，有助于遏制风险—危机的转化，降低或减少可能造成的危害和损失。故全面认识、研究风险及其危机转化机理，是每个面临风险的主体必须直面的挑战。对于所处特殊发展阶段、面临较为复杂风险考验的新兴国家而言，建立科学有效的风险治理机制，是实现自身发展目标的必然性选择。

## 一　风险及风险治理

风险，多数情况下是一种潜在性危机，为了抑制或者消弭风险的危机性转化并酿成较大危害，有必要建立风险治理机制，提高风险应对能力，有效地抑制风险冲击。

---

［作者简介］林跃勤，博士，研究员，中国社会科学杂志社国际二部主任。主要研究方向：国际经济、国际政治。

### （一）风险及其表现

“风险”一词源自意大利古语“riscare”（risque），最早主要被理解为自然现象或者航海遇到礁石、风暴等客观危险，19世纪开始，在英文的使用中，“风险”一词常常用法文拼写，由保险理论和该词的法律定义所界定，主要用于与保险相关的事情。风险是在特定环境、特定时间段内，某种损失发生的可能性，核心含义是“未来结果的不确定性或损失”，即在某一个特定时间内，人们所期望达到的目标与实际出现的结果之间产生的距离，由风险因素、风险事故和风险损失等要素组成。现代意义上的风险概念已经不是最初的“遇到危险”，而是与人类的决策和行动的后果联系更加紧密，并被视为对待影响个人和群体事件的特定方式，“遇到破坏或损失的机会或危险”，是指影响未来事件或行为及其结果的某种不确定性，是关于某一事件或行为发生的可能性及其对发展目标的影响的描述。风险包括事件或行为的概率与后果两层含义，并涉及风险承受体的脆弱性和人的主观价值判断。[①] 随着现代化和全球化进程的不断推进，风险的形式、内涵、影响范围和程度等也在发生变化。如果说传统社会风险及其后果一般都是限定于某一具体领域，波及范围及造成的危害较为有限的话，则现代风险的扩散超越了地域限制，呈现全球蔓延状态。“生态灾害和核泄漏是不在乎国家边界的，即使是那些最富裕和最有实力的国家也不会幸免于难。”[②] 风险并不等于危机，在很多情况下人们将风险危机两者互相替换使用。但两者存在着实质差别：从概念上看，风险是心理层面对可能发生的危机的判断与认知，而危机是风险发生后的现实表现，是风险的实践性、“输出”性的结果，经常是指现实层面实际发生的突发性或危及组织形象、利益、生存的灾难性的结果如发生事故、事件等，危机是风险在一定条件下转化为负面影响并产生恶劣后果；从两者引发的关注度和社会影响看，风险的存在通常不会引起外界的关注，而风险突然转变为灾难性危机则会引起媒体的广泛报道和公众的广泛关注；风险和危机的治理方式也不同，风险不只是某种需要进行避免或者最大限度地减少的负面现象，它同时也是从传统和自然中脱离出来的、一个社会中充满活力的规则，积极面对，敢于冒险，积极探险，可以避免风险的爆发（演变为危机）和恶劣后果的出现；而危机作为现实威胁和负面事件，需要通过切实有效的措施加以治理和化解。

风险形形色色，种类繁多，但可以依据不同维度加以区分。如按照风险表现形式分，可以分为显性风险和隐性风险，前者是指苗头可见的现实风险，后者是指尚未有明显表露的潜藏风险；按照风险大小程度分，可以分为大风

---

① 张成福、谢一帆：《风险社会及其有效治理的战略》，《中国人民大学学报》2009年第5期。

② ［德］乌尔里希·贝克：《风险社会》，何博闻译，译林出版社2004年版。

险、中等风险及小风险等；按照风险发生的领域分，可以分为自然风险（自然因素和物力现象所造成的风险，如地震、风灾、水灾、旱灾、资源环境破坏与生态灾难等）、社会风险（个人或团体在社会上的行为导致的风险，如战争、冲突、瘟疫、经济危机、恐怖主义、食品医疗事故、老龄化、失业、宗教与民族冲突等）和经济风险（经济活动过程中，因市场因素影响或者管理经营不善导致经济损失的风险，如债务风险、股市风险、信用风险、企业经营风险、通货膨胀风险、房地产泡沫风险等）三大类。实际上，还应加上政治风险（治理风险、制度风险等）以及地缘风险（地缘冲突、外交风险、汇率、国际贸易与投资风险）等；按照风险发生的原因分，可以区分为人为引起的风险及非人为引起的风险等；按照对风险的预防及可控程度区分，可以分为可控风险及不可控风险两大类；按照风险发生可能性分，可以分为潜在风险与现实风险；按照风险来自领域分，可以区分为内部风险及外部风险等。

人类社会从本质上讲就是一个风险无时不在、无处不在的风险社会。德国社会学家乌尔里希·贝克（Ulrich Beck）早在1986年出版的《风险社会》一书中就提出了“风险社会”概念。追求财富与发展进步是人类社会的永恒主题。当代，各国均在致力于加速发展，由此导致内部发展问题与风险不断增多，如生态环境风险、资源短缺风险、分配不均导致的社会冲突等。同时，全球化加速，推动国家间互动增多，一些国家内部的问题日益区域化和国际化，导致国家间的矛盾和冲突加剧，全球性治理风险尖锐化。所以，现代风险实际上是现代性异化的结果，是现代性的基本要素和重要特征。现代性在创造出工业社会繁荣的同时，也创造着毁灭这种繁荣的条件。“现代性正从古典工业社会的轮廓中脱颖而出，正在形成一种新的形式——（工业的）‘风险社会’”。[①] 全球化背景下新的、影响更大的超越地域限制、超越民族疆界的风险的出现和高频发生，以及造成的灾害的范围和程度使当代社会转变为风险社会，并从根本上改变了工业社会的运行逻辑和社会动力，使人类社会展现为风险社会这一特殊的社会形态。社会变化的快速性、环境的复杂性与不确定性因素的急剧增长、个体诉求的多元性、行为理性选择会造成非理性结果的大量产生，社会风险监控网络缺陷与知识能力的局限性、部分政府机构与专家系统的不负责任，都使社会不确定性因素和风险复杂程度急剧增长，并使风险控制变得举步维艰，从而形成了风险普遍性存在的风险社会特征。以劳（Lau）为代表的现实主义者的“新风险”理论认为，风险社会的出现是由于出现了新的、影响更大的风险，如极权主义增长、种族歧视、贫富分化和民族性缺失，以及某些局部的或突发的事件能导致或引发潜在的社会灾难，比如核危机、金融危机、恐怖活动、环境污染、核污染、政权更迭、

① ［德］乌尔里希·贝克：《风险社会》，何博闻译，译林出版社2004年版。

宗教战争、全球性公共卫生事件等不断爆发，某一特定国家和区域的风险因子，可能随着交通运输、互联网迅速超越地域限制、民族和国家的疆界，得以传播和放大，影响范围扩至全国甚至全球，最终破坏现代社会的根基，使现代社会成为风险社会。

依据世界经济论坛（WEF）《2017 年全球风险报告》，2017 年全球各种风险发生的概率都在上升，诸如生态风险、地缘政治风险、恐怖主义风险、资源环境风险、移民风险、金融危机风险、可持续发展风险等，风险加剧以及风险管控机制不善与应对能力不足等使当今世界更加动荡不安，全球治理危机重重。风险防范与治理正成为全球性发展和全球治理不可回避的巨大挑战（见图 1 和图 2）。

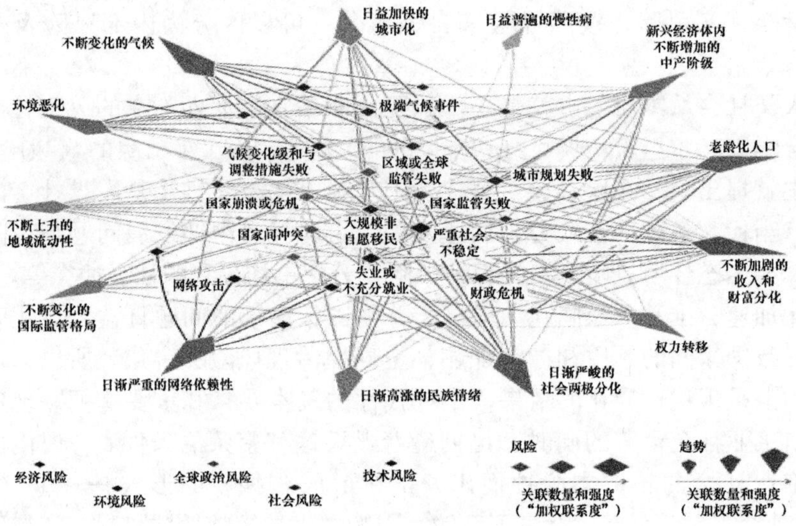


**图 1 风险—趋势关联**

资料来源：世界经济论坛：《2017 年全球风险报告》。

风险社会中的风险特征主要表现为：①从风险产生根源看风险具有内生性。伴随着人类的决策与行为，是各种社会制度，尤其是工业制度、法律制度、技术和应用科学等正常运行的共同结果。而自然“人化”程度的提高，使风险的内生特点更加明显。②在风险影响和后果上具有扩散性、延展性。其空间影响是全球性的，超越了地理边界和社会文化边界的限制，其时间影响是持续的，可以影响到后代。③在风险—危机转化概率方面，大部分风险发生的可能性低但后果较为严重。④与传统社会中的风险相比，现代风险社会中的风险频率性、复杂性、不确定性、易变性、扩散性、严重性及失控性高，风险或危机转化的严重后果性均无法比拟。以贝克及吉登斯等为代表的制度学派认为，风险频繁出现是工业现代化所带来的结果，现代制度的不断完善，虽然提高了人们认识风险以及规避、化解风险的能力，但同时也增加了更多的不确定因素，进而产生其他无法预见的风险，如全球化使风险具有更快的传播速度和区域跨越性；科技进步在给世界带来积极影响的同时也带来了新的不确定性、潜在风险和危害，造成其副产品以一种更为隐蔽的方式不断增加。⑤在风险应对方法上，现有的风险计算方法，应对模式、经济补偿方法都难以从根本上解决问题。需要依据风险产生与转化的新机理、新特点，运用包括人工智能、大数据、互联网等新技术在内的新手段，加以系统动态治理。

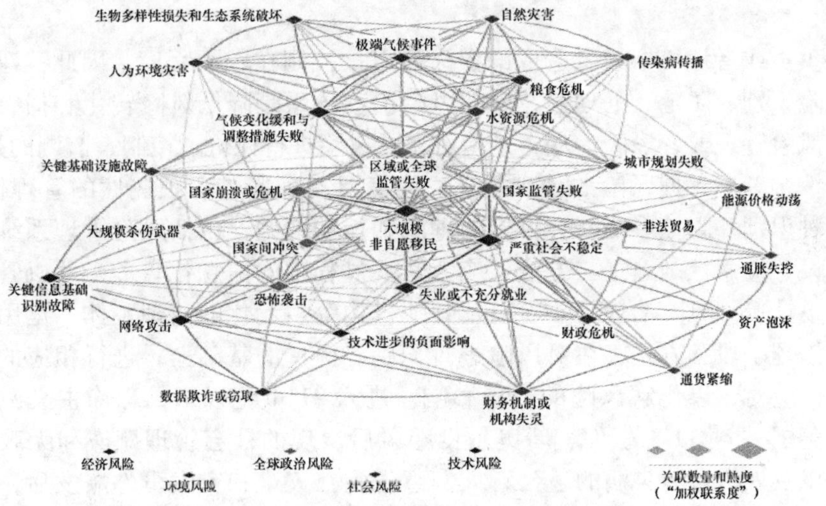


**图 2　2017 年全球风险关联**

资料来源：世界经济论坛：《2017 年全球风险报告》。

### （二）风险治理：内涵与意义

风险虽无时不在、无处不在，但并非任何风险都会随时随地转化为现实威胁与恶性危机，风险如果处在潜在状态而没有转化为负面现实状况时，就不会酿成恶劣后果，不会形成危机。但风险一旦转化为现实并失去控制、产生恶性影响和后果时就成为危机了。风险转化为危机事件固然与风险的积累及其他条件与环境变化有关，但更与人们对其认知及防范应对有关。人的努力可以拖延、遏制、消弭、转化部分风险，让其不转化为真实危机和危害（见图 3）。

各种风险的有效防范与治理考验着国际社会。按照木桶理论，一个社会的财富积累及发展前景取决于其风险防范和危机控制能力。虽然风险只是一种概率事件，是否一定变为事实、产生恶劣后果或者危机，还要看客观情形以及对待风险的认识、防范和治理措施等主观作为。应对得好，风险不会转

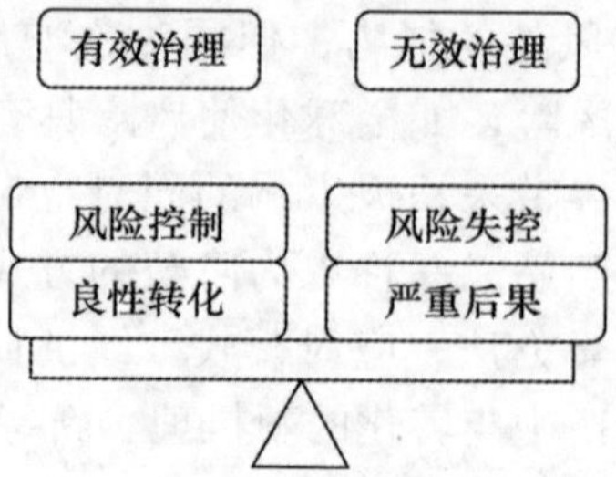


**图3　风险及其变化的可能性**

化为事实或者危机，或者造成的损失可以被控制在较小程度。因此，建构包括风险识别、防范、处理等在内的风险治理体系是降低风险转化和损害的关键。风险管理或者风险治理，是指对潜在风险进行评价、控制、监测的过程，是在综合考虑各种风险的基础上建立一套具有前瞻性、预测性的管理体系，是一种识别和管控影响社会目标的理念和行动框架，包括风险管理系统与机制建设、应急控制途径与方法、应急管理过程中的信息化管理、危机管理模型的设计等。风险治理是政府以及其他机构等多元化的治理主体，运用多样化的治理手段和方式，在对风险进行识别、衡量的基础上，进行相应的决策和具体应对，以化解风险的消极影响。进入21世纪以来，恐怖主义威胁扩大，美国“9·11”事件、新奥尔良飓风后出现的社会管理瘫痪和无政府状态，以及埃博拉传染病的蔓延，人们意识到在灾难和突发事件爆发后，政府危机管理的关键在于干预控制和救助所需的各种制度和物资的准备，而不是干预机制。

国际货币基金组织（IMF）总裁克里斯蒂娜·拉加德在2014年3月20日中国发展高层论坛上发表的题为《加快改革步伐，建立风险防范体系》的主旨演讲中指出，全球经济正处在风险和转型交汇时期，金融全球化和一体化正在推进并产生新的挑战。现在正是构建和改善该体系，建立更有力、更安全的国际货币体系以防范风险最恰当的时刻。新兴国家由于初始条件、发展诉求、内外环境等，面临着更多、更大的风险系数，因而更需要培育风险意识、风险防范能力和完善治理体系建设，以保障国家有效应对各类风险威胁，降低治理成本，实现安全、稳健、和谐、持续发展。只有在准确界定风险社会的时代特征的基础上，实现原有风险治理模式的控制导向的根本转变，才能避免陷入风险社会、遭受危机损害的泥淖，实现安全、稳健和持续的发展。

## 二　新兴国家面临多元复合风险冲击

新兴国家正处于追赶发展和快速转型阶段，人与自然、社会内部的矛盾错综复杂，差异性、多样性、失衡性和复杂性特点突出。自2011年以来，全球贸易增速下滑、美联储加息与债务风险加大，以及内部应对机制与能力的不足，除印度之外的主要新兴经济体多数处于增长下降通道，包括金融债务风险、经济风险、社会风险、治理风险、网络风险、技术风险、地缘风险等在内的多重风险考验着新兴国家。新兴国家所面对的风险环境不同于大部分国家，尤其是发达国家，多元复合特征明显。一方面，追赶式发展与相对较为落后的生产方式使传统风险依然普遍存在的同时现代意义的风险大量出现；另一方面，尽管技术风险、制度风险成为风险结构中的主要类型，在推进现代化的同时，也进行着制度改革和制度转轨，所以，制度风险中既有过程风险也有结构性风险。除多种风险共存并大量涌现外，本身的结构、所处的历史阶段以及所从事的现代化和融入世界的事业为这些风险的放大提供了条件。处于中等发展阶段的“金砖国家”发展都伴随着巨大的压力，如人口结构方面的挑战、经济增长放缓和迅速扩大的经济失调、对产权和法治尊重不够、私营部门投资不足等。[①] 英国著名学者沃尔夫（2016）指出，未来50年，中国将面临五大问题或五大风险。[②] 依据国际组织的评价，“金砖国家”在科技、文化创新、国际竞争力、金融稳定、营商环境、法治、清廉指数、政府效率、社会稳定、人类发展指数、幸福度、公平度指标国际比较方面均在30—150位。这意味着在追求快速发展过程中面临诸多经济社会矛盾和风险（见图4）。

### （一）自然风险

自然风险是指因自然灾害发生及可能导致的危害、自然资源短缺以及人类生产、生活方式不正确、对环境保护不力等可能对经济社会发展造成的不确定性及危害等。极端气象事件、自然灾害、人为环境灾害、水危机以及未能调整和减缓气候变化五大环境风险，首次在世界经济论坛发布的《2017年全球风险报告》中被同时列为发生概率高、影响力、最突出的全球风险。气候变化是排名第二的重大问题。新兴国家粗放式增长方式对资源与生态造成很大压力，并引发很多生态风险。目前，中国、印度、俄罗斯位列全球碳排放国家前列。“金砖国家”整体的碳排放全球占比比其全球经济总量占比高出约一倍，凸显其能耗高、浪费大，土地沙漠化、空气污染、水资源短缺，对环境以及人民生命健康造成巨大损害，还对周边国家造成不良溢出效应，自然风险、生态风险是当今新兴国家面临的一系列严峻挑战和风险的冰山一角。

---

① Vanguard：《谨慎考虑“金砖国家”经济投资》，http：//www. chinavalue. net/Story/2016 – 8 – 1/749863. html。

② 桂涛、马丁·沃尔夫：《50年后中国需思考五大问题》，《参考消息》2016年12月1日。

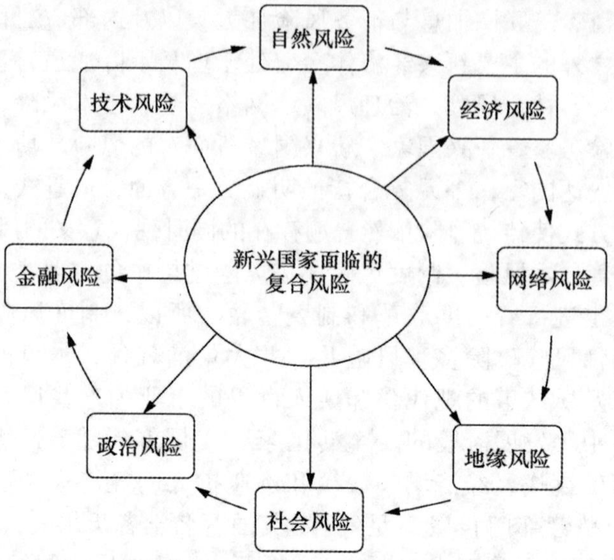


**图4 新兴国家面临的多元复合风险**

### （二）经济风险

经济风险，狭义的经济风险主要体现为经济增长低迷衰退、波动不稳定、企业经营不良、创新动力不足、产业结构扭曲、效率低下、可持续性不高等，广义的经济风险还包括金融、债务等风险。2008年国际金融危机之后，受发达经济体经济低迷、投资和贸易收缩影响，“金砖国家”和其他主要新兴市场国家经济增长幅度均不断下滑，从2000—2010年的年均约6.5%的增长率下滑到2011—2015年的年均5%以下，IMF 2016年7月和11月的最新预测显示，2016年全球经济增长只有3.1%，稳定经济增长成为全球日益头疼的问题。其中，新兴经济体经济持续增长势头不断趋缓，面对的挑战越来越明显，特别是俄罗斯、巴西、中国、委内瑞拉、南非等的经济。受到国际油价下跌以及西方制裁的俄罗斯2015年卢布贬值30%以上，经济下跌3.7个百分点，2016年将继续出现-1%左右的增长。巴西、中国经济增速持续放缓，经历了25年来的最低值。南非经济从5年前的3.5%左右下降到1%左右，印度莫迪总理提出的最广泛的经济改革方案的实现也遥遥无期。全球贸易增长指标仍处在远低于危机前的低迷水平（3.1%）。持续低增长可能加剧保护主义倾向，从而使增长前景进一步恶化。各国对国际贸易设限的歧视性做法是促进自由贸易努力的两倍多。新兴市场的出口国家拥有的选择甚至更少。中国、俄罗斯、巴西和南非近两年经济增长出现了大幅度下滑，中国经济面对的不确定性、挑战与风险是主要经济体当中最大的。[①] 2016 年的 G20 峰会和 APEC 峰会主题都是围绕寻求稳定持续和高质量增长之路展开的。经济质量不高以及内在弊端突出，转变增长方式面临巨大阻力。新兴国家的经济增长方式与体制机制依然不符合内在发展规律以及时代要求，如偏重于要素投入、创新不足、结构扭曲、效率低下、波动性大、持续性低等，中国对环境的依赖和举债投资都是不可持续的。中国经济在 2000 年以后发展就极不平衡，目前还没有找到一个既能让经济快速发展又让其结构得到优化的方法。从投资驱动转化为消费驱动困难重重，在稳定经济增长要求下举债投资刺激增长老路一再重复。国有企业改制滞后，资产流失风险严峻，民营企业投资环境不佳，积极性低落。俄罗斯资源型经济模式在国际油价下跌以及外部经济制裁外部环境变化下面临挑战，伊纳泽姆采夫认为，以大型国有企业为核心的“国家资本主义”模式不仅没有带动，反而制约着俄罗斯的发展和创新。从 2003 年年末开始，俄罗斯政府大力扶植大型国有企业，但是，国有企业效率低下，甚至成为腐败温床，2015 年俄罗斯最大的垄断企业天然气工业股份公司的天然气开采量只有 4140 亿立方米，远不及 1999 年的 5450 亿立方米。俄罗斯石油公司不断吞并从尤科斯到伊捷拉天然气运输公司及秋明—BP 石油公司的石油资产；被寄予厚望的国家对外经济银行如今濒临破产，国家不得不拿出逾万亿卢布加以拯救。俄罗斯技术公司除履行那些掏空预算的军事订单外几乎一无所长。近年来获得较快发展的只有批发零售贸易、通信、私营银行等非国有行业。俄罗斯长年沉醉于虚幻的“油气繁荣”并经常以能源外交作为武器试图达到自己的地缘政治目的。如今政府既不能激励企业界发展，也不鼓励国民创业。俄罗斯在油价高企的时候没有动力推进结构改革，在经济危机时却又对结构改革“有心无力”，“荷兰病”无法根除。[②] 世界银行警告称，巴西、俄罗斯、尼日利亚和安哥拉等大宗商品出口国的经济增速预期遭到最大幅度向下修正。新兴市场日益严重的问题导致拖累全球经济增长出现大幅放缓的风险增加。金融风险积累可能引发经济增速大幅下滑。[③] 此外，新兴国家的经济结构扭曲问题严重，而且改革滞后，如中国产能过剩严重，俄罗斯、巴西资源依赖突出，印度制造业发展缓慢等，这些均不利于新兴国家可持续发展。

### （三）金融风险

广义的金融风险包括货币贬值、汇率波动剧烈、资本外流、国家、企业

---

① http：//news. 10jqka. com. cn/20160505/c589966209. shtml.

② 冯玉军：《从高速增长跌入谷底俄罗斯卧舔四大伤口》，2016 年 2 月 16 日，http：//www. 360doc. com/content/16/0216/20/10155602_ 535091837. shtml。

③ http：//forex. eastmoney. com/news/1129，20160608631519269. html.

及私人债务过高或增长过快、结构失衡等。新兴国家债务风险在加大。2008年国际金融危机以来，新兴国家信贷扩张速度大大超过了经济本身。中国、巴西和亚洲其他国家私营部门借贷急速膨胀，让国际清算银行的风险仪表盘亮起了红灯。中国、俄罗斯、巴西和印度均面临着资本大量外逃的威胁。根据荷兰国际集团（ING）的数据，2014年下半年，全球15大新兴经济体经历了国际金融危机以来规模最大的资本外逃。2014年下半年，全球15大新兴市场经济体资本净流出总额为3924亿美元。巴西、俄罗斯、哥伦比亚、马来西亚等国将遭遇重挫，而债务负担沉重的泰国、中国和土耳其也面临不小的风险。截至2015年6月10日，新兴市场基金共流出93亿美元，创2008年国际金融危机以来之最，其中71亿美元来自中国股票基金。[①] 资本外逃的趋势意味着债务狂潮将出现“大解体”。数据显示，新兴国家债务规模已经膨胀到前所未有的规模，债务规模翻了一番（债务总额达到49万亿美元，2013年年底，占全球债务总量增幅的47%）。[②] 2007—2013年，中国、马来西亚、泰国、韩国债务占GDP的比重分别增长了83%、49%、43%和45%，巴西、土耳其债务水平债务增长速度超过区域整体水平。新兴市场不可持续债务风险不断加剧（穆迪，2016）。巴西债务水平高企，预期到2020年债务占GDP的比重将会达到90%。2016年5月5日，标准普尔（S&P）发出警告称，许多新兴市场企业在过去十年时间里都利用当时的利息环境借入了大量债务，其结果是：它们可能在2020年以前面临1800亿美元的债务偿还义务。整个新兴市场都面临着主权信用评级可能将被下调的威胁，受大宗商品价格在过去两年时间里大幅下跌和汇率变动的影响，新兴市场国家的上市公司已经陷入了难以还债的困境，未来企业债务违约的现象将会增加。国际清算银行全球流动性指标（2016年6月10日）显示，新兴经济体在全球非银行美元债务总额（除美国以外，9.7万亿美元）中占3.3万亿美元。[③] 2015年，中国外债占GDP的13%，位列全球第二低的水平。目前，中国推动受债务刺激的投资大幅增长，以抵消外需的疲软。但这种投资带来额外收入所需的资本量已经大大增加，投资的很大一部分无法带来高回报，有些甚至是亏损的。国有企业的债务负担（也就是或有债务）给这些国家的主权信用评级带来了“新的潜在风险”。巴西在三个信用评估机构中一直被判定为垃圾级。2016年5月，俄罗斯在国际信用等级中部分被评为垃圾级，中国也被调低评级。国际上普遍担忧，资产泡沫、房地产过度繁荣正成为中国巨大的泡沫风险源，一旦全面破裂，中国可能重蹈20世纪90年代日本所经历的长期低迷。新兴国家洗钱活动较为频繁，地下钱庄活跃，威胁正常金融秩序。

---

① http：//blog. sina. com. cn/s/blog_ af2d02aa0102vqmr. html.

② http：//roll. sohu. com/20151104/n425226865. shtml.

③ http：//money. 163. com/16/0610/08/BP6G18V900253B0H. html.

### （四）社会风险

社会生活复杂多样，问题和矛盾迭出。收入分配差距扩大、贫富悬殊、老龄化、贫困化、公共服务不佳以及社会矛盾化解机制不畅、官民矛盾突出缺乏良好调节出口、宗教与民族矛盾、群体性事件增多等，均对经济增长与社会和谐产生诸多严重不良影响。

其一，老龄化问题困扰着中国、俄罗斯等一些新兴国家。中国是世界老年人口最多的国家，也是人口老龄化速度最快的国家之一。第六次人口普查数据显示，老龄化率达到了13.26%（60岁及以上人口占总人口比重），比2000年人口普查上升2.93个百分点。同时，中国生育率不断下降，2015年中国的总和生育率仅为1.05，比必要的人口更替生育率低两倍。低生育率及老龄化提高威胁中国劳动力的供给。2012年，中国首次出现345万劳动力短缺情况。预计到2035年，有劳动能力人口数量将缩减11%，而退休人员数量却要增加14%。这将对中国未来经济增长以及社会发展产生巨大的冲击。同时，养老保障与服务又十分落后。英国著名学者沃尔夫将社会问题（低生育率、老龄化及未富先老）看作是与气候变化影响、政治模式及其变革、中国与外界关系的清晰准确定位，以及人工智能不确定影响等将对中国未来数十年造成很大难题的五大挑战或风险之首。[①] 俄罗斯人口总数从1992年的1.48亿下降到2013年的1.43亿，国家面临着低生育率及老龄化（约17%）的双重挑战。

其二，贫富分化及由此而引发的社会冲突成为新兴国家的巨大困惑。依据世界经济论坛发布的《2017年全球风险报告》，在决定未来十年全球发展的重大趋势中，收入和财富日益悬殊以及社会两极分化加剧分别排在第一位和第三位。关系最紧密的一组风险是结构性高失业率或就业不足与激烈的社会动荡之间的关联。从世界范围来看，民众对政治的不满情绪以及政治动荡均愈演愈烈。“金砖国家”整体失业率较高，特别是南非长期保持在25%左右的高水平上，俄罗斯也保持在7%左右，印度失业率也较高。2016年，印度农村失业率为7.15%，城市失业率为9.62%。印度每年有1.6亿就业不足人口，印度劳工局的报告显示，34%的人口仅能工作6—11个月。[②]

依据世界银行数据，自2005年以来，基尼系数较高、收入差距较大的国家如南非、巴西等。南非基尼系数为0.631，巴西为0.547，中国、俄罗斯分别为0.425和0.401，印度为0.35。整体而言，除印度外，“金砖国家”基尼系数偏高，显示贫富差距较大，社会矛盾较大。贫困化是新兴国家一个较大的社会风险源头。2014年，印度生活在国际公认的极端贫困线以下，即每天

---

① 桂涛、马丁·沃尔夫：《50年后中国需思考五大问题》，《参考消息》2016年12月1日。

② http：//news.youth.cn/jsxw/201706/t20170615_ 10073330.htm.

生活费不足 1. 25 美元的人口占 32. 7%，该国拥有全世界 1/3 的贫困人口。[①] 近年来，油价下跌以及西方制裁使俄罗斯经济大幅度下跌，货币贬值、居民贫困化加剧。依据世界银行2016 年4 月6 日的数据，2016 年，俄罗斯的贫困率将会回到2007 年的水平，贫困人口数量将增至逾 2000 万，创下自 1998—1999 年经济危机以来的最大升幅。中国的贫困群体也很大。按照中国现行的年人均收入 2300 元人民币的农村扶贫标准计算，国内目前仍有 7017 万多贫困人口，主要分布在 14 个集中连片特困地区和 832 个贫困县，占全球贫困人口的 10%左右，总数依然位居全球第三。而参照世界银行上调前的贫困线标准，中国有两亿多人生活在贫困线以下，而按世界银行上调后（世界银行 2015 年 10 月将每人每天生活支出 1. 25 美元上调至 1. 9 美元）的最新标准衡量，中国及印度的贫困人口均将大幅增加。[②] 收入差距过大容易导致社会矛盾尖锐化，加上政府治理跟不上，各种仇富群体性事件爆发。如在城市化、工业化过程中乱征地、野蛮拆迁以及补偿不到位等，导致一些民众的根本利益受损，中国上访以及抗议和官民冲突等群体性事件增多。依据2005 年《社会蓝皮书》披露，仅 1993—2003 年，群体性事件数量已由 1 万起增加到 6 万起，参与人数也由约 73 万增加到约 307 万，近年来并没有出现下降趋势。自 2015 年以来，印度出台的土地改革政策、废除大钞政策以及腐败等也引发了数以百万计的社会抗议。巴西社会对政府腐败深恶痛绝，抗议示威此起彼伏，导致政局动荡，总统被弹劾下台。

### （五）政治风险

政治风险，主要是指一国政治体制、透明、公平、政府治理等方面的不足造成的治理危机。新兴国家的治理体系、机制、能力、质量、水平在全球均处于较低水平，依据世界银行编制的《全球治理指数》报告，“金砖国家”等新兴群体在全球 215 个经济体 1996—2015 年中的话语权与问责、政局稳定与杜绝暴力、政府效能、监管质量、法治及腐败控制 6 大指标均处于中后位置而且不太稳定，凸显这些群体在国家治理能力比较软弱，日益引发社会矛盾和冲突。按照透明国际的清廉指数，新兴国家的清廉指数排名也相当落后，如 2015 年 168 个国家中南非排在第 61 位，中国排在第 83 位，巴西、印度并列第 76 位，俄罗斯排在第 113 位。资料显示，俄罗斯各级政府机构近 30% 的官员存在腐败问题。仅 2014 年前 9 个月，2. 6 万余人因腐败被立案调查，腐败给俄罗斯造成的损失就达 145 亿卢布，全国有数百名各级别官员，包括一些高官被追究法律责任。依据世界银行的营商环境指数，新兴国家排名比较靠后，世界银行公布的《2016 年营商环境报告》显示，在全球 189 个经济体

---

① http：//world. cankaoxiaoxi. com/2014/0306/356387. shtml.

② http：//gzzz. cooco. net. cn/testdetail/379048/.

中，俄罗斯排在第51位，南非排在第73位，中国排在第84位，印度尼西亚排在第109位，印度排在第130位，巴西排在第116位，显示新兴国家营商环境不够理想，政府治理不到位。拉丁美洲历史上最糟糕的政治丑闻——“洗车”事件将许多公共部门官员和巴西国有石油公司（NYSE：PBR）牵连其中，并使巴西总统迪尔玛·罗塞夫被弹劾下台。南非采矿业混乱，财政部存在严重信誉问题，政府政策建议显得十分随意。世界银行认为，巴西、南非和印度尼西亚的政府面临着政治动荡局面恶化威胁，中东地区的战争和南中国海（中国称南海）的地缘政治紧张局势也构成持续风险。[①] 印度国家治理层面无法形成合力导致历次改革都不彻底，中央与地方政权关系没有理顺，中央政府在需求管理轨道的调控工具有限、作用力度不足。印度历次经济改革经历了新自由主义或民族主义的路线之争，也长期在自由化或国有化的政策中反复，印度改革始终未能解决体制障碍，土地改革以及废除大钞均引起社会广泛抗议。俄罗斯行政体制改革以及政府职能转变迄今未成功，其官僚队伍依然十分庞大（每万人官员数量相当于中等收入国家的2.5倍）和腐败行为屡禁不止，政府管理支出快速增长，但治理质量在2013年的210个国家和地区中，排在第120位。[②] 公共管理水平再次下滑。政府管理支出快速增长，但治理质量并未改善。2000年，俄罗斯在全球196个国家中排在第149位，而在2013年的210个国家和地区中，排在第120位。[③] 新兴国家的电子政府建设普遍滞后不能适应互联网时代治理现代化的要求。巴西政府近年因腐败严重而发生严重危机，导致总统罗塞夫被弹劾下台。

### （六）网络风险

信息泄露和网络诈骗成为全球性灾害。美国信息管理研究公司波耐蒙研究所2016年5月发布的报告显示，美国2015年数据泄露事件每条记录的成本达到154美元，比2014年增长12%，单起数据泄露事件的平均总成本上升了23%，高达379万美元。而在新兴国家，互联网的快速发展以及网络风险防控能力较弱（中国作为世界网络规模最大的国家，但在2015年亚太地区网络防攻击能力排名仅居第8位），导致大量网络诈骗并造成巨大损失，如2015年中国因电信诈骗、垃圾信息以及个人信息泄露等导致居民损失1093亿元，中国成为电信诈骗最为严重的国家[④]，在2015年下半年到2016年上半年的一年间，全国网民因垃圾信息、诈骗信息、个人信息泄露等遭受的经济损失高达915亿元。2016年上半年以来，中国网民平均每周收到垃圾邮件

---

① http：//forex. eastmoney. com/news/1129，20160608631519269. html。

② 冯玉军：《从高速增长跌入谷底　俄罗斯卧舔四大伤口》，2016年2月16日，http：//www. 360doc. com/content/16/0216/20/10155602_ 535091837. shtml。

③ 同上。

④ 中国互联网协会：《中国网民权益保护报告》（2015）。

18.9 封，垃圾短信 20.6 条，骚扰电话 21.3 个。[①] 2016 年，中国因网络诈骗人均损失 131 元（比上年度的人均 70 元几乎翻倍）。俄罗斯的网络风险也居高不下，依据 IT 安全公司卡巴斯基实验室发布的报告，2012 年，俄罗斯继 2011 年后再度蝉联全球互联网安全风险最高的国家。俄罗斯计算机用户面临来自互联网的风险水平上升到 58.6%。俄在网络安全领域面临的威胁包括将信息通信技术用于恐怖活动等目的，以及制作和传播有害程序等。2016 年 12 月 2 日，俄罗斯央行代理账户遭黑客袭击，被盗取了 20 亿俄罗斯卢布（约合 3100 万美元）资金。2011—2015 年，印度登记在案的网络诈骗数量增加了 5 倍，其中，2015 年印度电子安全事件飙升至 5 万起。

### （七）技术风险

技术进步在为人类提供便利与好处的同时，也可能带来一定的负面作用，产生相应的风险。如纳米技术的潜在风险主要表现为环境、健康、安全以及伦理、法律和社会问题。现有研究表明，纳米材料对自然环境和人体健康可能有一定的负面生物效应。在世界经济论坛 2017 年 1 月发布的《2017 年全球风险报告》分析的 12 项新兴技术中，专家认为，人工智能和机器人技术潜在的负面影响最大，是扩大经济、技术和地缘政治风险的首要因素，对人工智能的依赖加深将极大恶化诸如网络风险等现有风险，因此，最需要更完善的治理。机器人理财可能给少数不法之徒打着人工智能投资旗号，行非法集资之实以可乘之机。又如人工智能技术催生的机器人可能应用于军事领域而成为杀人机器人。一些国家已经在研制或者推出了战斗机器人，还有诸如无人驾驶汽车等，如果失控的话可能危害人类。因此，包括特斯拉、SpaceX 创始人埃隆·马斯克和谷歌 Deepmind 联合创始人穆斯塔法·苏莱曼在内的 166 名人工智能（AI）研究人员在 2017 年 8 月 21 日致信联合国，要求严格监管自动武器，即“杀手机器人”。

### （八）地缘风险

有观点认为，当今世界的最大危险在于经济风险与地缘政治日益纠结缠绕在一起，直至成为一个谁也解不开的死结。[②] 新兴群体的快速崛起引发世界力量格局的变化以及利益与话语权的再分配的激烈博弈。先发群体对后发群体不乏抵制、敌视、围堵与排挤。发达国家抱团维护既得利益，巩固并扩展自身利益关节点的企图使中国的“一带一路”倡议以及《亚太自由贸易协议倡议》等（FTAAP）、《区域自由贸易倡议》（RCEP）、亚洲基础设施投资银行等面临一些发达国家不友好势力的抵制和对冲，如美国亚太再平衡战略

---

① http://blog.sina.com.cn/s/blog_15b6a6ca90102xdme.html.

② http://www.guancha.cn/PaulMason/2015_11_04_340003.shtml.

明显具有遏制中国崛起的目标，中美关系被外界描述为“修昔底德陷阱”①，特别是中国提出的“一带一路”倡议、推动的亚太自贸区（FTAAP）等直接涉及数十个国家，是对传统地缘关系格局巨大的挑战，如何协调好与相关国家以及不直接相关但受其影响的国家的关系（如美国、日本等），关系到倡议的前景及成功与否。伦敦英国皇家联合军种研究院（Royal United Services Institute）沙善·乔希（Shashank Joshi）认为，中国和印度不仅仅代表两个相互竞争的国家，还代表两个相互竞争的政治体制、意识形态甚至文明。由于战略紧张升级，印中关系“正处于十多年来的最差状态”。②

此外，新兴国家还面临着对外经济交往中的外部风险冲击，如遭遇限制、安全、生态、技术门槛、反倾销、特保等贸易与投资壁垒等。数据显示，截至2016年年中，“金砖国家”遭受的反倾销调查达到1732起，反补贴调查205起，占全球案件总量的34.8%，比其同期全球贸易占比（18%）高出近一倍。其中，中国首当其冲，最为严重。2016年，中国共遭遇来自27个国家发起的119起贸易救济调查案件，其中，反倾销91起，反补贴19起，保障措施9起。涉案数量和涉案金额分别同比上升了34.5%和71.5%。随着中国对外投资规模不断扩大，境外企业已近3万家，境外企业资产总额超过3万亿美元。但是，中国对外投资面临的境外安全风险也不断增加。据商务部不完全统计，自2010年起至今，共发生涉及中国企业机构的各类境外安全事件345起。缅甸密松水坝项目停工、斯里兰卡重新评估中国援建港口项目、中澳铁矿百亿减值、墨西哥高铁项目被无限期搁置等事件，均成为中国对外直接投资受阻或失败的典型案例。美国、欧洲等对中国国有企业并购投资设障、“一带一路”沿线国家态度变化、政治经济不稳定等也是对中国开展国际合作的重大风险因素。西方国家对俄罗斯制裁给俄罗斯带来巨大的经济风险。

此外，新兴国家之间也存在着一定的竞争风险，甚至在开展合作中也存在着一定的风险。如“金砖国家”各国历史文化以及地缘政治考虑不同，对“金砖国家”新开发银行融资及政策要求也有较大差异，这些因素也都可能会影响到务实合作。复杂多样的风险及其交集组合会对新兴国家的生态、经济、金融、社会、贸易、政治与国际关系等的稳定、正常运行与秩序产生巨大的冲击力。处理不好，会产生巨大的危机并可能造成巨大的损失。

---

① “修昔底德陷阱”，2500多年前，斯巴达与雅典在希腊城邦体系内双雄并立，同时又都在地中海周边进行殖民扩张。地理位置邻近且双方都奉行扩张政策以及扩张方向重叠，形成一山二虎般的霸权对决。古希腊史学家修昔底德认为，雅典势力的增长和因而引起的斯巴达的恐惧成为“使战争不可避免的真正原因”，而这被哈佛大学教授格雷厄姆·艾利森曲解为“修昔底德陷阱”，并用来比喻当今的中美关系。

② ［英］吉迪恩·拉赫曼：《21世纪的中印竞争》，英国《金融时报》2017年6月7日。

## 三 新兴国家风险防控政策及机制建设分析

虽然风险是一种潜在的概率，不必然转化为危机并产生危害，但是，如果缺乏必要的认识、预防、治理机制，则风险转化为危机并产生巨大不良后果的概率将大幅度上升。因此，高度重视风险、妥善建立治理机制，是有效预防和控制风险的关键。新兴国家在追求快速发展与崛起中较早意识到各类风险的存在及加剧的潜在与现实危害，并通过战略与政策制定、风险治理体系及治理机制创新与能力建设，力求预见、预测、监控、防范、处理、转移、化解各种风险，将风险损失降到最低限度，保障经济稳健发展与社会和谐运行。风险治理体是指与管理风险有关的组织管理体系集合，包括风险战略管理、组织职能、投入保障、内部控制等内容，以及风险识别、监测、防控和化解等环节（见图5）。

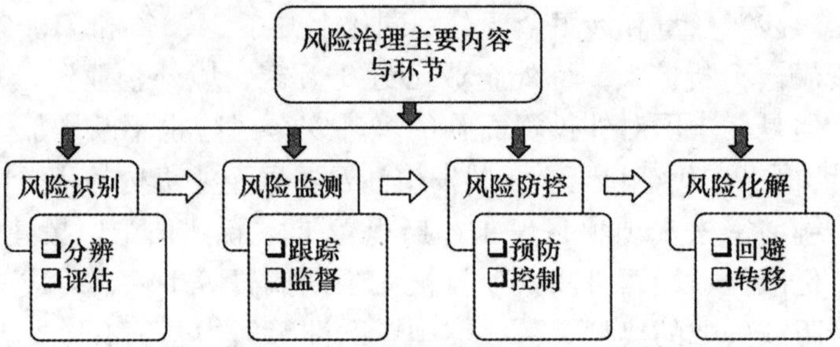


**图5 风险治理主要内容与环节**

### （一）注重风险防范顶层设计与法规建设

新兴国家特别重视风险与安全战略规划综合性战略任务，将完善风险治理顶层设计作为建立健全风险治理体系的基础与核心。

俄罗斯一直高度重视国家整体风险防范与安全战略的制定。1996年5—6月，叶利钦以总统令和总统咨文形式相继推出《俄联邦国家经济安全战略（基本原则）》和《俄联邦国家安全构想》；2009年出台了《2020年前俄罗斯联邦国家安全战略》；2015年12月31日，俄罗斯总统普京签署了战略筹划基础性文件《俄罗斯联邦国家安全战略》（以下简称《新版安全战略》），对俄罗斯内政外交政策方针做出重大调整。《新版国家安全战略》明确了俄国家利益、国家战略优先方向、内外政策领域的目标、任务及措施。具体到经济安全领域，为适应并遏制经济领域已有的和可能的内、外部新危险和威胁，保障经济稳定发展，2015年7月，俄罗斯安全会议做出了起草《新版国家经济安全战略》的决定。2017年5月15日，俄罗斯总统普京批准了《2030年前俄联邦经济安全战略》。该战略明确了俄罗斯经济安全面临的挑战与威胁，如制裁、发达国家企图将自身经济优势作为施压工具、俄罗斯金融系统易受外国投机资本的影响、发展“绿色”经济、全球企业巨头中缺乏俄罗斯非能源公司的身影等，都被视为俄罗斯经济在今后十年不得不面临的关键挑战和威胁，以及国家保障经济安全政策的主要方向和任务。旨在防范经济安全面临的挑战与威胁，在能源—原料、生产、科技和金融领域预防危机，避免民众生活质量下滑。从2020年起开始执行。面对2013年以来的国际油价下跌以及2014年年初因克里米亚事件受到美国、欧盟、日本的制裁而导致的经济衰退，俄罗斯政府及时制订并实施了《2015年反危机计划》与《2016年反危机计划》。2015年1月28日，俄罗斯政府批准并颁布了《2015年反危机计划》，计划包含60个条款，确定的措施集中在七个方面：一是支持进口替代；二是支持非原材料商品包括高科技商品出口；三是促进中小企业发展；四是为重大经济领域融资创造条件，包括完成国防采购；五是对受通胀影响的较为困难人群进行补偿；六是降低劳动力市场紧张程度；七是优化预算开支和稳定银行系统。为此，政府投入21.7万亿卢布，约合324亿美元，包括已经划拨银行系统用于提高资本金的1万亿卢布（约合150亿美元）。

中国2007年8月30日通过并于同年11月1日颁布实施《中华人民共和国突发事件应对法》，搭建应对国家风险法律指南。为加强对外金融与投资风险规范，中国发布了《境外投资产业指导政策》《境外投资产业指导目录》《境内机构境外直接投资外汇管理规定》等。涉及境外国有资产产权管理的投资项目需经财政部门和国有资产管理部门审批，涉及资源开发类和大额用汇项目需经发展改革部门审批。对危害国家主权、安全和社会公共利益，损害中国与有关国家（地区）关系，可能违反中国对外缔结的国际条约或涉及中国禁止出口的技术和货物时，商务部不予核准企业境外投资行为。金融机构对外投资需经保监会、银监会和证监会审批。为监测、防御、处置来源于中国境内外的网络安全风险和威胁，保护关键信息基础设施免受攻击、侵入、干扰和破坏，依法惩治网络违法犯罪活动，维护网络空间安全和秩序，国家采取措施，以及积极开展网络空间治理、网络技术研发和标准制定、打击网络违法犯罪等方面的国际交流与合作，推动构建和平、安全、开放、合作的网络空间，建立多边、民主、透明的网络治理体系，中国2016年11月7日通过《中华人民共和国网络安全法》并自2017年6月1日起施行。中国还发布了《食品安全法》等。

在网络风险方面，俄罗斯议会于2012年7月通过了《防止儿童接触有害其健康和发展的信息法》修正案（俗称《网络黑名单法》），并在当年11月正式生效。该法规定，俄罗斯信息通信技术和大众传媒监督局将根据举报，把那些在俄罗斯网域内提供诱导吸毒、自杀和儿童色情信息的网站列入所谓的“黑名单”，然后委托电信运营商通知网站所有者立即删除有关网页。倘若网站所有者拒绝执行，监管部门有权通过封锁IP地址或过滤内容的方式阻止该网站的信息传播。2013年7月底，普京总统签署《2020年前国际信息安全国家基本政策》，将成为俄未来应对信息安全威胁的纲领性文件。“斯诺登事件”之后，2013年9月，巴西政府发布公告，要求巴西众院和参院将分别在45天内对《网络民法》草案进行审议并表决通过，政府部门要求所有在本国的机构和公司将数据库设在巴西，采取措施防止政府重要信息泄密。2014年又推出《联邦公共管理机构信息与通信安全和网络安全战略（2015—2018）》，显示巴西怀有强烈的国家安全忧患意识。强调系统性治理和统筹兼顾原则，重视本国技术的研发和创新。

### （二）夯实风险治理经济基础

保持经济稳健快速发展是增强国家和民众抵御风险能力的物质基础。物质实力的增强有助于增强国家的风险应对能力。依据奥地利、英国和罗马尼亚三国的一项研究，风险降低与公共基础设施改善如防洪大坝等与个人降低风险措施投资有关。要实现降低风险发生概率并在灾害发生时减少损失的目标，需要设计高效、符合社会公正、政治可行的解决方案，采取激励行动更好地协调社会与个人行动。[①] 沃尔夫认为，通过两个方法可改变不可持续的发展模式：一是对经济结构进行调整，让受信贷推动的投资在国内生产总值（GDP）中所占比重下降，或者说减少这样的投资，增加投资回报，增加消费，经济增长更多由私营企业贡献；二是增加财政赤字，将消费能力传导给中国的每个家庭，当然，这也将把负债由经济的其他部门转移给政府。如果经济变得更加平衡，中国经济很可能继续保持快速增长，以4%—5%的速度再增长30年，将让中国成为真正的发达国家，极大地提升风险防控能力。

### （三）完善风险治理机构建设

风险治理是一种涉及面广、资源配置与协调管理错综复杂的过程，统筹规划、管理、指挥、协调非常重要。俄罗斯一贯重视各种危机的治理机构建设。早在20世纪90年代就设置了紧急情况部。2009年成立了以总统为主席的创新委员会、反腐败委员会、战略倡议署等。2008年，俄罗斯通过了《反腐败法》，2008年，俄总统梅德韦杰夫成立了由总统直接领导的反腐败委员会；2009年，俄罗斯开始实行高官财产申报制度。2013年12月成立直属总统办公厅的俄罗斯“总统反腐局”，意在提高反腐效率，改变各相关机构间反腐职责划分不清的问题。此前，有关机构，如监督局、国家法制局、内政局各管一摊，有互相掣肘之嫌。厘清各反腐机构之间的合作关系。确保总统

---

① http：//www. iiasa. ac. at/web/home/about/news/170821 – flood – risk. html.

反腐政策的落实、监督反腐法律法规的执行、保障国家各反腐机关之间协调运作，为总统提供专业的建议等。2014 年 2 月，普京签署法令，要求政府官员和国有企业领导申报海外房地产并解释买房资金来源，违背这项规定的官员将被解职。当年 11 月，俄罗斯议会下院投票表决通过一项法案，为官员公务用车设限。从 2015 年 1 月起，俄罗斯禁止在国家安全领域工作的官员在国外银行开设账户，禁止政党接受有“外国代理人”嫌疑的俄罗斯非政府组织的捐赠。2013 年 1 月，普京签署总统令，责成俄罗斯联邦安全局建立国家计算机信息安全机制用来监测、防范和消除信息安全隐患，具体内容包括评估国家信息安全形势、保障重要信息基础设施的安全等级、对计算机安全事故进行鉴定、建立电脑攻击资料库等。俄罗斯国防部已于 2013 年年底正式组建网战司令部。在中国，依据 2005 年《国务院关于实施国家突发公共事件总体应急预案的决定》（国发〔2005〕11 号）和中编办《关于增设国务院办公厅国务院应急管理办公室的批复》（中央编办复字〔2005〕47 号），2005 年国务院办公厅设置国务院应急管理办公室（国务院总值班室），履行值守应急、信息汇总和综合协调职责，发挥运转枢纽作用。仅 2003—2009 年全国县以上政府制定的应急管理预案就超过 14 万项。

1989 年 4 月，中国政府响应联合国“关于开展国际减灾十年活动”的号召，成立了中国国际减灾十年委员会，2000 年更名为中国国际减灾委员会，2005 年，经国务院批准改为现名，即国家减灾委员会，职能是研究制定国家减灾工作的方针、政策和规划，协调开展重大减灾活动，指导地方开展减灾工作，推进减灾国际交流与合作。为统筹协调网络安全信息管理工作，中国成立了中共中央网络安全与信息化领导小组及办公室、国务院互联网信息办公室等机构，专门负责领导治理互联网与信息发展及安全事务。印度设立了负责处理重大的或产生全国性影响的风险、危机事件的国家危机管理委员会，由政府高级官员组成，由内阁秘书担任主席，由危机各主管部及各辅助部的秘书担任成员，并任命内阁的一位官员担当委员会的召集人。主管部中直接负责处理某一特定危机的部门领导也被选派为国家危机管理委员会成员，成立了计算机应急反应小组以及 36 个网络安全中心、印度数据安全委员会，还下设了网络安全特种部队，开展定期的网络安全培训计划。2014 年 5 月莫迪当选印度总理以来，追求“最小化政府、最大化治理”“小政府大治理”打造“新印度”，撤销存在 65 年之久的国家计委，改为智库组织，以降低官僚主义风险。

### （四）加大风险防控投入保障

俄罗斯在 2016 年出台了 120 项措施，涉及金额约 8800 亿卢布（约合 118.83 亿美元），其中，4400 亿卢布（约合 59.41 亿美元）由政府财政预算支出，2500 亿卢布（约合 33.76 亿美元）由政府反危机基金支出，1900 亿卢布（约合25.66亿美元）反危机计划。反危机计划主要分为两个方面：首先，最大限度地减轻经济衰退对居民生活的影响，向地方提供财政支持；其次，支持面临困难但具有显著增长潜力的行业，如汽车工业、轻工业、农业、住房建设等。重点进行经济结构调整，着重于保障商业环境、支持中小企业、进口替代、非能源产品出口等。努力增加财政收入，包括增加国内汽油、柴油的消费税和酒类市场增值税，以及拍卖总量高达16.75万克拉的宝石，预计将为政府增加数千亿卢布的额外收入。同时，还着重中期措施，立足2017年之后，计划进行结构性改革，包括扶持中小企业、改革司法体系、优化国家开支等。加大对风险预防和治理的物质资金投入和人才、技术保障。2015年，印度政府网络安全预算支出达到11.6亿卢比（约合1700万美元），比上年翻番。

### （五）加强风险防控国际合作

风险防控难度常常超出一国范围，如重大疾病、自然灾害、生态威胁等很容易引发邻国的连锁反应，如2005年11月13日吉林石化分公司爆炸造成的松花江水污染直接威胁到中俄界河黑龙江，引起两国的关注和合作治理，中俄大兴安岭火灾也促使两国森林部门合作抢险。澜沧江上游的水电设施建设以及污染等会引发印度及其他下游国家的水资源供给与水质危害；在应对全球气候变化方面，需要新兴国家通力合作，治理雾霾、沙尘暴等也需要跨国协商，共同防治。中印围绕澜沧江等的水电站建设及河水安全、能源安全、信息安全、大气治理等展开了合作。如印度借鉴中国城市雾霾治理经验，实施大城市机动车单双号行驶制度等。金融风险是新兴国家的共同性、经常性威胁。美国等发达国家实施量化宽松等非常规货币政策导致新兴国家货币贬值和资本外流等不同程度的经济与金融波动风险。要遏制这一态势，避免集体麻烦，维护经济金融安全，新兴国家需要抱团取暖，一方面加强与美国等发达国家在国际经济金融的政策沟通，避免美联储等发达国家央行以错误信息做出错误决定；另一方面要加强彼此间相互协调，加强货币互换、应急储备安排及其他国际性金融安全合作。“金砖国家”也已通过建立“金砖国家”新开发银行、应急储备基金以及开展本币结算、货币互换等，抵御发达国家主导的金融冲击。在应对全球气候变化以及生态灾难方面，新兴国家特别注意抱团取暖，如中国与印度、巴西和南非组成基础四国在哥本哈根气候大会以及巴黎气候大会之前协商立场，争取达成有利于自身及广大发展中国家根本利益以及推进全球气候有效治理的机制和协议，起到了很好的效果。在互联网安全治理方面，“斯诺登事件”凸显出网络霸权的恣意侵袭，在规范管理网络以及应对网络袭击等方面，新兴国家均应加强规则制定与治理合作。中国已经连续两次成功举办乌镇互联网大会，呼吁在尊重国家主权规则基础上开展全球网络治理合作，得到了广泛响应。俄罗斯积极开展国际合作应对国际网络安全威胁。2011年9月，俄罗斯与多个国家一起向联合国提交了国际信息安全保护法草案，提出应限制在互联网上传播宣扬恐怖主义、分裂主义和极端主义等破坏他国经济、政治和社会稳定的信息，并建立国际网络管理系统。俄罗斯希望在上海合作组织、独联体集体安全条约组织和“金砖国家”的帮助下，实施在该领域的一系列倡议。俄罗斯已多次在国际上主张由国家对互联网实施监管。2012年12月，俄罗斯代表团在迪拜举行的国际电联大会上提出了“网络主权”等倡议，与中国有共同的立场。2014年5月20日，中俄关于全面战略协作伙伴关系新阶段的联合声明指出，我们对当前信息通信技术被用于维护国际稳定与安全目的相悖、损害国家主权和个人隐私的行为表示严重关切。我们认为，国际社会应在相互尊重、平等互利的基础上开展国际合作，共同应对信息安全威胁。呼吁国际社会制定普遍认可的行为规范，坚持多边、民主、透明原则，使互联网治理体系国际化，构建和平、安全、开放、合作的信息环境。

## 四 新兴国家风险治理中的挑战与问题

整体而言，新兴国家风险治理的法规体系建设、资源投入保障、组织与运行机制、能力与机制完善等方面均存在诸多“软肋”，进而限制了其风险防控与应对能力的提高。

### （一）风险防控治理法规体系不够健全

风险及突发事件的应对涉及众多的环节、主体及复杂权益关系等，需要严密协调的法律规范加以调节。但是，新兴国家在应对风险及突发事件方面的法律法规、行政法规和部门规章制度方面还很不健全、完备。法律体系在危机管理过程中扮演着重要的制约作用，但新兴国家危机管理的法律法规体系尚不健全，如中国宪法中没有关于风险、危机状态或者紧急状态的规定，没有明确的宪法理念，现有的相关调节文件大多是各部门针对各自负责的各类型突发事件的分类制定的单行法律法规，临时立法、部门立法及地方立法，法规位阶层次较低，而且分散立法，部门管理色彩重，削弱了法律的严肃性与统一性；立法内容方面“重实体而轻程序”“重责任而轻权力”的倾向比较明显；还存在立法不足，甚至立法空白点的问题，很多领域与环节缺乏相应法规；行政问责立法存在缺失，问责停留在“行政问责”上，没有对权力机关、新闻媒体和人民问责的法律法规。印度、巴西等也存在中央与地方政府之间有关风险的法律规范分散、零散和不一致的情况。

### （二）风险治理基础投入不足

新兴国家经济发展水平较低，安全保障资源投入力度不够，风险评估、防范和应对技术手段、资源准备等难以满足实际需要，导致风险防范基础设施建设滞后，网络难以全面覆盖和全程覆盖等。风险防控机制的资金、人力、资源要素的配置来源也相当单一，基本由政府财政资源供给，而政府财政救济等实力较弱，难以较好地应对较大风险或危机事件的冲击及善后，同时，包括中国在内的新兴国家风险治理非政府组织较少、管理不够规范、慈善基金与社会捐助、救济机制发育不良，缺乏包括企业、社会机构、个人捐赠等全要素多元资源动员机制，公众对公共慈善与救助基金等的信任度较低。

### （三）风险治理体系建设不够完善和能力不够强

新兴国家在风险治理方面普遍存在风险预防意识不够，信息收集、风险评估、监测、预警技术手段不够完善，基础设施网络建设滞后，如必要监测设备缺乏，分析手段不够完善等；同时，政府风险监管机构的责任感、纪律与专业能力等存在不足；风险防控领域专业技术人员配备不够，部分人员素质技能不高，不能完全适应快速处置公共危机事件的需要；很多能够得到控制或者避免转化为事故、危机的风险苗头因监测应对不到位、能力弱化而未能得到有效控制，并产生巨大损害。如中国、印度等国家每年发生难以计数的灾难性事故，造成巨大生命与财产损失，其中，很多事故或者危机性事故的发生是可以避免的，只是因为风险防控管理疏忽、失职或者能力不足。

### （四）风险治理机制不完善

风险的存在是多方面深层次和长时段的，风险的防范需要个人、社会和政府多主体协同参与，形成防范合力。但在实践中，如何建构合理的多元主体结构及运行机制，最大化集体风险治理力量和治理效率，存在很大差距。长期以来，新兴国家特别是中俄等转型国家政府扮演着独角戏的角色，但上下级之间，各部门、区域之间权责不够清晰，条块分割严重，战略性、整体性不强，难以形成多元主体协同的有效统一的协调机制；缺乏全面合理的风险评估制度；风险报告的内容、评估标准、风险信息的传导程序，到核查等一系列环节还不够规范。特别是危机法制建设不够完善。信息处理手段较为落后，各主体间的沟通和信息传导不顺畅，而且存在较为严重的突发事件，如信息缓报、瞒报和漏报，影响风险误判与危机监控；风险防范和突发事件程序规范性差、主动性低、反应慢、成本高、效率低；注重事后治理忽略事前治理，注重物质准备忽视机制建设等；缺乏合理的事故善后经济补偿制度，影响风险、突发事件造成的损失得不到及时弥补和控制。

## 五　总结与启示

随着全球化现代化的深入推进，各国都面临着复合风险的严峻挑战，必须全面认识风险、正视风险并反思自身现有的风险治理模式，避免陷入风险社会的危机旋涡，需要在把握风险社会理论的基础上，分析风险社会这一特殊的社会形态所具有的时代特征，进而认清风险社会的到来给传统的风险治理模式所带来的挑战，通过风险治理模式的转型，构建起适应风险社会时代特征的新型复合风险治理模式，有效应对和化解风险，谋求现实而可持续的发展。新兴国家正处在各类风险和矛盾聚集期，如何准确地认识风险威胁，建构风险预防、教育、治理机制，提高风险管理能力与治理效果，考验着新兴经济体的智慧、经验以及能力。加强风险治理合作、协调治理是更好地配置资源、降低风险危机转化概率和降低损失的重要选择。加强各自风险防控能力以及建立风险治理合作机制是新兴与发展中国家加强务实合作和治理合作不可分割的两轨，也是提升合作水平以及为其他合作保驾护航的重要条件。从“金砖国家”等积极应对风险政策、经验以及未来强化风险治理与能力建设要求看，可以得出如下建议：

第一，改善风险治理法规体系与顶层设计。当今时代的一个显著特点就是各国在追求更高发展水平、更高治理参与水平过程中面临的矛盾、冲突、风险与危机也愈加多元和尖锐。发展能力、发展质量和效果不仅取决于发展本身，而更加依赖风险防控和危机治理能力与防控、治理效果。因而，决策者在国家发展战略研制与决策过程中需要创新理念，将加速发展与风险防范置于同等重要的位置，制定风险防范与治理长期战略，健全法律体系，完善顶层设计，建立健全相关政策的依据。俄罗斯一贯高度重视风险防范与治理，在制定和完善相关战略以及健全法律法规建设方面做得相当出色，值得仿效。

第二，提高风险治理能力。风险把控能力是维护发展秩序、社会和谐、财富成果的关键，缺乏风险抵御与危机克服能力，一国发展能力与发展成效将大打折扣，尤其对于国家治理体系不够完备、治理能力相对较低的新兴国家而言，增强风险治理能力是衡量新兴国家综合实力以及稳健持续发展的重要维度。未来，新兴国家在追求持续快速发展过程中还会面临复杂形势和各类风险考验，因而，必须继续加大风险治理体系与能力建设投入，包括风险评估机构建设、专业人才培育、技术手段创新、资金保障力度、治理模式优化等诸多方面，需要根据风险与危机威胁程度不断改善与提高。

第三，创新风险治理机制。风险管理的核心是完善危机管理的体制机制，有效的风险管理机制应该包含预测预警机制、中期应急处置和后期修复的内部协调机制以及合作治理机制，建构具有主体多元化、行动网络化、决策科学化、管理综合化、模式动态化等本质特征的全局性、前瞻性、规划性和预防性公共治理体系。由被动的事后处置型向主动的风险防控型转变，建立透明公开的风险预警与治理系统。在网络时代，有关风险与危机等信息的及时透明公开，对于稳定社会预期、协调一致抵御和治理风险或危机至关重要，也关系到政府、媒体和公众三者之间利益博弈的过程。整合利益、达成共识，信息公开，是促进公共风险或危机治理的必要前提和条件。

第四，深化风险治理合作和经验交流。风险与危机可能超出一国范围以及一国独立应对的能力，因而，加强国际信息沟通、经验交流、人员及资金技术等合作对于新兴国家十分必要。

首先，应加强与联合国等国际组织的风险防控合作，以加强经验交流和素质能力提升，如与国际性非营利组织——国际风险管理理事会（IRGC）开展风险以及治理的合作；与全球性、非营利、会员制的风险管理专业组织——国际风险管理师协会（PRMIA），以及为商业机构提供职业安全、健康、环境和质量的世界级专业风险解决方案及风险控制服务的集团组织（IRCC）开展风险管理评估、标准、职业资格认证、风险教育、风险与危机控制等方面的合作，提升自身风险管理的专业素质与能力；积极参与联合国国际减灾战略（UNISDR）以及国际减灾日等的工作。

其次，需要建立新兴国家彼此间联合综合风险评级机构；加强共同重大风险合作政策研究，开展风险治理领域专业人才培训；加强风险与重大危机联合应对与善后救助行动协调、支持；协调全球风险治理政策与立场以及提出推动国际风险治理制度创新建议等。在风险增多、蔓延和威胁加剧背景下，“金砖国家”迫切要求进一步加强风险治理合作，增强抗风险与稳健发展能力。正如“金砖国家”在2017年9月金砖峰会发布的《厦门宣言》中所强调的，有必要共同利用空间技术应对全球气候变化、环境保护、防灾救灾，在应急服务方面携手合作，建立“金砖国家”灾害风险管理联合工作组，通过灾害风险管理最佳实践信息交流和自然、人为灾害预报预警及有效应对等领域的合作，减少灾害风险，加强防范打击恐怖主义、网络袭击、洗钱、武器供应、贩毒、刑事犯罪等安全领域务实合作，构建更加安全的未来。

# 美国与新兴经济体贸易竞争性与互补性分析

## ——基于国际金融危机前后对比

陈　晨　崔日明

**摘　要**　在对美国与新兴经济体国际金融危机前后贸易发展现状多维度分解和剖析的基础上，分别构建美国与新兴经济体竞争性和互补性 CI 指数；通过国际金融危机前后美国与新兴经济体贸易竞争性与互补性研究发现，国际金融危机对美国与新兴经济体贸易结构影响有限，且美国与新兴经济体贸易互补性优势明显，表明美国与新兴经济体的双边贸易具有较大的发展潜力，这为美国与新兴经济体的贸易合作提供了良好的基础。

**关键词**　美国　新兴经济体　竞争性　互补性　金融危机

随着经济全球化的不断发展，新兴经济体快速崛起，国际金融危机后，美国经济遭受重创，以美国为首的发达经济体的经济实力日渐式微，美国与新兴经济体的贸易关系出现了些许微妙的变化。进入 21 世纪以来，人类进入了一个快速发展的全球化时代，各个经济体主动地或者被动地卷入全球化的浪潮之中，全球经济实现了难得的普遍性增长。然而，2008 年国际金融危机爆发，发达经济体、新兴经济体都受到了极大的冲击，美国经济遭受重创，出现了近八十年来最为严重的大衰退，而群体性崛起的新兴经济体相对快速的复苏与发展备受瞩目，成为全球经济增长的重要力量，全球经济格局也正悄然发生着变化。因此，国际金融危机后美国与新兴经济体在全球贸易市场上的份额也正发生着深刻的变化。

---

［基金项目］国家社会科学基金重大项目“构建开放型经济新体制的重点及基本框架研究”（15ZDA056）和国家社会科学基金重点项目“构建开放型经济新体制研究”（14AZD017）。

［作者简介］陈晨，黄淮学院讲师、博士；崔日明，辽宁大学经济学院副院长，教授，博士生导师。

## 一　国际金融危机前后美国与新兴经济体贸易关系变迁

### （一）国际金融危机前后贸易总量变化

21 世纪以来，新兴经济体内需旺盛，经济增长迅速，对全球经济的支撑与推动能力显著增强，而以美国为首的发达国家经济发展放缓，尤其是全球经济危机之后，发达经济体对全球的推动力逐渐减弱。随着新兴经济体的不断壮大，新兴经济体在国际贸易中发挥着越来越重要的作用，美国与新兴经济体的贸易关系也日渐密切，两者的双边贸易规模不断扩大，商品贸易总量由 2001 年的 0.5 万亿美元增长到 2015 年的 1.5 万亿美元，增长了两倍之多，美国与新兴经济体的贸易额占美国总贸易额的比重也不断攀升，从 2001 年的 27.78% 上升到 2015 年的 40.11%。2015 年，美国对新兴经济体的出口额为 4979 亿美元，占美国总出口的 33.11%，美国从新兴经济体进口额为 10306 亿美元，占美国总进口的 44.68%。此外，在国际金融危机后，美国与新兴经济体的进出口贸易额并没有下降，而是有显著提升，且美国对新兴经济体的出口同比增长幅度超过了进口，其原因在一定程度上来源于国际金融危机后，美国政府为提振美国经济，以促进美国出口为目的，大力推行以新兴经济体为目标市场的出口倍增计划，从而促使国际金融危机后美国对新兴经济体的出口贸易额实现了稳步增长。

美国与新兴经济体的进出口贸易份额在近十年来持续扩大，进出口贸易并未过多地受到国际金融危机影响，在国际金融危机后，美国与新兴经济体的进出口贸易额出现短暂下降波动后迅速恢复，且各个新兴经济体与美国贸易额所占比重呈现出了一定的上升趋势。此外，就具体国家而言，新兴经济体中，中国与墨西哥是美国的主要贸易伙伴，且 2015 年中国商品贸易进出口总额首次超过加拿大，成为美国第一大贸易伙伴，墨西哥持续保持美国第三大贸易伙伴的位置。因此，在总贸易额上，新兴经济体中各个国家与美国的双边商品贸易总额在不断攀升，比重也在不断加大，与 2005 年相比，各个新兴经济体与美国的双边贸易额已平均增长了近一倍，新兴经济体在美国的双边商品贸易中的比重已占据 40% 左右，且呈现出不断增长的趋势。

### （二）国际金融危机前后市场结构变化

本文研究的 11 个新兴经济体中，在进口贸易上，新兴经济体成为美国主要的进口来源地区，从图 1 中可以看出，2008 年，主要新兴经济体占美国对外贸易总出口的 31%，国际金融危机后，新兴经济体在美国的贸易份额并没受到太大影响，且进一步得到了提升，到 2015 年，新兴经济体与美国的国际贸易份额比重上升至 38%。此外，美国对新兴经济体的进口贸易主要集中在亚洲与北美洲等地区，且除加拿大与欧盟之外，中国与墨西哥是美国主要的进口来源国。从1994年起，中国的位次一直在上升，2007年中国已替代加拿大，跃居美国最大进口地区，也是第一大新兴经济体进口来源国，且进口贸易额不断扩大。2015年，美国从中国的商品贸易进口额高达4992亿美元，远超加拿大的3316亿美元，占美国总进口额的18%，且新兴经济体中，墨西哥是美国第三大进口国；2015年，美国对墨西哥的商品贸易进口额达到3252亿美元，基本与加拿大持平。此外，韩国、印度、巴西在美国进口贸易的份额也在逐年上升。

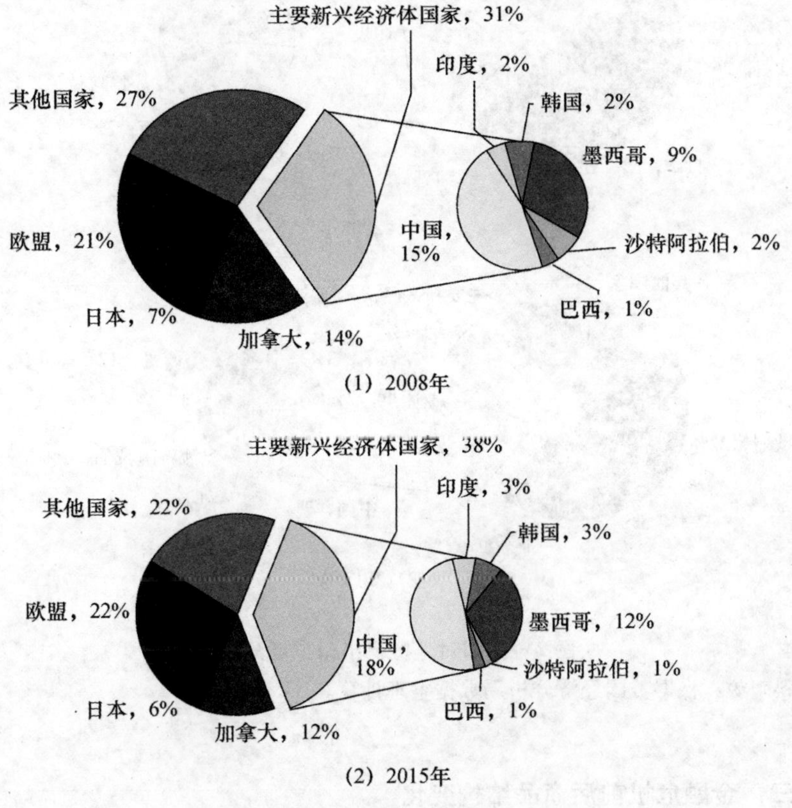


**图1　美国对外贸易进口市场分布**

资料来源：根据美国经济分析局数据整理计算。

在出口贸易中，新兴经济体已成为美国的主要出口流向地，从图2中可以看出，目前新兴经济体占美国对外贸易总出口比重已由国际金融危机前的24%上升为28%，美国与新兴经济体的出口贸易并未受国际金融危机过多影响。此外，墨西哥与中国分别是美国第二大和第三大出口国。2015年，墨西哥占美国对外贸易出口总额的12%，仅次于加拿大的15%，中国占7%，位居第三。此外，新兴经济体中巴西、韩国、沙特阿拉伯、印度等国在美国的出口贸易中也占有一定地位，占据较高的比重，且比重也在不断提升。牛津经济研究院认为，未来几年，新兴经济体经济增长放缓，但这不会对美国经济产生较大影响，且新兴经济体对美国出口增长在未来将起到越来越大的支持作用。

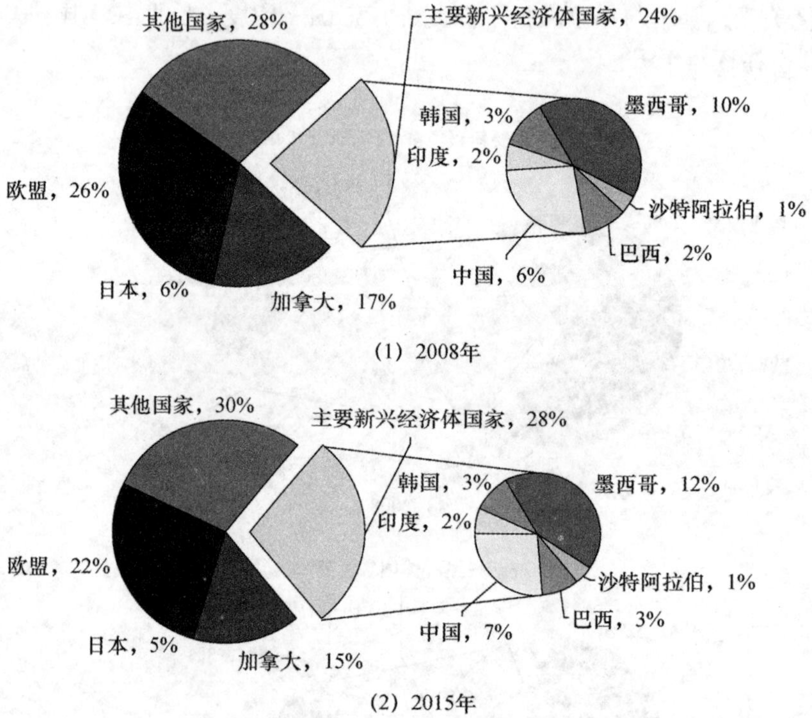


**图2　美国对外贸易出口市场分布**

资料来源：根据美国经济分析局数据整理计算。

### （三）金融危机前后商品结构变化

从出口商品结构来看，美国对新兴经济体的出口主要集中在工业制成品上，约占出口总额的80%，2009 年后工业制成品比重稍有下降，在 2013 年后比重又逐步回升，到 2015 年，工业制成品贸易比重约占货物出口贸易的79.36%。从进口商品结构来看，工业制成品贸易仍然占据美国对新兴经济体进口贸易的主要部分，近十年来，美国对新兴经济体工业制成品进口所占比重在波动中不断上升，并在 2015 年达到 89.40%，而初级产品却不断减少，2015 年仅占 10%。

从具体的产品类别分析，在出口商品结构上，机械及运输设备（SITC7）

出口占总出口额的46.18%，是美国向新兴经济体出口的最主要产品。墨西哥、中国、韩国是美国机械及运输设备（SITC7）的主要出口去向地。2015年，美国对这三国出口的机械及运输设备（SITC7）分别为1115亿美元、524亿美元、195亿美元。其次，化学品及有关产品（SITC5）也是美国对新兴经济体重要的出口产品。2015年，占美国总出口比重的12.95%。此外，美国在初级产品上，近年来所占出口比重不断升高，在2013年后略微下降，并且主要集中在非食用原料（SITC2）和食品及主要供食用的活动物（SITC0）上，2015年，美国对新兴经济体出口初级产品的比重为20.64%，这两项就占据了其中的14.36%。

在进口商品结构上，工业制成品进口最多的是机械及运输设备（SITC7）。2015年，美国从新兴经济体进口该类产品5042亿美元，占从新兴经济体进口总额的50.53%。中国、墨西哥以及韩国是机械及运输设备（SITC7）的主要进口来源地，2015年，美国从这三国进口的机械及运输设备（SITC7）达4858亿美元，占美国该类产品进口额的50.11%。对于面向新兴经济体初级产品的进口，主要集中在矿物燃料、润滑油及有关原料（SITC3）和食品及主要供食用的活动物（SITC0）上，且这两类产品的进口占初级产品总进口额的85%。2015年，美国从新兴经济体进口矿物燃料、润滑油及有关原料（SITC3）548亿美元，其中，206亿美元就来自沙特阿拉伯，占总进口额的37.6%，是美国矿物燃料、润滑油及有关原料（SITC3）的主要新兴经济体来源国。

## 二　国际金融危机后美国与新兴经济体贸易竞争性对比分析

### （一）贸易竞争性指标构建与数据计算

传统上关于两国贸易关系的分析指标是基于显性比较优势指数（Revealed Comparative Advantage Index，RCA）进行研究的。1965年，美国经济学家巴拉萨（Balassa）最早提出了RCA指数，并得到了强烈的反响。此后，国际学术界围绕此指数产生了诸多变形，但是，RCA指数及其主要变形也存在一定的局限性，且受到了多方面的批评，比如，RCA指数忽视了进口的作用，计算方法和跨期比较存在弊端，当某产业的产业内贸易盛行时，以RCA指数所衡量的比较优势不具有客观性，更不能预测一个国家贸易发展的模式等。①

因此，在分析国家间进出口结构时，为了更直观地计算出两国贸易的竞

① 桑百川、李计广：《拓展我国与主要新兴市场国家的贸易关系——基于贸易竞争性与互补性的分析》，《财贸经济》2011年第10期。

争性与互补性，豪尔赫·布拉斯克斯—利多伊等（2007）、桑百川（2011）采用分工指数（CS）和一致指数（CC）对国家间贸易关系进行评价。分工指数（CS）和一致指数（CC）都是衡量两国出口贸易结构相似性的指标，其计算公式为：

$$CS = 1 - \frac{1}{2}\sum_{n} |x_{it}^{n} - x_{jt}^{n}| \tag{1}$$

$$CC = \frac{\sum_{n} x_{it}^{n} x_{jt}^{n}}{\sqrt{\sum_{n}(x_{it}^{n})^{2}\sum_{n}(x_{jt}^{n})^{2}}} \tag{2}$$

$$CI = \frac{CS + CC}{2} \tag{3}$$

式中，$x_{it}^{n}$和$x_{jt}^{n}$分别代表国家$i$和国家$j$的出口产品$n$在$t$时间内占其出口总量的比重。CS 指数和 CC 指数取值介于 0—1 之间，指数值越接近 1，说明两国出口结构越相似；越接近 0，说明出口结构差异性越大。如果$i$国和$j$国的出口结构完全相同，则 CS 指数和 CC 指数均为 1，说明两国潜在竞争程度很高；反之，如果两个指数都为 0，说明两国的出口结构完全不同，两国在出口贸易上不存在竞争。为了确保研究结果的可靠性，本文采用两个系数的算术平均数（CI）来取代 CS 和 CC 一组指标（见表 1）。数据来源于 UN Comtrade 数据库，商品分类标准为 SITC Rev. 1. 分类的 60 类（二位）产品。

**表 1　美国与新兴经济体贸易竞争性 CI 指数变化情况**

| | 国家 | 2002 年 | 2003 年 | 2004 年 | 2005 年 | 2006 年 | 2007 年 | 2008 年 | 均值 |
|---|---|---|---|---|---|---|---|---|---|
| 国际金融危机前 | 阿根廷 | 0.37 | 0.34 | 0.37 | 0.41 | 0.46 | 0.47 | 0.50 | 0.42 |
| | 巴西 | 0.63 | 0.62 | 0.62 | 0.64 | 0.64 | 0.64 | 0.63 | 0.63 |
| | 中国 | 0.71 | 0.74 | 0.74 | 0.75 | 0.74 | 0.73 | 0.73 | 0.73 |
| | 印度 | 0.39 | 0.41 | 0.44 | 0.45 | 0.47 | 0.49 | 0.55 | 0.46 |
| | 印度尼西亚 | 0.44 | 0.43 | 0.44 | 0.44 | 0.42 | 0.42 | 0.43 | 0.43 |
| | 墨西哥 | 0.81 | 0.80 | 0.79 | 0.77 | 0.77 | 0.78 | 0.75 | 0.78 |
| | 韩国 | 0.84 | 0.82 | 0.81 | 0.80 | 0.81 | 0.81 | 0.78 | 0.81 |
| | 俄罗斯 | 0.23 | 0.22 | 0.20 | 0.19 | 0.20 | 0.21 | 0.24 | 0.21 |
| | 沙特阿拉伯 | 0.09 | 0.09 | 0.10 | 0.10 | 0.12 | 0.13 | 0.17 | 0.11 |
| | 南非 | 0.58 | 0.51 | 0.48 | 0.51 | 0.51 | 0.51 | 0.54 | 0.52 |
| | 土耳其 | 0.50 | 0.53 | 0.56 | 0.59 | 0.63 | 0.65 | 0.64 | 0.59 |

续表

| | 国家 | 2009 年 | 2010 年 | 2011 年 | 2012 年 | 2013 年 | 2014 年 | 2015 年 | 均值 |
|---|---|---|---|---|---|---|---|---|---|
| 国际金融危机后 | 阿根廷 | 0.45 | 0.47 | 0.46 | 0.47 | 0.46 | 0.45 | 0.39 | 0.45 |
| | 巴西 | 0.55 | 0.51 | 0.53 | 0.56 | 0.55 | 0.54 | 0.54 | 0.54 |
| | 中国 | 0.71 | 0.72 | 0.71 | 0.69 | 0.67 | 0.67 | 0.67 | 0.69 |
| | 印度 | 0.61 | 0.57 | 0.63 | 0.60 | 0.60 | 0.60 | 0.60 | 0.60 |
| | 印度尼西亚 | 0.42 | 0.42 | 0.41 | 0.42 | 0.43 | 0.45 | 0.26 | 0.40 |
| | 墨西哥 | 0.70 | 0.73 | 0.75 | 0.77 | 0.76 | 0.76 | 0.75 | 0.75 |
| | 韩国 | 0.69 | 0.72 | 0.73 | 0.73 | 0.73 | 0.73 | 0.72 | 0.72 |
| | 俄罗斯 | 0.30 | 0.30 | 0.35 | 0.32 | 0.34 | 0.35 | 0.33 | 0.33 |
| | 沙特阿拉伯 | 0.20 | 0.20 | 0.25 | 0.26 | 0.27 | 0.28 | 0.25 | 0.24 |
| | 南非 | 0.48 | 0.52 | 0.52 | 0.56 | 0.53 | 0.56 | 0.55 | 0.53 |
| | 土耳其 | 0.57 | 0.60 | 0.62 | 0.64 | 0.64 | 0.64 | 0.63 | 0.62 |

资料来源：根据 UN Comtrade Database 数据整理计算。

### （二）国际金融危机后美国与新兴经济体贸易竞争性对比结果分析

从表 1 中可以看出，第一，国际金融危机前，除韩国外，美国与其他新兴经济体的竞争性 CI 指数均值均没有超过 0.80，国际金融危机后，韩国的竞争性指数下降至 0.72，巴西、中国、印度尼西亚、墨西哥的竞争性指数也下降明显，而印度、阿根廷、沙特阿拉伯、俄罗斯、南非、土耳其的贸易竞争性指数均值略微上升，但数值仍十分微小，表明国际金融危机对美国与新兴经济体的贸易竞争造成了一定波动性的影响，但影响并不明显，从具体的 CI 指数均值来看，美国与 E11 新兴经济体的出口结构相似度并不高，贸易竞争并不是十分激烈。第二，在这 11 个新兴经济体中，美国与墨西哥、韩国和中国这三个新兴经济体的出口结构相似度相对较高，在国际金融危机前后的 CI 指数均值均达到 0.60 以上，表明贸易竞争性相对较强。且近十年，来美国与墨西哥和中国的 CI 指数在波动中不断下降，出口竞争程度逐渐减弱，与韩国的 CI 指数在波动中相对稳定，CI 指数出现波动的主要原因在于，新兴经济体产业结构不断微调，即呈现出波动趋势。第三，美国与沙特阿拉伯、俄罗斯、印度尼西亚和阿根廷、南非的 CI 指数均值在金融危机前后均处于 0.6 以下，尤其是国际金融危机前美国与沙特阿拉伯、俄罗斯的 CI 指数均值小于 0.3，出口结构差异较大，贸易竞争性相对较低。但是，美国与沙特阿拉伯、俄罗斯和印度这三个新兴经济体的 CI 指数在稳步上升，表明贸易竞争性在逐步加大。

总体来说，国际金融危机前后美国与新兴经济体贸易竞争性存在方向不同的波动，但整体影响及变动较弱，且美国与 E11 中的大多数新兴经济体的贸易竞争性相对较弱，出口结构相似度相对较低，其主要原因在于：新兴经济体均为发展中国家，且多为劳动密集型产业，与美国的产业结构并不十分相似，因此，贸易竞争性相对较弱。

## 三 国际金融危机后美国与新兴经济体贸易互补性对比分析

### （一）贸易互补性指标构建与数据计算

分工指数（CS）和一致指数（CC）通过修正，可以成为衡量贸易互补性的指数，若将其衡量 i 国出口结构和 j 国进口结构的相似程度时，便成为贸易互补性指数，其计算公式为：

$$CS_m = 1 - \frac{1}{2}\sum_n \left| x_{it}^n - m_{jt}^n \right| \tag{4}$$

$$CC_m = \frac{\sum_n x_{it}^n m_{jt}^n}{\sqrt{\sum_n (x_{it}^n)^2 \sum_n (m_{jt}^n)^2}} \tag{5}$$

$$CI_m = \frac{CS_m + CC_m}{2} \tag{6}$$

式中，$x_{it}^n$代表国家 $i$ 的产品 $n$ 在 $t$ 时间内占其出口总量的比重。$m_{jt}^n$代表国家 $j$ 的产品 $n$ 在 $t$ 时间内占其进口总量的比重。$CS_m$ 和 $CC_m$ 指数取值介于 0—1 之间，指数值越接近 1，注明 $i$ 国出口结构和 $j$ 国进口结构越匹配，两国贸易互补性越高；反之，指数越接近 0，注明 $i$ 国出口结构和 $j$ 国进口结构的差异性越大，两国的贸易互补性越低。如果两国的贸易具有互补性，则应当开展规模化生产，并致力于消除贸易壁垒，将有助于促进贸易双方获得更大的利益。[①] 相反，如果双方贸易的互补性较小，两国贸易发展潜力将受到限制。$CS_m$ 和 $CC_m$ 指数通常结合起来使用。为了确保研究结果的可靠性，本文采用分工系数（CS）和一致系数（CC）这两个系数的算术平均数 $CI_m$ 来取代这一组指标（见表 2）。数据来源于 UN Comtrade Database，商品分类标准为 SITC Rev. 1. 分类的 60 类（二位）产品。

① 于津平：《中国与东亚主要国家和地区间的比较优势与贸易互补性》，《世界经济》2003 年第 5 期。

**表 2　　美国与新兴经济体贸易互补 $CI_m$ 指数变化情况**

| | 国家 | 阿根廷 | | 巴西 | | 中国 | | 印度 | | 印度尼西亚 | | 墨西哥 | |
|---|---|---|---|---|---|---|---|---|---|---|---|---|---|
| | 年份 | 出口国 | 进口国 | 出口国 | 进口国 | 出口国 | 进口国 | 出口国 | 进口国 | 出口国 | 进口国 | 出口国 | 进口国 |
| 国际金融危机前 | 2002 | 0.75 | 0.45 | 0.81 | 0.66 | 0.78 | 0.73 | 0.44 | 0.48 | 0.60 | 0.60 | 0.90 | 0.86 |
| | 2003 | 0.81 | 0.44 | 0.79 | 0.64 | 0.78 | 0.73 | 0.48 | 0.51 | 0.58 | 0.61 | 0.89 | 0.85 |
| | 2004 | 0.88 | 0.48 | 0.77 | 0.64 | 0.76 | 0.72 | 0.48 | 0.57 | 0.57 | 0.62 | 0.88 | 0.86 |
| | 2005 | 0.89 | 0.53 | 0.79 | 0.65 | 0.73 | 0.71 | 0.48 | 0.60 | 0.54 | 0.64 | 0.88 | 0.86 |
| | 2006 | 0.91 | 0.55 | 0.80 | 0.67 | 0.73 | 0.70 | 0.52 | 0.67 | 0.55 | 0.61 | 0.88 | 0.85 |
| | 2007 | 0.29 | 0.49 | 0.76 | 0.65 | 0.71 | 0.70 | 0.53 | 0.68 | 0.57 | 0.59 | 0.88 | 0.86 |
| | 2008 | 0.47 | 0.46 | 0.80 | 0.62 | 0.71 | 0.66 | 0.54 | 0.74 | 0.71 | 0.58 | 0.87 | 0.82 |
| | 均值 | 0.71 | 0.48 | 0.79 | 0.65 | 0.74 | 0.71 | 0.49 | 0.61 | 0.59 | 0.61 | 0.88 | 0.85 |
| 国际金融危机后 | 2009 | 0.81 | 0.45 | 0.81 | 0.55 | 0.72 | 0.73 | 0.57 | 0.73 | 0.72 | 0.53 | 0.85 | 0.82 |
| | 2010 | 0.81 | 0.44 | 0.82 | 0.52 | 0.76 | 0.72 | 0.56 | 0.73 | 0.76 | 0.51 | 0.85 | 0.83 |
| | 2011 | 0.83 | 0.39 | 0.83 | 0.51 | 0.78 | 0.70 | 0.58 | 0.74 | 0.76 | 0.47 | 0.86 | 0.85 |
| | 2012 | 0.82 | 0.41 | 0.83 | 0.55 | 0.77 | 0.71 | 0.57 | 0.73 | 0.77 | 0.47 | 0.86 | 0.85 |
| | 2013 | 0.80 | 0.41 | 0.82 | 0.51 | 0.77 | 0.71 | 0.57 | 0.71 | 0.74 | 0.47 | 0.85 | 0.85 |
| | 2014 | 0.81 | 0.40 | 0.82 | 0.51 | 0.78 | 0.73 | 0.58 | 0.71 | 0.73 | 0.49 | 0.85 | 0.84 |
| | 2015 | 0.81 | 0.35 | 0.81 | 0.51 | 0.77 | 0.78 | 0.65 | 0.68 | 0.52 | 0.30 | 0.85 | 0.84 |
| | 均值 | 0.81 | 0.41 | 0.82 | 0.52 | 0.76 | 0.73 | 0.58 | 0.72 | 0.71 | 0.46 | 0.85 | 0.84 |
| | 国家 | 韩国 | | 俄罗斯 | | 沙特阿拉伯 | | 南非 | | 土耳其 | | E11 | |
| | 年份 | 出口国 | 进口国 | 出口国 | 进口国 | 出口国 | 进口国 | 出口国 | 进口国 | 出口国 | 进口国 | 出口国 | 进口国 |
| 国际金融危机前 | 2002 | 0.69 | 0.79 | 0.8 | 0.4 | 0.79 | 0.26 | 0.82 | 0.61 | 0.75 | 0.58 | 0.74 | 0.58 |
| | 2003 | 0.69 | 0.76 | 0.81 | 0.42 | 0.79 | 0.3 | 0.83 | 0.55 | 0.77 | 0.61 | 0.75 | 0.58 |
| | 2004 | 0.68 | 0.75 | 0.83 | 0.45 | 0.79 | 0.34 | 0.82 | 0.5 | 0.8 | 0.63 | 0.75 | 0.60 |
| | 2005 | 0.65 | 0.73 | 0.87 | 0.48 | 0.82 | 0.39 | 0.82 | 0.51 | 0.78 | 0.64 | 0.75 | 0.61 |
| | 2006 | 0.64 | 0.74 | 0.87 | 0.49 | 0.84 | 0.42 | 0.79 | 0.5 | 0.76 | 0.66 | 0.75 | 0.62 |
| | 2007 | 0.64 | 0.73 | 0.88 | 0.5 | 0.84 | 0.44 | 0.79 | 0.51 | 0.75 | 0.66 | 0.69 | 0.62 |
| | 2008 | 0.62 | 0.71 | 0.87 | 0.57 | 0.42 | 0.51 | 0.78 | 0.47 | 0.73 | 0.62 | 0.68 | 0.61 |
| | 均值 | 0.66 | 0.74 | 0.85 | 0.47 | 0.76 | 0.38 | 0.81 | 0.52 | 0.76 | 0.63 | 0.73 | 0.60 |

续表

| | 国家 | 韩国 | | 俄罗斯 | | 沙特阿拉伯 | | 南非 | | 土耳其 | | E11 | |
|---|---|---|---|---|---|---|---|---|---|---|---|---|---|
| | 年份 | 出口国 | 进口国 | 出口国 | 进口国 | 出口国 | 进口国 | 出口国 | 进口国 | 出口国 | 进口国 | 出口国 | 进口国 |
| 国际金融危机后 | 2009 | 0.67 | 0.7 | 0.86 | 0.48 | 0.53 | 0.44 | 0.79 | 0.45 | 0.82 | 0.63 | 0.74 | 0.59 |
| | 2010 | 0.69 | 0.71 | 0.86 | 0.49 | 0.76 | 0.45 | 0.83 | 0.48 | 0.81 | 0.64 | 0.77 | 0.59 |
| | 2011 | 0.68 | 0.73 | 0.84 | 0.52 | 0.78 | 0.48 | 0.84 | 0.47 | 0.83 | 0.64 | 0.78 | 0.59 |
| | 2012 | 0.65 | 0.76 | 0.79 | 0.5 | 0.78 | 0.45 | 0.83 | 0.52 | 0.81 | 0.68 | 0.77 | 0.60 |
| | 2013 | 0.67 | 0.76 | 0.78 | 0.48 | 0.76 | 0.41 | 0.85 | 0.5 | 0.84 | 0.69 | 0.77 | 0.59 |
| | 2014 | 0.68 | 0.78 | 0.79 | 0.45 | 0.77 | 0.38 | 0.83 | 0.55 | 0.85 | 0.7 | 0.77 | 0.59 |
| | 2015 | 0.72 | 0.79 | 0.81 | 0.35 | 0.76 | 0.27 | 0.87 | 0.58 | 0.87 | 0.73 | 0.77 | 0.56 |
| | 均值 | 0.68 | 0.75 | 0.82 | 0.47 | 0.74 | 0.41 | 0.83 | 0.51 | 0.83 | 0.67 | 0.77 | 0.59 |

资料来源：根据 UN Comtrade Database 数据整理计算。

### （二）国际金融危机前后美国与新兴经济体贸易互补性对比结果分析

1. 美国作为出口国分析

美国作为出口国来说，与新兴经济体的贸易互补性具有以下特点：

第一，无论在国际金融危机前后，美国与11个新兴经济体的贸易互补性均处于较高水平，均具有较强的贸易互补性。从表2可以看出，国际金融危机前，贸易互补性指数的均值除印度和印度尼西亚外都超过了0.60，国际金融危机后，印度的贸易互补性指数均值已接近0.60，而印度尼西亚已达到0.71，这表明美国的出口商品结构与绝大部分E11国家的进口商品结构相吻合，且匹配程度在国际金融危机后又获得了进一步的提升，这为未来美国与新兴经济体的贸易提供了一定的发展空间。

第二，从单个国家来看，国际金融危机前与新兴经济体贸易互补性最强的国家有墨西哥、南非和俄罗斯，其 $CI_m$ 指数均值都超过0.80，而国际金融危机后，阿根廷、墨西哥、巴西、南非、俄罗斯和土耳其的贸易互补性指数也超过0.80，与美国的贸易互补性进一步增强。其中墨西哥是美国第一大新兴经济体出口目的地，在国际金融危机前后与美国的贸易互补指数 $CI_m$ 均值分别达到了0.88和0.85，虽然指数均值出现一定的下降，但是，仍然在新兴经济体中排名第一，显示了较强的贸易互补性，但近十年来墨西哥与美国的 $CI_m$ 指数逐渐呈现出微弱下降的趋势，表明美国与墨西哥的贸易互补性在逐渐减弱。

第三，美国与土耳其、南非、印度尼西亚以及印度的 $CI_m$ 指数在波动中呈现出上升的趋势，表明这四国与美国出口市场需求的匹配度不断上升。中国、巴西、韩国、俄罗斯，沙特阿拉伯的 $CI_m$ 指数近十年持续平稳，贸易互补性也相对较强，但美国与阿根廷的 $CI_m$ 指数波动较为剧烈，受国际金融危机影响较为明显。

2. 美国作为进口国分析

美国作为进口国家来说，与新兴经济体的贸易互补性具有以下特点：

第一，国际金融危机前，美国与大多数 E11 中的新兴经济体的贸易互补性相对较强，贸易互补性指数均值超过 0.60 的新兴经济体有 7 个。国际金融危机后，贸易互补性相对减弱，互补性指数均值超过 0.60 的新兴经济体有 5 个。其中，墨西哥作为美国在新兴经济体中最主要的进口来源国，国际金融危机前后，$CI_m$ 指数均值分别达到了 0.85 和 0.84，这表明美国的进口商品结构与墨西哥的出口商品结构高度吻合，且在这 11 个新兴经济体中，美国与墨西哥的贸易互补性最强，显示了极大的贸易增长潜力。

第二，美国与俄罗斯和沙特阿拉伯的贸易互补性存在明显的非对称性，美国对俄罗斯和沙特阿拉伯的贸易互补性指数测算结果显示，以美国为出口国的 $CI_m$ 指数均大于 0.7，而以美国为进口国的 $CI_m$ 指数均小于 0.5，说明美国与这两国之间的贸易关系仍比较松散。

第三，近十年来，美国与中国、印度和土耳其的贸易互补性指数在波动中上升，而与阿根廷、巴西和印度尼西亚的贸易互补性指数，则在波动中呈现明显的下降趋势。此外，美国与墨西哥、韩国以及南非则在波动中表现相对稳定。

## 四　结论与启示

综合以上研究结果可以看出，国际金融危机对美国与新兴经济体的贸易竞争性与互补性结构变动影响相对较弱。且国际金融危机前后，美国与 E11 中的大多数新兴经济体均具有较强的贸易互补性，表明美国与新兴经济体的双边贸易具有较大的发展潜力，这为美国与新兴经济体的贸易合作提供了良好的基础。目前，新兴经济体已成为全球经济增长的中坚力量，并在不断地发展壮大之中，对此，美国也应当不断扩大市场需求，积极调整进出口商品结构，不断扩大与新兴经济体的贸易规模，进一步开拓全球市场，为美国对外贸易创造良好的贸易环境。

## 参考文献

[1] 武俞辰、赵景峰：《中国与“金砖国家”服务贸易互补性与竞争性分析》，《广东社会科学》2017 年第 6 期。

[2] 陈继勇、卢世杰：《“21 世纪海上丝绸之路”沿线国家贸易竞争性测度及影响因

素》,《经济与管理研究》2017 年第 11 期。

[3] 王金波:《“一带一路”经济走廊贸易潜力研究——基于贸易互补性、竞争性和产业国际竞争力的实证分析》,《亚太经济》2017 年第 4 期。

[4] 桑百川、郑伟:《拓展中国与“金砖国家”服务贸易往来的对策研究——基于贸易竞争性和互补性的分析》,《世界经济研究》2014 年第 6 期。

[5] 桑百川、李计广:《拓展我国与主要新兴市场国家的贸易关系——基于贸易竞争性与互补性的分析》,《财贸经济》2011 年第 10 期。

# 俄罗斯国家治理能力提升中的制度创新与科技创新的协同关系

戚文海　齐　琪

**摘　要**　处于转轨深化阶段的俄罗斯国家治理需要创新来驱动，只有让创新驱动的发展方式贯穿于国家治理能力之中，以创新来带动政府、市场和社会的发展，才能从根本上来提升俄罗斯国家的综合实力。创新驱动主要包括制度创新和科技创新两个方面，研究这两者之间的关系有利于俄罗斯国家治理能力的完善。在转轨深化阶段，应注意处理好两者的关系，制度创新和技术创新的整体协调发展是俄罗斯提升国家治理能力的突破口，是构建现代化国家治理能力的必然选择。

**关键词**　国家治理能力　制度创新　科技创新　俄罗斯

创新不仅是经济驱动的一个要素，在未来发展中，将逐渐成为经济发展乃至国家整体模式重构的核心，是新的经济增长方式。形成创新驱动发展理念，贯彻创新发展战略，已然成为转轨深化阶段国家治理的核心目标。如今处于转轨深化阶段的俄罗斯国家治理需要创新来驱动，只有让创新驱动的发展方式贯穿于国家治理能力之中，以创新来带动政府、市场和社会的发展，才能从根本上来提升俄罗斯国家的综合实力。创新驱动主要包括制度创新和科技创新两个方面，研究这两者之间的关系有利于俄罗斯国家治理能力的完善。在新兴经济体国家治理能力提升中处理好制度创新与科技创新的协同关系具有很强的示范意义。

## 一　俄罗斯创新驱动的发展核心在于制度创新

创新驱动是国家治理能力提升的不竭动力，创新驱动主要是制度创新和

---

［基金项目］国家社会科学基金重点项目“加快推动中俄经贸科技创新合作机制创新研究”（16AGJ001）和黑龙江大学独联体技术创新研究团队的阶段成果之一。

［作者简介］戚文海，教育部人文社会科学重点研究基地黑龙江大学俄语语言与文化研究中心、中俄全面战略合作协同创新中心教授；齐琪，黑龙江大学俄罗斯研究院研究生。

科技创新。制度创新是俄罗斯创新驱动的核心，是科技创新得以顺利进行的有力保障。在制度创新中，最核心的部分是政府制度，市场制度创新是制度创新的动力，公民社会是制度创新的保障。

### （一）俄罗斯政治体制的创新

#### 1. 转变政府治理理念

进入21世纪以来，随着俄罗斯政治经济体制转轨的日益深化，以自由市场、金融创新和全球化为主旨的新自由主义理念逐渐被修正，尤其是2008年国际金融危机的爆发，给以俄罗斯为代表的、从传统计划经济体制向市场经济体制转型的国家造成严重的冲击。这不仅仅是因为在全球化大背景下商品、资本等因素给转轨中的俄罗斯带来了不利影响，还有很大一部分原因是俄罗斯国家内部深受新自由主义理念的影响。在新自由主义理念的影响下，国家形成了“小而有限”的政府，政府在经济中的职能范围极力缩小，削弱了政府治理能力，为市场和公民社会扩大充分的发展空间，但忽视了自由放任的市场经济内在的脆弱性和不稳定性，其弊端日益显现。例如，俄罗斯市场经济体制确立之初，缺少一定的制度支撑，导致了市场主体投机和违法活动猖獗，产权保护、法制环境以及市场监督机制十分薄弱，国际金融危机爆发后，更加体现出了肆意妄为的市场主体给经济发展带来的危害。而此时的政府因过度缩小了职能范围，削弱了其调控能力，无法抵御危机，不能及时弥补市场失灵。2008年国际金融危机给了一些“信奉”新自由主义和“华盛顿共识”的转轨国家重重一击，而对那些相对远离新自由主义的国家却影响较小。这使新自由主义的信誉不断下降，人们开始对其理念进行反思，不断地向政府、市场及公民社会相互结合的理念迈进，这也是构建现代化国家治理能力的必然选择。

#### 2. 建立“民主”“有限”的法治政府

政府是秩序的源头和保障，能够推动和倡导变革。在后危机时代，转轨国家治理模式的变革首先要从重新定位政府角色，转变政府职能入手。俄罗斯政府主张以强有力的全面现代化政权来引导市场经济和政治民主关系的成熟发展。2009年，梅德韦杰夫在国情咨文中，提到要进行政治体制改革，讨论了政治制度发展和民主制度问题，为提高公民参与政治程度，对政党制度和选举制度进行了一定的改正。[①] 在普京的第三任期，构建了政府与社会相互沟通的互联网信息平台，以解决公民所关注的问题，开启了政府与社会互动的新时代，不断强调要建设民主国家，认为民主是未来国家政治的发展趋势，平衡公众民主和国家权力的关系，理顺权力分配关系，维护中央与总统的权威。这种新权威主义结合了民主与权威，并不是集权主义的回归。

---

① Конституция Российской Федерации. Президент России. http：//www. kremlin. ru/. 2009.

俄罗斯政府在坚持民主的同时，也不断强化自身职能，承担起组织经济发展的主要责任，提升国家应对危机的能力。在完善市场机制方面，除制定相应的规则制度外，还需要做到保障私有、个人以及集体财产不可侵犯，明确自身权利，正确处理集权与分权的关系，将权力适当地分给地方政府、市场和公民社会，避免权力的过于集中。除此之外，俄罗斯政府还加强对经济风险的管理、防范以及应对机制的制定，逐步意识到市场的两面性，改善和加强政府的监管职能，加强法治建设，提高政府透明度，严厉打击腐败行为，形成政府合理管理与个体自由相结合的模式。建立高效廉政的法治政府，也是转轨深化阶段俄罗斯形成现代化国家治理能力的重要因素。自 2009 年以来，俄罗斯力主避免行政臃肿，精简行政机构，减少审批项目和裁减冗员，节约政府开支，提高行政管理效率和政府的有效性，建立有效政府而不是小政府。同时，相继制定反腐战略和计划，整顿公务员队伍，严厉打击贪污腐败行为，加大监督管理力度，逐步形成自律机制。民主、有限的法治政府是引导创新驱动发展战略顺利实施的保障，也是衡量有效国家治理能力的主要标准之一。

### （二）俄罗斯市场经济体制的创新

1. 产权制度的创新

1992—2009 年，俄罗斯对国有大中企业的产权改革进行了第一波私有化，主要包括证券私有化、货币私有化和个案私有化，这使市场经济体制基本框架得以建立，但却造成了国有资产的大量流失，贪污腐败问题严重，社会分配不公现象出现，失业率上升。2010—2015 年进行第二波私有化，一方面对 2008 年国际金融危机所造成的国家赤字进行补充，出售国有资产的收入主要用于弥补这部分的财政短缺；另一方面精减国有企业数量，重视大企业的股份制改造，通过全部卖掉或者卖掉一部分股份的方式来实现，但仍保持国有控股。通过此次私有化来降低国有企业在国有经济中的比重，促进私人经济发展，培养竞争环境，从而在一定程度上缓解了经济结构不合理现象。除此之外，还推动资本市场的发展，建立俄罗斯金融中心，吸引投资并营造投资环境等。从短期来看，第二波私有化，补充了财政短缺；从长远来看，国有企业在国有经济的比重大幅度下降，使经济结构有所调整，进一步促进俄罗斯国家经济向现代化的方向转变。除缩减国有企业比重外，俄罗斯也对其企业股份制进行了改造，在 2014 年国情咨文中，普京提到对企业提供“监管假期”。而且，如果该公司已经获得了可靠的信誉，在三年内没有明显的投诉，那么，在下一个三年，在国家和市政检查框架内的例行检查就可以取消。这表明了俄罗斯未来会抛弃无休止的、全面的控制原则，只监控存在风险或者出现破坏迹象的企业，进行有限制性的工作。① 进一步消除社会对非国有部门的歧视，保证私营部门能够平等地获得金融资金的支持。除此之外，俄罗斯政府还继续支持面向社会的非政府组织，多采纳它们的意见和经验，加强国家与这些非营利性组织的对话，建立沟通平台。企业新一轮的制度改革，有利于向创新驱动发展方式注入新鲜活力。

2. 产业结构创新

两次经济危机暴露了俄罗斯经济结构与发展模式的弊病。首先，三次产业发展不均衡，重工业比重过高，轻工业和农业不发达，出口产品结构落后，无法与后工业化社会相匹配，阻碍了俄罗斯由粗放型向集约型经济的转变。其次，严重依赖石油、天然气等原材料和初级产品的资源依赖型经济，增加了俄罗斯经济发展的不稳定性，尤其是在2009年其工业生产下降11.9%，GDP下降7.9%，增长率为-7.9%，出现了自1999年来的首次负增长。② 处于转轨深化阶段的俄罗斯，为了优化产业结构，摆脱能源资源过度依赖的经济发展方式，避免陷入“资源优势”的陷阱，俄罗斯用创新来调节国家的经济发展结构，发展高效低能的创新型经济，来提高人民生活水平发展，实现经济的稳定增长。为此，国家大力发展高新技术产业，建立高新技术发展区，优先发展航天航空、原子能开发和纳米技术等战略性领域，加大投资力度（见表1）。

**表1 俄罗斯科技领域国家资金投入计划**

| | 执行年度 | 总投入（亿卢布） | 国家投入比例（%） |
|---|---|---|---|
| 发展科技研发优先领域* | 2007—2013 | 1950 | 70 |
| 国家技术基础* | 2007—2011 | 230 | |
| 发展纳米技术基础设施* | 2008—2010 | 270 | |
| 科教师资创新* | 2009—2013 | 1870 | |
| 发展民用航空技术 | 2006—2015 | 1580 | 22 |
| 俄联邦航天计划 | 2006—2015 | 4800 | 60 |
| 发展无线电技术及电子元器件基础* | 2008—2015 | 1870 | 60 |
| 发展核能技术——处理和清除核废料 | 2008—2010 | 400 | |
| 全球导航定位系统（GLONASS） | 2002—2011 | 1400 | |

注：*为俄罗斯教育科技部具体实施。

资料来源：俄罗斯教育科技部。

① В. А. Осипов，Я. В. Горобец. Ускоренная амортизация как фактор инновационного развития предприятий［J］. ЭКО. Всероссийский экономический журнал，№ 4，Апрель 2014，С. 171 - 179.

② 郭晓琼：《俄罗斯产业结构研究》，知识产权出版社2011年版，第87页。

同时，俄罗斯也重视传统优势工业的作用，普京更是将传统工业中的国防工业比作“整个工业领域科技进步的火车头”。同时，还提出了“新型工业化”的概念[①]；提出了投融资政策，扩充资金来源，加强反腐力度来保证资金的投入；将铁路作为基础设施建设投资的优先方向。除此之外，俄罗斯对产业政策进行了创新，主要有高新技术产业政策、汽车产业政策和产业布局政策三个方面，其中高新技术产业的发展是重中之重。据统计，俄罗斯知识密集型产品产量只占世界产量的0.3%—0.5%，而美国、日本等国家达到了30%以上。[②] 对此，俄罗斯建立高新技术产业开发区，建立保障高新技术产业顺利发展的法律体系等基础制度，在提升自主创新能力的同时，吸收外国经验，不断地完善发展高新技术产业政策，促进创新驱动发展战略的稳步实施。

### （三）俄罗斯公民社会体制的创新

在俄罗斯制度变迁过程中，公民社会体制的完善是其关键改革之一。在社会保障制度方面加大改革力度，在2013年国情咨文中，俄罗斯总统普京对以下几个方面加以强调：①医疗。未来三年，俄罗斯将创造各种条件，将高科技手术量提高1.5倍，不能落后于世界。世界先进国家已在医学领域采用生物及基因工程，这是医学界的革命，俄罗斯卫生部及科学院应在医学领域做出优先研究，应使保健系统管理专业化，卫生部应与相关医疗部门深化具体建议。②教育。实现教师队伍专业化，在教学中使用现代化设备，制订教师培养综合计划，教育部应制定教师不间断培训并提高教学技能规划。③住房。政府已确定“俄罗斯家庭住房”纲要，到2017年，计划建设不少于2500万平方米经济适用房。到2016年前，应打破1987年保持的纪录，建设7500万平方米住房。这一系列措施都说明了俄罗斯深刻了解民生对于国家治理的重要意义。[③]

在公民健康方面，俄罗斯主要是降低人口死亡率，提高人口寿命。普京提到：“在全球健康排名中，俄罗斯首先被认可为是有利健康的国家。这是平均寿命超过70岁的国家才有的荣誉。目前，在俄罗斯这一指标是超过了71岁。我认为，我们有充分的依据，在不远的未来，将我们居民的平均寿命提高到74岁，达到一个新的高质量、低死亡率的动态发展。与此相关，建议宣布2015年作为与心血管疾病斗争年，因为心血管疾病是当前死亡的最主要原因，结合解决这一问题，应该统一医疗工作者、文化和教育代表、媒体资

---

① 左凤荣：《稳中求进的2012年俄罗斯政治与经济》，《学习时报》2013年9月3日。

② 戚文海：《俄罗斯提升自主创新能力政策的路线图：演进轨迹、绩效评价及未来走向》，《俄罗斯中亚东欧市场》2013年第3期。

③ Конституция Российской Федерации. Президент России. http：//www. kremlin. ru/. 2013.

源、社会和体育机构的力量”。①

在人才培养方面，2015年1月，俄罗斯教育与科学部制定的《2025年前教育发展战略》文件草案开始征求社会意见。文件草案指出，国家在教育中的首要任务是培养具有新时代知识和技能，同时身怀传统道德价值，愿意为祖国发展贡献力量的青年。文件草案指出："2025年前，国家的首要任务是培养出新一代俄罗斯人。他们应是掌握21世纪的知识和具有创造能力的一代，且能够遵循传统的道德价值，并做好和平创造和保护祖国的准备。同时还包括提高青少年的法律和政治文化知识，提高孩子们信息安全程度等。"②

## 二 转轨深化阶段俄罗斯创新驱动的发展动力在于科技创新

科技创新是转轨深化阶段俄罗斯创新驱动的主要动力，主要由技术创新和知识创新两部分组成。技术创新主要是企业内部创新，完善企业管理制度和技术成果转化机制，为实践科研提供平台。一些高新技术产业基地也是创新知识的孵化基地，有利于科技创新服务于社会。知识创新主要是人才、高校和科研机构方面的创新，这三个领域是创新知识主要的来源。要让技术创新发挥重要作用，必须使技术创新和知识创新两者相结合，形成产学研互动协作模式，共同推动创新驱动发展。

### （一）技术创新对俄罗斯创新驱动的作用

#### 1. 企业技术创新

如今俄罗斯正处于以创新带动国家发展的转轨深化阶段，企业在国家经济中的地位日益重要，它是知识转化为产品的组织，企业的研发能力成为俄罗斯关注的焦点。尽管目前的企业研发能力有了一定的提高，但是，其发挥的科技创新的主体作用仍然很小，生产性企业的研发经费支出远远低于典型的创新型国家，总体研发能力也不强。为了提升企业，尤其是大型企业在国民经济中的地位，成为科技创新的主力，俄罗斯相继建立了大型国家公司，还组建了航空制造联合集团等开放式国有控股公司，其目的在于以规模优势和资源的整合能力来促进技术创新。对于中小企业，早在1992年就建立了中小企业科技发展基金组织，这是支持中小企业创新的重要机构。除此之外，2010年，政府还加强企业和研发机构合作力度，启动了国家技术平台建设计

---

① Конституция Российской Федерации. Президент России. http：//www. kremlin. ru/. 2013.

② Кулешов，В. В.，Унтура，Г. А.，Евсеенко，А. В.，Наука，образование，инновационные центры：региональные аспекты интеграции ［J］. ЭКО. Всероссийский экономиеский журнал，2015.

划，以利于国家对企业创新的各项领域效果整体把握；加强高校与企业的联合，对联合项目给予一定的资金支持，用于项目开发和科研工作。俄罗斯相继制定了一系列风险投资法律，并且从2011年起取消收入税，并对提高教育和医疗服务的企业，免除所得税，这些措施为企业营造了良好的创新环境。企业是技术创新的主力军，技术创新也在一定程度上革新企业内部结构，使其资源有的放矢，合理利用，提升企业竞争力。这也在一定程度上有利于市场经济体制的完善，从而促进创新驱动的发展。

2. 推进技术创新产业发展

在航天工业方面，俄罗斯制订了一系列计划方案并投入实施，例如，2005年制订了《2006—2015年联邦航天计划》，保障全俄罗斯境内的通信和电视转播，完善“格洛纳斯”卫星系统，保障俄罗斯航天技术发展潜力。2012年，俄罗斯工业与贸易部公布了《俄罗斯2013—2025年航空工业发展规划》。与之前的方案相比，调低了2025年俄罗斯航空制造业的世界市场份额预期，从原来预期的10%降低到3%，直升机从27%降低到14%。规划目标的降低可能是受到财政投入减少的影响。根据预测，到2025年，世界航空产品市场容量将增加1.1倍，达到5950亿美元，其中，民用飞机市场占75%，俄制飞机的民机市场份额将达到4.7%，而军机部分将达到9.7%。到2025年，世界飞机制造市场容量将提高1.3倍，达到3660亿美元，其中，约80%流入民用飞行器。世界直升机市场容量将达到430亿美元，比2011年增加1.1倍多，其中民用直升机比例达到41%。[①]

在电子工业创新方面，俄罗斯制订了《2007—2010年国家技术基础联邦专项计划》，重视电子工业中长期发展，逐步实现电子元器件的市场份额数量的增加，加大投资力度，从而提高市场占有率。2012年，俄罗斯政府正式批准了《2015—2025年俄罗斯无线电子工业发展规划》。俄罗斯工业和贸易部部长曼图罗夫表示，国家为实施该项规划预计拨款1800亿卢布，但规划所需资金总额将达到5170亿卢布。[②]

在信息产业发展创新方面，2010年颁布了《信息社会发展规划（2011—2020年）》，明确了俄罗斯建设和发展信息社会的总目标，即提高俄罗斯综合竞争力，借助信息通信技术，完善国家管理体系；通过发展数字内容、应用创新技术和提高国家管理效率等措施来使个人和公司得到发展。2002—2010年，俄罗斯信息产业增长10倍之多，在24个全球IT技术领先国家中排在第14位。[③] 2013年，俄罗斯政府正式批准了《俄罗斯联邦2014—2020年信息

① Владислав Келле, Инновационная политика ［J］. *Всероссийский экономический журнал*, №9, Апрель 2013, С. 58 – 65.

② Кулешов, В.В., Унтура, Г. А., Евсеенко, А.В., Наука, образование, инновационные центры: региональные аспекты интеграции ［J］. *ЭКО. Всероссийский экономисеский журнал*, 2015.

③ 《俄罗斯软件产业发展现状分析》，中国经济网，http：//intl. ce. cn。

技术产业发展战略和2025年前景展望》，标志信息技术已经正式成为普京发展“创新型”经济的一大新引擎。该战略由俄罗斯通信与大众传媒部联合经济发展部、科教部、工业和贸易部、劳动部及其他有关联邦执行机构共同制定完成，足见政府对其重视程度。

打造高新技术孵化基地。例如，俄罗斯于2011年打造俄版硅谷，即斯科尔科沃国家创新中心，目前已有数十家企业加入其中，它是企业创新成果的孵化基地以及国家政策的演练场的象征，融资来源于国家预算，高新技术园区的建立为企业成果的产品化提供了有力的支持。除此之外，俄罗斯还创建了众多科技园，例如，新西伯利亚科技园、国立莫斯科大学以及国立圣彼得堡技术大学科技园等。科技园为高新技术产品的开发提供了平台，也推进了国际合作的进程。经济特区也是高新技术发展的载体之一。如托姆斯克等市的研究所和高校集中的城市设立技术应用型经济特区，在这样的城市里，政府为科研教育机构提供研发资金，为企业提供一些包括税收在内的优惠政策等。高新技术产业是未来俄罗斯经济发展的主要方向，推进技术产业是实现创新驱动经济发展战略的主要因素之一。

### （二）知识创新对俄罗斯创新驱动的意义

#### 1. 人才激励政策

如今俄罗斯人才队伍主要面临着人才流失、科研队伍结构老化、工资不高、对科研投资不足等问题。对于这些问题，俄罗斯采取了一系列措施。首先，增加科学、高新技术和职业教育等领域的预算，通过了《俄罗斯科技优先领域研究和开发》和《创新俄罗斯科学与科教人才》两个方案，人文科学俄罗斯基金会、基础研究俄罗斯基金会也先后成立，主要是对从事有发展前景科研项目的科研人员提供帮助。其次，提高科研人员薪资待遇，缩小各地教师工资差距，改善教师工资与其专业技能、承担责任不符的现象。2010年，政府颁布了《关于俄罗斯高等职业教育科研机构吸引顶尖科学家措施的规定》，决定每年组织一次顶尖科学家参与的知识竞赛，优胜者将获得由政府财政所提供的9000万卢布奖金。在2012年俄科学院会议上，普京提出，到2018年，科研人员工资将高达当地平均工资的两倍，同时尽力将顶尖科学家的收入水平达到世界优秀大学及科研机构的标准。

关注青年科技人才教育，也是俄罗斯培养人才的举措之一。俄罗斯政府不仅建设创新服务中心为青年科技人才提供一定服务，联合地方企业为其提供资金支持，而且关注青年学者住房问题，在购房住房方面给予一定的优惠政策，并且增加国家支出预算，来提高青年学者国家奖学金，提供科研经费的支持。除政府的政策外，俄罗斯科学院从2014年起开展关于机械工程、哲学、经济学等19个领域的学术竞赛，评出“优秀科研成果”奖，并获得约5

万卢布的奖金。①

2. 建立创新型高校

增强高校的国际竞争力，从整体上提升教育质量是俄罗斯发展创新型经济的目标之一。首先，俄政府颁布了《创新法》，鼓励创办现代大学和科技中心，倡导大学自办研究所、企业等，并对其给予一定的优惠政策。其次，俄罗斯政府对高校实行多元融资方法，吸引多方投资来建设“创新大学”“联邦大学”等学科新型大学，并且鼓励学校教学方法与创新相结合，培养适应国家现代化发展的人才，将知识用于现实实践当中，促进知识成果商业化。此外，俄罗斯还鼓励科研与教育整合，采取了如加大对高校的支持、对科研人员进行专项支持、加强企业技术创新等措施，加强科研培训，在教育中运用科学和实验，促进科教一体化的形成，科研、政府与企业形成耦合的产学研基本模式。对于培养机制，俄罗斯实行高校双轨层次结构，一层由不完全高等教育、硕士和学士组成，另一层由副博士和博士组成，有利于高等教育体制的合理化。

## 三　转轨深化阶段俄罗斯制度创新与科技创新的动态关系

制度创新与技术创新相互作用，可以将科技创新比作“硬创新”，把制度创新比作“软创新”。这两者既有联系又有区别，联系是两者都是新事物，会对适用范围进行选择，在一定程度上能够带动自身以及周边行业的创新发展。但是，制度创新不同于技术创新的一点在于，制度创新不会受物质资本的制约。对于制度创新与技术创新之间的关系，学者至今仍没有达成一定的共识。例如，凡勃伦、诺思两位经济学家认为，制度创新与技术创新是一方决定另一方的关系；而拉坦认为，技术创新与制度创新是相互支撑、相互依赖的关系，不存在“制度决定论”和“技术决定论”。马克思认为，技术的发展变化决定制度的变迁，强调生产力对生产关系的决定作用，与此同时，也强调了制度创新对于技术创新的反作用，但这是第二位的。② 当今国际创新研究发展趋势更趋向于制度创新促进技术创新，但不能明确“制度决定论”和“技术决定论”哪一种观点更具发展性。毋庸置疑的是，应该从客观、理性、科学的角度来分析两者之间的关系。本文所持的观点是科学创新决定制度创新，但要优先考虑制度创新。③

① 柴丽平：《俄罗斯科技人才队伍现状及政策研究》，《全球科技经济瞭望》2014 年第 4 期。

② 格伦·E. 施韦策：《新时期俄罗斯的科技、经济与安全》，北京理工大学出版社 2007 年版，第 33 页。

③ 袁庆明：《技术创新的制度结构分析》，经济管理出版社 2003 年版，第 75 页。

## （一）俄罗斯科技创新对于制度创新的作用

在生产过程中，劳动者为了不断降低劳动强度，提升劳动效率，就要发挥主观能动性，改进生产工具，即进行技术创新。在这个过程中，生产者的能力会得到提升，这又在一定程度上促进了生产工具的革新，这种内在矛盾也是生产力和科技进步的内在动力。在生产力发展的同时，必然会对制度变革产生一定的影响，这主要是因为，在生产力不断发展的过程中，旧制度会越来越无法配合发展中的生产力及技术，会打击生产及技术发展的积极性，因而为适应生产力发展，制度变革具有一定的必然性和客观性。新制度的有效性取决于它对生产力、技术的推动力，技术、生产力促使制度变迁。从这个方面来看，技术创新是决定制度创新的。

如今的俄罗斯已然认识到了科技对于国家治理能力的重要性，在经济、金融、社会发展等各个领域加强技术创新。在2014年国情咨文中，普京再次强调了要摆脱对国外的技术依赖，提升俄罗斯的内在潜力。他提出："我们需要取消对国外技术和工业产品的依赖性，其中包含机床和仪表加工、动力机械制造、矿产和极地大陆架开发设备，我们一切都从国外购买，而对于自有工业和科学结果通常为零。我建议在政府框架内创建特别协调中心，将实施大项目与配置俄罗斯企业订单相捆绑，致力于生产和研发基地，实现本地化生产，对于进口，要引进国外真正的独特设备和技术。我建议实施国家科技振兴计划，以确保国家安全、老百姓高品质生活以及发展技术系统。必须联合设计力量、创意团队以及那些积极推进技术研发的公司力量，对接主要的大学和研发中心、科学院、大型国际商业协会等，还应该邀请在国外科学和高新技术领域工作的同胞们来参与。除此之外，推进素质教育，在一些有实力的大学内组织培养与工业紧密相连的工程技术人员。"① 但是，如果只是依靠内在矛盾来推动科技的发展是不可能的，这需要制度来推进，因此，在承认技术创新重要性的同时，不能忽略制度创新的重要性。

## （二）俄罗斯制度创新对科技创新的重要性

制度创新往往在国家治理中有利于提升政府能力，完善企业机制，挖掘人才资本潜力，应该在重视科技创新的同时，加强制度创新力度。著名经济学家吴敬琏指出："过多人力物力投入于开发新技术和组织新产品试制研究计划，而没有在创造有利于发挥人力资本的潜力、有利于创新的制度上下功夫。当出现研究成果向生产转移的速度过慢、企业缺乏技术创新的积极性等问题，也不克服企业制度、激励机制等方面的缺陷，着眼去解决体制和政策问题，而是希图'提高创新意识'等措施直接干预技术开发过程，结果往往

① Конституция Российской Федерации，Президент России，http：//www. kremlin. ru/. 2014.

是劳而无功。”① 也就是说，当制度与技术创新不匹配时，就要优先考虑制度创新。从这一点来看，无论是“科技创新决定论”还是“制度创新决定论”都过于极端。

俄罗斯并没有一味地追求科技创新，以科技来带动整个国家的发展，而是先在政府管理制度、市场运行机制以及公民社会福利制度健全等方面进行制度创新，使政府、企业以及高校科研机构等领域的科技创新在制度创新不断健全的基础上得以充分发挥。政府是一种非市场激励机制，俄罗斯能够制定相应的优惠政策，提供适宜的公共服务与产品，而且政府引导企业与科研机构相结合，实现技术共享，促进技术创新的发展；俄罗斯市场创新能够促使企业内部管理体制得到优化，实现管理和设备的现代化，有利于提升企业的竞争实力，为创新提供更好的服务平台；俄罗斯经济转轨过程中在人才、就业、教育等方面实施的政策，也有利于技术创新的深层发展。

## 四 基本结论

进入经济转轨深化阶段，俄罗斯要提升现代化国家治理能力，就必须实施创新驱动战略，将创新贯穿于国家治理能力形成过程之中。

首先，制度创新是创新驱动的核心。俄罗斯通过政治上、体制上的创新来建立民主法治政府，强化政府职能，明确职能范围，在一定程度上有利于提升政府能力。通过产权制度创新，减少国有企业的比重，鼓励私营企业发展，调整产业结构，鼓励自主性创新，向高新技术经济发展模式转变。在公民社会方面，完善社会保障制度，改善畸形的社会结构，缩小社会分化差距，创造和谐的社会氛围。制度创新为俄罗斯构建有效的国家治理能力奠定了基础。

其次，科技创新是创新驱动的动力，分为技术创新和知识创新。在这方面，俄罗斯主要加强企业技术创新，因为企业是创新活动的主体，能够将知识技术转化为产品，促进商业化，制定相关的优惠政策来刺激企业的创新。除此之外，建立高新技术研发和产业中心，成为技术创新的孵化基地，加大研发与投资力度。在知识创新方面，俄罗斯加强人才培养，并制定相关的培养政策，建立创新型高校，促使技术与教育融合，以构建现代化的教育体系。俄罗斯鼓励技术创新，是希望形成产学研相互协调、相互作用的循环模式，让技术与产品、实践相结合，更好地服务于俄罗斯社会。

应当指出，制度创新和科技创新既有区别也有联系，科技创新固然重要，但在制度创新与科技创新不匹配时，首先要考虑制度创新，因为无论科技怎样贯彻实施，如果不考虑制度本身的缺陷，是不会有真正可持续发展的。转

① 袁庆明：《技术创新的制度结构分析》，经济管理出版社2003年版，第65页。

轨过程中出现危机使俄罗斯科技发展受到严重影响，主要是对科技的宏观管理、资金投入、科技队伍结构和所有制结构的变化等方面产生影响。而处于转轨深化的俄罗斯的科技政策、科技发展、技术出口，又从根本上影响和制约着转轨时期俄罗斯的经济增长方式、出口商品结构和经济增长的前景。在转轨深化阶段，应注意处理好两者的关系，制度创新和技术创新的整体发展是俄罗斯提升国家治理能力的突破口，是构建现代化国家治理能力的必然选择。

# “一带一路”建设的阶段性成效分析

胡　键

**摘　要**　“一带一路”倡议提出后，对其内涵虽然有不少争议，但经过近四年的实践，基本上达成了共识，即“一带一路”倡议不是挑战美国等西方国家的战略，而是一个开放性的、不针对任何第三方的、共赢性的经济发展倡议。“一带一路”倡议的实践所取得的实质性成果，原因在于中国抛弃狭隘的国家利益观，以共同利益、共享利益的理念积极推进；也由于沿线大多数国家民众对中国的信任而积极配合和实施战略对接。不过，“一带一路”倡议毕竟涉及国家多、地域广、人口多、文化类型多样，加之当前国际形势复杂，以及不同国家对“一带一路”倡议的认识水平有差异，因此，“一带一路”建设面临着各种各样的风险，包括政治风险、经济风险、宗教风险、文化风险、民族种族风险、地缘风险和项目风险等。然而，由于“一带一路”倡议有良好的社会基础、坚实的物质基础、强大的能力基础等，因此，它一定拥有一个美好的前景。

**关键词**　“一带一路”　内涵　成就　风险　未来前景

2013年下半年，习近平分别在哈萨克斯坦、印度尼西亚提出了建设“新丝绸之路经济带”和“21世纪海上丝绸之路”的倡议。四年来，“一带一路”倡议得到了沿线国家的广泛关注和积极参与。这表明，这个倡议不仅符合中国发展的大势，也符合沿线国家的利益。也正因为如此，四年来，“一带一路”倡议已经取得了实质性的成果，当然，也暴露出不少问题。尽管如此，在和平、合作、发展、共赢的世界大趋势下，推进“一带一路”建设是沿线国家的共识。因此，尽管风险与挑战不少，新问题也不断呈现，但“一带一路”倡议的未来前景依然美好。

---

［作者简介］胡键，上海社会科学院软实力研究中心主任、研究员、博士生导师，兼任《社会科学》杂志社社长、总编，上海市俄罗斯东欧中亚学会副会长和上海市社会科学普及研究会副会长。

# 一 “一带一路”建设的主要成就

“一带一路”倡议是中国提出的，但在此之前，类似的“计划”有不少，自20世纪80年代以来，先后有联合国提出过“泛欧亚铁路计划”、俄罗斯提出的“钢铁丝绸之路”、日本提出的“丝绸之路外交”、吉尔吉斯斯坦提出的“新丝路外交”等，但这一切计划都仅仅是停留在计划层面，都没有具体落实。但是，中国提出的“一带一路”倡议不仅付诸实践，而且四年来取得了重大成效。在此，笔者也从“五通”来分析“一带一路”建设所取得成就。

第一，在政策沟通上，“一带一路”倡议提出后，沿线各国都在着手制定相关政策与中国的倡议进行及时对接。2015年6月，中国和匈牙利双方签署了《中华人民共和国政府和匈牙利政府关于共同推进丝绸之路经济带和21世纪海上丝绸之路建设的谅解备忘录》。这是中国同欧洲国家签署的第一个此类合作文件。随后，在上海合作组织乌法峰会期间，中蒙俄三国签署了《关于编制建设中蒙俄经济走廊规划纲要的谅解备忘录》，中国的相关部门与塔吉克斯坦、哈萨克斯坦、卡塔尔、科威特等国签署了《共建“一带一路”的谅解备忘录》。截至2017年5月的“一带一路”高峰论坛，全球100多个国家和国际组织积极支持和参与“一带一路”建设，联合国大会、联合国安理会等重要决议也纳入“一带一路”倡议的内容。“一带一路”倡议逐渐从理念转化为行动，从愿景转变为现实，建设成果丰硕；中国已经与50个国家和区域合作组织发表了对接“一带一路”倡议的联合声明，与沿线国家签署了130多个双边和区域运输协定。此外，四年来，中国与包括欧盟的“容克计划”、俄罗斯提出的“欧亚经济联盟”、东盟提出的互联互通总体规划、哈萨克斯坦提出的“光明之路”、土耳其提出的“中间走廊”、蒙古提出的“草原文化之路”、越南提出的“两廊一圈”、英国提出的“英格兰北方经济中心”、波兰提出的“琥珀之路”等的对接，中国与老挝、柬埔寨、缅甸、匈牙利等国的规划对接工作也全面展开。此外，一些多边机制也不断强化与“一带一路”的合作，其中包括上海合作组织、中国—东盟“10+1”、亚太经合组织、亚欧会议、亚洲合作对话、亚信会议、中阿合作论坛、中国—海合会战略对话、大湄公河次区域经济合作、中亚区域经济合作等。因此，通过政策沟通和战略对接，越来越多的国家和地区正在积极参与到“一带一路”倡议中来。

第二，在设施联通上，“一带一路”建设的重中之重就是基础设施的互联互通，所以，倡议提出来以后，中国与沿线相关各国都在共同推进基础设施建设，为贸易畅通、资金融通保驾护航。为此，2013年中国倡议筹建亚洲基础设施投资银行，2016年正式开业，成员从最初创立时的57个扩大到77个。亚洲基础设施投资银行主要是为“一带一路”沿线国家的基础设施建设提供融资服务。中国高铁在“一带一路”基础设施的互联互通上发挥了引领作用。2015 年 4 月，中国与巴基斯坦签署了两国《关于开展 1 号铁路干线（ML1）升级联合可行性研究的框架协议》。1 号铁路干线从卡拉奇向北，经拉合尔、伊斯兰堡至白沙瓦，全长 1726 千米。该线路直接连通到喀什铁路，往南再修到瓜达尔港，则中国从中东、欧洲或者非洲进口的商品，可以通过上述线路运到新疆，再运到沿海地区。2014 年 7 月，由中国在欧洲拿下的第一宗高铁项目伊安高铁（从土耳其安卡拉至伊斯坦布尔的高速铁路）全线建成通车。由中铁十八局承建的麦麦高铁（连接麦加和麦地那的高铁），2009 年动工，2017 年正式通车。2013 年 11 月，中国铁路进入欧盟的第一个项目匈塞铁路（匈牙利首都布达佩斯至塞尔维亚首都贝尔格莱德）经中国、匈牙利和塞尔维亚三国总理宣布合作建设，这是联系中东欧地区的交通要道。2014 年 11 月，中俄双方正式启动了“中国（北京）—俄罗斯（莫斯科）”高铁建设方案的“大项目研究”工作，将优先实施“莫斯科—喀山”高铁项目的建设工程。这是北京—莫斯科高铁干线的一部分。2015 年 8 月，中国和泰国达成意向，将修建中泰铁路，由云南昆明起至泰国曼谷，2016 年 5 月正式动工，这也是泰国首条标准轨铁路。2015 年 12 月，连接老挝首都万象与云南昆明的中老铁路老挝段（磨丁至万象）也举行开工奠基仪式。这段铁路预计将于 2020 年建成。这两端铁路都属于泛亚铁路的组成部分。2015 年 10 月，中国铁路总公司牵头组成的中国企业联合体，与印度尼西亚公司牵头的印度尼西亚国有企业联合体，正式签署了组建中印尼合资公司协议。该合资公司将负责雅万铁路项目的建设和运营。随后，新马高铁也被提上了日程。2015 年 12 月，中国铁建承建的尼日利亚铁路现代化项目第一标段——阿布贾至卡杜纳铁路全线铺通；同月，尼日利亚沿海铁路也建成。这些均为尼日利亚“三纵四横”“国家铁路干线网和西非共同体”互联互通铁路网的重要骨干网络。此外，中国与美国、巴西、秘鲁、哥伦比亚、委内瑞拉等都有铁路项目的合作。由此可见，中国与“一带一路”沿线国家的高铁合作已经非常深入。从高铁对外合作的情况来看，“一带一路”倡议根本就不是中国“低端产业的对外输出战略”。2016 年 4 月，中国、白俄罗斯、德国、哈萨克斯坦、蒙古、波兰和俄罗斯七国铁路部门又正式签署《关于深化中欧班列合作协议》。这是中国铁路第一次与“一带一路”沿线主要国家铁路签署有关中欧班列开行方面的合作协议，标志着中国与沿线主要国家铁路的合作关系更加紧密，既为中欧班列的开行提供了更加有力的机制保障，也对进一步密切中国与上述六国的经贸交流合作、助推“一带一路”建设具有重要意义。

第三，在贸易畅通方面，“一带一路”倡议提出以后，中国与相关国家和地区的贸易额在不断上升。2016 年，中国服务贸易总额达到 6575 亿美元，规模居世界第二位。中国服务业和服务贸易的开放发展，对全球贸易和世界经济增长做出了重要贡献。“一带一路”倡议提出以来，中国对沿线国家的服务业投资超过300亿美元，带动了沿线各国经济发展，创造了大量就业机会。根据国家信息中心2017年3月发布的《“一带一路”贸易合作大数据报告2017》，2016年，中国与沿线国家贸易总额约为9535.9亿美元，其占中国对外贸易总额的比重达25.7%，较2015年上升了0.4个百分点。从贸易市场看，东南亚是最大的出口目的地和最大的进口来源地，其中，越南超越马来西亚，成为我国在沿线国家中最大的贸易伙伴。另据商务部的统计，中国企业共在“一带一路”沿线20个国家建设50多个境外经贸合作区，累计投资超过180亿美元，为东道国创造了超过10亿美元的税收和超过16万个就业岗位。“一带一路”倡议提出来后，中国加快了与相关国家和地区的自贸区建设，以推进倡议的实施。目前，中国正与五大洲的28个国家和地区建设15个自由贸易区，已签署10个自由贸易协定，包括中国与东盟、新加坡、巴基斯坦、新西兰、智利、秘鲁、哥斯达黎加的自贸协定，中国内地与中国香港、中国澳门的更紧密经贸关系安排，以及中国大陆与中国台湾的海峡两岸经济合作框架协议。除与哥斯达黎加的自贸协定外，其他9个自贸协定已经开始实施。正在与海湾合作委员会、澳大利亚、挪威、冰岛和瑞士商建5个自贸区。此外，完成了与印度的区域贸易安排联合研究，结束了与韩国的自贸区联合研究，正在开展中日韩自贸区官产学联合研究。

第四，从资金融通的方面来看，资金融通是“一带一路”建设的重要支撑。为了向“一带一路”基础设施建设提供融资服务，在中国主导下筹建了亚洲基础设施投资银行。成立一年多来，亚洲基础设施投资银行落实了包括孟加拉国境内的电力配送升级和扩容项目；与世界银行联合融资的、位于印度尼西亚的国家贫民窟升级项目；与亚洲开发银行和英国贸易发展部联合融资的、位于巴基斯坦境内、连接旁遮普省的绍尔果德与哈内瓦尔的M-4高速公路项目，以及与欧洲复兴开发银行联合融资的、位于塔吉克斯坦境内、连接该国首都杜尚别与该国和乌兹别克斯坦边境的一条公路项目等。北京高峰论坛之后，亚洲基础设施投资银行加大了项目融资服务的力度，2017年6月，亚洲基础设施投资银行批准总额约3.24亿美元的三个新项目，其中包括向印度基础设施基金提供1.5亿美元的股权投资，这是亚洲基础设施投资银行首个股权投资项目。同月，亚洲基础设施投资银行宣布将为马尼拉防洪项目（第一阶段）提供2.07亿美元的融资支持。另外，丝路基金自2014年成立以来，其投资规模已经超过60亿美元，投资覆盖了“一带一路”沿线多个国家。

第五，在民心相通方面，“一带一路”建设特别强调民心相通的重要性。民心相通就是要通过文化交往来形成沿线各国民众对“一带一路”的共识。也就是说，“一带一路”尽管是一个经济发展倡议，但它不能离开文化的支撑。而支撑“一带一路”的文化应该是包容性的文化，推进“一带一路”建设需要尊重多样文明。欧亚大陆是多种文明、多种文化、多种宗教的荟萃之处。不仅文化的多样性是该地区的客观事实，而且由于不同民族、不同国家的经济发展水平不同，也会在文化上体现出来。所以，文化没有高下之分，但发展阶段不同也会导致文化发展水平有异。我们既不能用一种文化去同化其他文化，也不能用一种文化的标准去衡量其他文化的发展水平，而是沿线国家所有的文化都要用一种包容的心态去对待其他的文化。支撑"一带一路"的文化应该是一种平等文化。文化平等主要是讲一种文化态度。前面讲的文化没有高下之分，固然也是一种平等文化态度，这里笔者强调的是，文化没有强弱之分，都是平等的。历史上，这里曾经爆发了十分惨烈的文化冲突，强势文化把弱势文化几乎斩草除根。文化冲突实际上就是民族冲突、军事冲突。因此，我们要从历史中汲取教训，推进"一带一路"建设绝不能用强势文化去取代弱势文化。支撑"一带一路"文化应该是民族性的文化。每一个民族的经济发展方式都是与该民族的文化紧紧联系在一起的，或者说经济发展本身就是文化发展的表现形式之一。因此，尊重民族性文化，就是尊重文化的多样性，也就充分体现了文化的包容性。支撑"一带一路"的文化应该是合作的、交融的文化。"一带一路"建设的推进，不能搞文化孤立主义，也不能搞文化同化主义，而是在互动中合作，在合作中交融。切忌大国的文化自负感，一旦有文化自负感，一方面会贬低其他民族的文化，从而产生文化沙文主义；另一方面，文化自负感则会使自身陷入无知的陷阱之中。因此，"一带一路"建设需要各种文化在平等中交流与合作，为"一带一路"经济建设夯实文化基础，使之具有持久性的发展动力。"一带一路"倡议提出以来，民间交往、文化交流不仅没有停止反而得到进一步加强。各种形式的文化交往如博览会、教育合作培训、孔子学院、文化论坛、中国学论坛、汉学大会等，这些活动有的过去一直举办，但在"一带一路"的背景之下，这些活动又把推介"一带一路"和传播沿线各国的文化作为最重要的内容。

总之，"一带一路"倡议提出后，四年来所取得的成果超出预想。这既是因为作为倡议提出方的中国，抛弃狭隘的国家利益观，以共同利益、共享利益的理念积极推进的结果，也是由于沿线大多数国家民众对中国的信任而积极配合和进行战略对接的结果。不过，"一带一路"倡议毕竟涉及国家多、地域广、人口多、文化类型多样，加之当前国际形势复杂，以及不同国家对"一带一路"倡议的认识水平有差异，因此，"一带一路"建设面临着各种各样的风险。

## 二 当前"一带一路"建设面临的主要风险

"一带一路"建设面临种种风险，如投资回报风险、制度风险、文化风险、道德风险、社会风险、恐怖主义风险等。"一带一路"建设涉及的国家达到60多个，各国的政治体制、政治价值取向、社会制度、政治传统等都不一样。这种政治的差异性必然导致不同的战略和政策，并且会在经济发展的具体措施上反映出来。同样，政治制度和社会制度的差异性也会导致不同国家之间的认知差异，以及不同政治制度之下的政治稳定程度的差异。这些都是“一带一路”建设所面临的现实风险。这里，将这些风险分解为政治风险、经济风险、宗教风险、民族种族风险、文化风险和地缘风险。

### （一）政治风险

关于“一带一路”面临的政治风险，笔者在《“一带一路”战略构想及其实践研究》中有初步的研究，这里再做进一步的阐述。政治风险包括：

第一，政治局势。包括政治透明度、腐败问题、政治抗争问题等。“一带一路”建设需要稳定的政治环境，而政治透明度越高的国家，政治相对来说比较稳定，也就越容易进行对外合作。中亚国家是总统集权制，政治家大多数仍然是原来苏共体制内的精英，苏共体制的弊端在今天中亚国家中仍然还有很深的影响。这些国家的政治透明度不高，因此，常常发生政治冲突，这些政治冲突又与活跃在中亚地区的分裂主义、极端主义、恐怖主义交织在一起，形成了一股解构中亚政治的洪流。从苏联解体之初的民族主义浪潮到新世纪头十年的“颜色革命”等，都对中亚国家的政治稳定产生了巨大的冲击。政治透明度高，政治的腐败程度就比较低。从透明国际的腐败指数来看，中亚国家和东盟国家（新加坡除外）都是严重腐败国家。执政者的腐败是在野政治力量攻击的主要目标。而政治抗争的主要原因就是政治不透明和政治腐败，它们之间有着天然的联系。

第二，政权的稳定性。政权的稳定性主要与政治派系斗争的激烈程度有关。当然，政治派系斗争的激烈程度又与上述政治透明度、腐败问题有关。中亚地区的总统集权制不容易形成强大的政治反对派，但在野政治力量与民族宗教问题牵扯在一起的时候，这种派系斗争会演变为民族宗教冲突。在这种情形下，政治冲突的烈度会更大。在东盟地区，新加坡是集权制，但它的政治透明度比较高，政治比较稳定。但是，印度尼西亚、菲律宾、缅甸、马来西亚这些国家，一直都保持着强大的反对派；而且，每一次政治派系之争，几乎都与腐败有关。当然，沿线的中东欧国家，政治派系之争基本上秉承了民主的妥协精神，因此，这些国家相对稳定。但是，独联体内的乌克兰、白俄罗斯等国则完全不一样。白俄罗斯是总统集权制国家，几乎没有政治反对派能够与卢卡申科抗衡。所以，在卢卡申科控制之下，政治稳定，但未来的政治风险比较高。强人之后的力量真空，是政治动荡的根源。乌克兰虽然有势均力敌的政治派别，但大国的博弈，以及各派对民主精髓的误读，仍然沿袭“革命”的方式来对待权力交接，所以，街头政治现象非常严重。中东地区的政治稳定程度则是另外一种情形，那里的政治风险一方面是恐怖主义搅乱主流政治发展进程，另一方面是大国因在中东打击恐怖主义方面有不同的利益诉求、不同的标准，从而产生一种对抗性的大国博弈。此外，这里的政治反对派背景非常复杂。

第三，政治精英的代际更替也是非常重要的政治风险。不同年代的政治精英有着不同的价值取向。尤其是在集权制国家，老一代的政治精英思想保守，执政的诉求更多的是从家族利益、集团利益来考虑。但是，新一代政治精英往往对此不满，特别是在一个开放的世界之中，新一代的政治精英都有在发达国家学习的经历，在相当大程度上受到西方价值观的影响。例如，在格鲁吉亚，最初由谢瓦尔德纳泽培养起来的萨卡什维利，受到西方民主思想的影响而"背叛"了谢瓦尔德纳泽，最后成功地获得了"颜色革命"的胜利。当然，后来的萨卡什维利也渐进地成为某种利益集团的代表。在中亚国家，前不久去世的卡里莫夫、现在仍然执政的纳扎尔巴耶夫、塔吉克斯坦的拉赫蒙等都是苏共体制内的精英，但有的已经去世，有的已经被逐下了台（如吉尔吉斯斯坦的阿卡耶夫），还有的仍然在政治舞台上呼风唤雨。但问题是，这些人年岁已高，政治精英的更替已经不可避免。这些国家新一代的政治精英究竟持什么样的价值理念，将在相当大程度上决定他们国家未来的外交取向。在这方面，我们已经开始研究但是仍远远不够，特别是对他们在野力量中的青年精英的研究更少。在东盟地区，如菲律宾，在阿基诺三世执政时期中菲关系直线下落，但没有想到的是，杜特尔特却完全改变了阿基诺三世的政策。对此，我们从事菲律宾研究的学者根本没有对杜特尔特有过任何研究。

第四，政府履约程度也即法治环境状况。我们可以用一个非常重要的指标来衡量即知识产权保护指数。从沿线国家的实际情况看，这个指标整体上都不高，中国大约是3.8，绝大多数沿线国家都在2.0—3.0，以色列和中东欧的核心国家如波兰、捷克、匈牙利等国这个指数比较高。而中亚、南亚、东南亚各国（新加坡除外）都是这个指数偏低的国家。这说明沿线国家的法治环境普遍不是太好。为了敦促沿线国家改善环境，是否可以建立沿线国家普遍使用的信用评估机构呢？关于评估机构，世界三大信用评估机构都是欧美主导的（惠誉国际、穆迪、标准普尔），但并不能反映沿线国家的实际情况。因此，建立自己的信用评估机构有利于相互之间的合作。

第五，与中国的友好关系状况。沿线国家尤其是核心区域，与中国友好的国家，项目推进就比较容易，例如在巴基斯坦，中巴项目合作就非常顺利，包括核能合作、铁路建设的合作，以及北斗卫星导航系统的合作等都非常顺利。这是因为中巴是全天候的战略伙伴关系。中哈关系一直发展比较好，新"丝绸之路经济带"最初就是习近平在哈萨克斯坦纳扎尔巴耶夫大学提出来的。"海上丝绸之路"则是在印度尼西亚国会提出来的。这两个国家非常特殊也非常重要。尽管同是中国的邻国，印度的情况大不一样。印度与中国存在着边界问题，这实际上是中印关系的一个症结。印度对"一带一路"倡议的认知是非常复杂的，甚至在一定程度上说是消极的。印度一直想构建自己的丝绸之路。这不一定是对抗中国，但在相当大程度上是想抵消中国的影响至少是中国在印度洋的影响。其他国家也是如此，友好国家基本上都积极支持“一带一路”建设；相反，对“一带一路”就会持保留意见。

为了消除政治负面影响，一是要加强对相关国家政治走势的研究，包括政治力量的分布状况及其对现实政权的影响，尤其是对在野政治力量的研究和接触。二是加强对相关国家青年一代的合作培训，主要是影响沿线国家未来政治精英的价值取向。三是外交上要提高中国外交的斡旋能力、协调能力，提升中国化解地缘冲突的能力，主要是消除潜在的负面政治影响。

### （二）经济风险

关于经济风险，学术界关注较少，但也有一些研究。例如，有的从经济风险识别角度来研究，即采取相关经济指标，采用主成分分析方法，建立国别经济风险评估模型，并选取泰国历史上的风险迁徙状况对模型进行检验，之后提出控制国别风险的相关建议，以期为中国银行和企业“走出去”建设“一带一路”提供参考；也有的从国际投资风险因素来分析影响中国在“一带一路”沿线国家的境外直接投资（OFDI）因素，并认为汇率波动、共同语言、政治动荡、反华情绪与中国主权摩擦会影响 OFDI，政府治理质量提高不能促进 OFDI，经济自由度的提高会显著促进 OFDI 等。除此之外，“一带一路”沿线大多数都是发展中国家，受欧美发达国家经济衰退和 2008 年国际金融危机的影响，这些国家的经济走势普遍不好，宏观经济指标不理想。虽然这些国家都迫切希望中国在“一带一路”倡议的框架下对这些国家进行项目投资以刺激这些国家的经济复苏，但是，宏观经济不好将对项目合作产生抑制。这是其一。其二，沿线国家的经济类型复杂，有的属于资源型经济，如俄罗斯、中亚、西亚等国家和地区；有的属于资源稀缺型国家，如印度、中东欧等；有的是市场成熟的经济，如中东欧国家；有的是政府控制型经济，如中亚国家、俄罗斯等。不同经济类型的国家对经济合作的具体运作方式是不一样的，这也会对合作产生压力。其三，由于“一带一路”沿线大多是发展中国家，而且多数国家市场经济的“市场经济精神”不高，因而这些国家的知识产权保护指数都比较低（这个指数普遍都在 4.0 以下，有的甚至在 3.5 以下，美国在 20 世纪 60 年代是 3.7 左右），经济竞争力比较弱（在全球竞争力排行榜上基本上在中等偏下），科学技术水平不高，劳动力素质低下，因此，总体的国家创新力不强。

### （三）宗教风险

关于宗教风险的分析，学术界往往会把它与恐怖主义风险放在一起来研究。诚然，“冷战”后发生的各种恐怖主义事件大多与宗教的极端化有关。

但是，“一带一路”建设所面临的宗教风险，一方面是指宗教的极端化倾向，另一方面也包括在推进“一带一路”建设过程中由于不重视宗教因素而冒犯了宗教禁忌，从而导致宗教对经济项目的抵制，以及某些沿线国家宗教界对“一带一路”倡议的误解、曲解而抵制“一带一路”建设等情形。不过，在既有的研究成果中，一般是从国别来分析宗教风险的。也有从宏观上讨论宗教风险的，如有学者认为，宗教本身不是风险，但在一定条件下，有可能出现宗教风险。“一带一路”沿线各国的宗教状况各不相同，在有的国家和地区，宗教作为一种变量，极大地影响着政治、经济、社会等领域的发展进程。其或许可以助推“一带一路”倡议的实施，形成文化区位优势，但其变量作用也具有不确定性，在一定条件下，由此产生宗教风险，进而会引发宗教的“蝴蝶效应”。然而，很少有学者关注到由于民族国家政策不当而可能引发的宗教纷争，但这是有历史教训的。例如，苏联时期就推行一些过激的政策，认为宗教是“旧势力的残余”，并把无神论与宗教信仰之间的矛盾不恰当地提升到阶级斗争的高度，以至于在苏联走向崩溃的过程中，一些反苏共的行为或多或少带有一些宗教民族主义的色彩。因此，在“一带一路”建设中，既要防范不同宗教派系之间的纷争和宗教极端化倾向（原教旨主义倾向）的出现，又要防止沿线各国的经济合作项目不恰当地诱发宗教矛盾。当然，当前“一带一路”建设中的宗教风险主要还是类似于“伊斯兰国”极端势力的各种爆力活动和恐怖活动，这已经成为危害中东、中亚、南亚乃至东南亚地区安全与稳定的主要因素。而宗教原教旨主义倾向的各种恐怖主义，不仅是“一带一路”沿线地区的公害，也是全世界的公害。因此，这是“一带一路”面临的最大风险。

### （四）民族种族风险

民族种族风险，主要是指民族种族构成的复杂性可能引发的民族种族冲突。“一带一路”沿线国家尤其是中亚地区民族、种族构成十分复杂。中亚五国都是多民族国家。民族数量最多的是哈萨克斯坦，境内有 131 个民族；民族数量最少的塔吉克斯坦也有 80 多个。民族构成的复杂性给中亚地区的稳定带来了巨大的挑战。一方面，在“冷战”结束、苏联解体过程中，民族主义浪潮迅速成为一股洪流，中亚国家正是在这种洪流的影响下而成为独立主权国家的。然而，民族主义的洪流并没有因中亚的独立而安静下来。相反，这股洪流一方面继续演化为民族纷争与民族冲突；另一方面民族主义走向极端化后与恐怖主义、极端主义合流，形成一种对中亚主流社会产生巨大消解作用的反建制力量。这两种情形都会导致中亚地区乃至整个欧亚地区地缘政治的碎片化。在这种情形下，中亚民族主义的价值取向出现了逆转，从解构联盟走向区域合作。即便是中亚各国内部，虽然它们是以民族主义名义而获得主权的，但各国民族政策都反对“民族自决理论”，而主张在保证国家完整统一的前提下实行各民族文化自治，并认为如果不公正对待少数民族的权利，“将会在民族自决权的掩盖下怀疑任何多民族的完整统一，分立主义将永无止境”。中亚各国不仅民族构成复杂，而且跨境民族也非常多。例如，哈萨克人主要居住在哈萨克斯坦，有650余万人。但是，生活在乌兹别克斯坦的哈萨克族人有80多万人，生活在土库曼斯坦的哈萨克人有8万余人，吉尔吉斯斯坦哈萨克人有近4万人，在塔吉克斯坦和俄罗斯哈萨克人有63万余人，在中国哈萨克人则有110多万人。此外，在蒙古还有12万多的哈萨克族人。乌兹别克人在乌兹别克斯坦有1400多万人，在塔吉克斯坦大约有120万人，在哈萨克斯坦有33万余人，在阿富汗有170多万人，在中国也有1万多人。吉尔吉斯人在吉尔吉斯斯坦有223万人，在俄罗斯有近5万人，在中国有15万人。土库曼人在土库曼斯坦有250多万人。此外，还有相当一部分生活在阿富汗、伊朗、土耳其等国。塔吉克人主要生活在塔吉克斯坦，大约320万人，但在俄罗斯、中国、阿富汗、伊朗也有相当数量的塔吉克人。这些虽然是20世纪90年代后期统计的数据，到今天数据的确有所变化，但这种复杂的构成和跨境民族的复杂性并没有改变。跨境民族既有可能促进相关国家之间的人文交流，但在分裂主义、极端主义、恐怖主义合流的情况下，跨境民族也会对相关国家的安全与稳定产生重大冲击。

### （五）文化风险

关于文化风险，由于沿线国家和地区的文化种类十分复杂，不同文化的价值观存在着较大的差异，对“一带一路”倡议的看法也有较大的区别。在这种情形下，文化的多样性和复杂性直接成为“一带一路”倡议所面临的风险。从研究来看，存在异质文化冲突的可能性，尽管我们不赞同亨廷顿的“文化断层线现象”和“文明冲突”，但在文化交流的历史长河之中，并非只有文化融合的情形。相反，异质文化的冲突是始终存在的。因此，“一带一路”倡议的文化风险主要体现在以下两个方面：

第一，多元文化是否可以共存？“一带一路”沿线是文化荟萃之地。在这里，人们可以充分地体验到各种文化，中国传统文化、佛教、天主教、东正教、伊斯兰教、犹太教等文化，以及众多的本土化的族群文化。历史上，不同文化之间的确发生了惨烈的厮杀，从而在欧亚大陆上以文化冲突的形式谱写了一部部悲壮的史诗。以欧亚大陆心脏地带的中亚为例，长期在这一地区活跃的主要是佛教文化和当地的民间宗教文化。在伊斯兰文化向东发展之前，这里各种文化的确是相安无事的。然而，随着伊斯兰教向东扩展，文化之间的冲突主要表现为伊斯兰教与佛教之间的冲突。蒙古帝国虽然不是以文化的形式对中亚进行占领，但彪悍的蒙古人的确是一度把伊斯兰文化挤压到它的诞生地附近的很小范围内。然而，15—19世纪，随着奥斯曼土耳其帝国的崛起，伊斯兰教也获得了复兴并迅速席卷欧亚大陆的腹地乃至非洲，几乎把欧亚大陆腹地的所有宗教一扫而光，而伊斯兰教则在欧亚大陆的腹地一枝独秀。“冷战”时期，文化、宗教的纷争被“冷战”的帷幕所覆盖而没有凸显出来，但“冷战”结束以后，伴随着民族主义浪潮，带有宗教色彩的各种原教旨主义、极端主义、恐怖主义纷至沓来。它们不仅挑战主流社会，而且也对其他宗教采取“清剿”的手段。佛教曾经在中国新疆地区非常盛行，这可以说是古“丝绸之路”最大的成就，不仅有鸠摩罗斯等著名学者、僧人等把佛教文化传到华夏帝国，而且也有大唐玄奘等到“西天取经”，主动地把佛教文化引入大唐。驼峰把异域的文化载入载出于古丝绸之路各地。

第二，多元文化究竟是包容互鉴的还是相互拒斥的？文化、文明都是由人创造出来的，不同民族会造就不同的文明，而不同的文明都是世界文明之河的重要一支。“一带一路”沿线地区有世界著名的四大文明古国。古老的文明延续的今天，无论是以怎样的形式延续下来，也无论它在历史上曾经遭遇过什么样的磨难，更无论它在历史上发动过什么样的战争与冲突，这些文明延续到今天都是有生命力的文明。它在一定程度上都具有促进人类社会发展的功能。因此，不同文明之间不能相互封闭，甚至相互贬低，而是应该在相互交流中相互借鉴。无论是一个国家还是一个民族，不是通过贬低别人而是在吸收外部一切积极的文明成果而实现成长的。“一带一路”沿线国家主要是发展中国家，这些国家的主要任务是经济发展和实现社会文明，而中国也是一个成长中的大国。这表明，“一带一路”沿线所有国家不仅需要文化包容，更需要文明互鉴，对不同文明所有的优秀成果都要敢于吸收。

### （六）地缘风险

所谓地缘风险，是指“一带一路”沿线地区是否存在地缘政治的争夺。“冷战”时期，欧亚大陆的地缘政治争夺是十分激烈的；而“冷战”结束以后，虽然近期欧亚地区出现了少有的相对平静期，但欧亚大陆的地缘争夺并没有停止。

从俄罗斯来看，其主要的内部问题，一是经济增长乏力，虽然进入21世纪的第一个十年，普京没有辜负叶利钦期望，的确给俄罗斯带来了复兴，这种复兴首先是从经济增长开始的，经济增长率一度达到约7%。在此情形下，政治稳定、社会福利水平有了保证，人们的生活水平明显提高。二是克里米亚半岛加入俄联邦后的社会福利问题。乌克兰危机导致克里米亚加入俄罗斯联邦，按照当时普京的承诺，克里米亚民众的福利不能低于俄联邦其他地区。为此，俄联邦财政要对克里米亚的社会福利进行大规模补贴，这个负担是不小的。三是国际能源价格下跌对俄罗斯经济的巨大冲击。乌克兰危机期间，美国为了制裁俄罗斯，对国际能源价格进行人为控制；同时，美国还迅速实行了能源替代战略，改化石能源为页岩提炼，致使国际油价雪上加霜，从140美元每桶下降到40美元每桶，严重地冲击俄罗斯经济。四是俄罗斯经济结构性升级问题，也就是从资源型经济向创新型经济转型，从21世纪初提出以来并没有实质性的措施。

从欧洲方面来看，欧洲的内部问题，一是英国脱欧带来的后遗症效应。英国脱欧以后迅速在欧盟内部产生连锁反应，一些国家如荷兰、意大利等都出现了脱欧的意向。二是难民危机。难民危机不仅是社会危机，而且已经演变为欧盟的政治危机。欧盟能否找到解决难民危机的钥匙非常关键，否则欧洲一体化将会面临严重危机。三是欧洲社会正在向极右转型。欧洲的极右势力发展迅猛并有绑架欧洲社会的倾向。如果极右势力主导欧洲，那么欧洲的悲剧也将是世界的悲剧。四是欧洲经济从欧债危机以来长期陷入困境，这也是欧洲右转的一个根源。

从美国来看，美国的内部问题，一是传统国力下降，使美国整体性相对衰落的趋势难以遏制。美国虽然依然是无法超越的霸权国家，但美国实力的相对衰落与中国实力的不断提升形成了一个对比。在此情形下，美国更加需要加强自身建设，特朗普的政策正是为了回应这种形势。二是美国对外干预能力下降。美国由于号称在全世界都有美国的利益，所以，历届美国政府长期以来都倡导对外干涉主义。然而，传统国力的相对衰落和内部的各种问题导致美国对外部事务无暇顾及。而且特朗普的个性化政治现象打破了美国传统政治精英的游戏规则，以至于使美国社会一时难以接受，从而引发了一些社会矛盾。但是，欧亚地区乃至整个欧亚大陆的地缘争夺明流、暗流都在涌动，欧亚局势的不确定性非常大。这种不确定性也会引发各种风险，包括政治、经济、文化、社会等风险，尤其是各国内部的政治风险和极端主义、恐怖主义等带来的风险。

此外，还有经济合作中的项目风险。由于各国的国家体制、政治体制不同，在项目合作中会出现投资主体不明的情况：“一带一路”项目合作，中国主要是国有企业，这就意味着主要是政府投资，而其他国家有的是联邦制，联邦政府与地方州政府在项目合作中会出现一些博弈的矛盾。例如，匈塞铁路就是一个典型，塞尔维亚和匈牙利对中国承建该铁路都表现得非常迫切，但匈牙利是欧盟成员国，项目会受到欧盟的财政约束，所以进展不顺利。诸如此类的问题在其他国家也有发生。再就是项目信用评估机构不健全，国际上主要信用评估机构是惠誉国际、标准普尔和穆迪，这三大机构都是发达国家主导的，而“一带一路”沿线国家绝大多数是发展中国家，三大机构对沿线国家信用评级的等级会影响合作的情形。

## 三 “一带一路”倡议的未来前景

“一带一路”倡议虽然涉及65个国家，但更确切的表达应该是65+。到目前为止，“一带一路”倡议涵盖了亚太、欧亚、中东、非洲地区，总人口超过44亿，占全世界人口的63%，经济总量超过20万亿美元，占全球经济总量的30%，这些国家大多数为新兴经济体和发展中国家，这里市场广大，而且各国普遍处于经济发展的上升期。因此，它们都对经济发展和对外合作有强烈的愿望。这是“一带一路”倡议未来发展的社会基础。

“一带一路”倡议首先是着眼于经济发展，围绕这个最核心的问题开展文化交流和其他的国际互动。自2008年国际金融危机爆发以来，欧美发达国家进入停滞和衰退期，迄今为止，大多数欧美国家都没有真正摆脱经济困境。与此相反，中国则长期保持高速度的增长态势。2016年，中国已是亚洲最大的高科技产品出口国，是世界文化产品出口额最大的国家，连续五年位居发明专利受理量世界首位。中国标准在高铁、核电、通信、汽车等领域已经实现了从跟随到引领的跨越。从具有高等教育水平的劳动力占总人口的比重、科技投入占GDP比重、著名研究机构指数、教育占GDP比重、高等教育指数、发表在科技期刊上的论文、居民专利申请数、国际科技影响力（跨国公司）、最新科技可利用指数、高端服务业出口额占出口总额的比重、高技术出口转化占制成品出口总额的比重、国际品牌指数、腐败控制指数、知识产权保护指数和每百万人拥有的宽带数15个指标看，虽然有的指标暂时不佳但在改善和提高，其他大多数指标中国的表现都十分强劲。因此，中国经济未来发展的态势依然强劲。另外，印度、俄罗斯都是沿线的新兴大国。印度这些年也是经济增长态势非常好的国家。俄罗斯虽然长期受资源型经济制约而难以有大的增长作为，但它的经济体量大，而且它作为能源出口大国对世界经济有着重要影响。尤其是俄罗斯欧亚大铁路对“一带一路”倡议的意义，以及俄罗斯主导的“欧亚经济联盟”与“一带一路”倡议的对接具有特殊的意义。因此，“一带一路”倡议的未来前景具有坚实的基础。

“一带一路”沿线国家在达成共识的基础上正在推进务实合作，而且已经建立起相应的国际机制。中国在提出“一带一路”倡议的同时，就与相关国家共同倡议建立亚洲基础设施投资银行。亚洲基础设施投资银行与丝路基金、“金砖国家”新开发银行是“一带一路”倡议的金融保障支柱，将在国际秩序塑造方面发挥重要作用。不过，“一带一路”倡议重塑国际秩序特别是重塑欧亚秩序主要是通过经济手段。经济手段主要包括两种：一是利益嵌入式，也就是以一国为主导把自己的利益通过经济合作嵌入有关各国的利益之中，从而形成利益共同体和责任共同体。二是市场对接式，即把一国的国内市场通过经济合作特别是贸易和投资与其他国家的市场对接在一起，同时也包括把一国的市场机制与其他国家的市场机制在具体的合作中进行相互接纳，从而形成统一市场，最后各国则会为维护这个市场的正常运作而形成一种责任共同体和命运共同体。“一带一路”倡议是用经济的手段来重塑欧亚地区秩序的新设想，而上述两种方式在“一带一路”倡议中并不是相互割裂的，而是同一个手段之下相互补充且同时发挥作用的方式。这是“一带一路”倡议未来发展前景的能力基础。

总之，“一带一路”倡议将摒弃传统的国家利益观、传统的安全观，在政治上主张相互尊重，共同协商；在经济上主张和平合作、开放包容和共同发展；在文化上主张互学互鉴，共同繁荣；在安全上倡导互信、互利、平等、协作；在争端解决问题上主张通过对话与合作的方式解决争端；在合作机制上秉持“共商、共建、共享”的原则，从而在21世纪构建一个互利共赢的国际与地区合作的新模式。

# “一带一路”沿线国家宏观环境对国际物流绩效影响实证研究

刘美香　蔡春林

**摘　要**　在全球经济逐渐复苏的情况下，跨境交易发展迅速，是各国经济增长的重要推动力，国际物流绩效是影响跨境交易的重要因素。本文基于世界银行的调查数据，使用结构方程模型实证分析了“一带一路”倡议支点国家政治环境（P）、经济环境（E）、社会环境（S）和技术环境（T）四大宏观环境对国际物流绩效的影响。实证结果表明：经济、社会、技术环境与国际物流绩效的联系显著；政治环境受政策体系不完善导致的数据缺失的影响对国际物流绩效相关性显著水平低。基于实证结果，本文认为，“一带一路”沿线国家应大力推进整个社会对物流行业的基础设施建设，加强创新技术的研发与应用，完善本国政策和制度评估公共部门透明度、问责性和腐败评级体系，以促进国际物流绩效的提升。

**关键词**　“一带一路”　PEST 宏观环境分析法　物流绩效　结构方程模型

## 一　引言

“一带一路”倡议是中国在全球经济复苏疲软的大环境下，为深入推动全球经济一体化发展而提出的新型跨境、跨区域的经济合作新模式，不仅将为中国的经济发展注入新动力，而且也将带动“一带一路”沿线国家和地区的经济贸易发展。而物流作为经济活动的重要支持，高效可靠的跨境物流是国际贸易可持续化的重要保障。提升各国和地区物流绩效水平，实现地区间物流高效衔接与有机协调，已经是一个亟待解决的重大战略问题。因而，对物流绩效的影响因素进行研究可以为相关国家和地区物流发展决策提供一定

---

［作者简介］刘美香，广东工业大学经济与贸易学院硕士研究生；蔡春林，广东工业大学经济与贸易学院教授、广东省新兴经济体研究会会长。

的依据与参考。本文使用物流绩效指数（LPI）对“一带一路”沿线国家的物流绩效水平进行分析，并运用结构方程模型，研究政治、经济、社会及技术等宏观环境因素对“一带一路”沿线国家 LPI 指标的影响。

## 二 文献综述

物流是经济社会建设与发展的重要基础和保障，学者对于物流与经济发展影响关系的研究却起步较晚。直到 1962 年，管理学学者 Gerard Debreu 提出流通经济的“黑暗大陆”理论，才逐渐引起西方学术界对物流的重视，进而带动了物流绩效研究。在微观层面，Stock、Greis 和 Kasarda（2000）认为，物流企业中各主体在物流操作和运行上协同是促进物流绩效提升的重要手段。Prajogoa 和 Olhagerb（2012）认为，信息共享程度是影响企业物流绩效的重要因素，而信息共享的实现基础是现代信息技术的应用。在宏观层面，Closs、Goldsby 和 Clinton（1997）认为，信息共享对物流业的发展具有重要作用，一国的信息基础设施对物流绩效的提高具有促进作用。

国外学者对于物流绩效与国际贸易的关系进行了较多的研究，Hertel 和 Mirza（2009）首次在引力模型中加入了 LPI 变量，通过计量实证，其结果表明，物流绩效对全球农产品和工业制造品贸易均具有显著的影响。而且从影响效果角度来看，物流绩效对出口贸易的影响大于对进口贸易的影响。Jesus Felipe 和 Utsav Kumar（2010）分析中亚国家进出口贸易额与贸易便利化的关系，使用 LPI 作为贸易便利化的替代变量，基于引力模型进行实证分析，认为物流绩效的改善是贸易额显著增加的原因。而且在 LPI 6 个指标中，基础设施改善是其贸易额大幅增加的主要原因，其次是物流和海关的效率及其他边境机构。H. Warren、L. Hau 和 Uma Subramanian（2013）从供应链角度入手，认为物流绩效是指在货物进口和出口过程中所涉及的时间、成本和各种复杂性活动，研究分析了物流绩效在特定方面的改进对贸易的影响，结果显示，物流绩效对双边贸易具有显著的影响，现实情况也与此相符。

近年来，国内针对物流绩效的实证研究越来越多。杨长春（2007）将经济活动最活跃的三大地区北美、欧洲和日本作为研究对象，以贸易货物海运运输量代表国际物流，以进出口总额数代表国际贸易额，通过 Granger 因果检验发现，在国际贸易和国际物流之间存在着一种互为因果的反馈关系。其中，贸易对物流的促进作用要稍大于物流对贸易的带动作用。张宝友（2009）采用 1995—2004 年十年间的数据进行实证研究，实证结果表明，我国物流业发展对进出口贸易具有显著的促进作用。也有学者从宏观层面上实证分析物流绩效影响因素。王昕天（2015）使用结构方程模型（SEM）实证分析了经济社会情况、信息技术基础、国际贸易规模和贸易制度环境等影响因素对国际物流绩效的作用程度和作用机理。其研究结果表明：经济社会情况、信息技术基础、贸易制度环境和国际贸易规模与国际物流绩效的联系显著，信息技术基础对物流基础设施存在显著的正向影响，从而间接地影响国际物流绩效。

随着"一带一路"倡议的提出与推进，也有不少学者以"丝绸之路经济带"和"海上丝绸之路"为研究框架，分析沿线各国的物流水平与对外贸易的关系，黄伟新和龚新蜀（2014）运用引力模型实证研究"丝绸之路经济带"物流绩效对中国机电产品出口的影响。结果显示，物流绩效能够显著地推动中国对"丝绸之路经济带"贸易伙伴的机电产品出口。樊秀峰和余姗（2015）采用世界银行公布的LPI，对"海上丝绸之路"沿线各国的LPI指数及分项指标进行了定性分析，同时扩展了贸易引力模型，实证结果表明，物流绩效改善有利于中国对"海上丝绸之路"贸易伙伴的进出口贸易。徐海涌（2016）将LPI作为描述各国的物流业发展水平的指标，并以此结合数据对比分析和空间计量实证的方法，来研究分析丝绸之路经济带沿线各国物流绩效现状，莫兰指数检验结果显示，"丝绸之路经济带"沿线各国物流绩效指数表现具有很强的空间相关性，且空间相关效果正逐年增强，LPI对中国同"丝绸之路经济带"沿线各国的机电产品出口贸易的影响具有显著的推动作用，并存在空间溢出效应。

对PEST宏观环境的分析，学者多为定性分析，如吴文君和井石滚（2010）利用PEST模型对当前中国钼业面临的宏观环境进行系统定性分析，并提出了相应的建议和对策；杜丹和路文如（2009）运用了竞争情报理论中的PEST分析工具，从政治、经济、社会和技术四个方面分析了中国现阶段农业电子商务行业所处的宏观竞争环境，虽然对农业相关网站及政策文件进行了罗列分析，但并未抽取具体数据指标进行定量分析。

综上所述，学者的研究多集中在对物流绩效与国际贸易之间关系的研究，很少有学者对物流绩效与政治、经济、社会和技术因素联合起来进行实证研究。本文主要创新点在于：首先，基于"一带一路"沿线国家在国际层面的调查数据系统地研究国际物流绩效与经济、社会、政治和技术因素的关系，研究样本更为全面、可信。其次，使用SEM实证估计PEST宏观环境因素对物流绩效的作用效果。

## 三 研究方法与模型

### （一）PEST环境分析法

PEST宏观环境分析法是一种常用的分析工具，通过对政治（Policy）、经济（Economy）、社会（Society）和技术（Technology）四类因素的分析，从总体上对行业或企业所处的宏观环境进行把握。本文旨在通过利用该方法对

“一带一路”沿线国家物流行业所处的宏观环境的剖析，为国际物流绩效提升提供参考。

### （二）结构方程模型说明

本文应用 SME 评估国际物流绩效与政治、经济、社会和技术环境的关系和作用路径。该模型整合了因子分析和路径分析两种统计方法，适用于估计多个无法直接测量的因素之间的路径系数。SEM 由测量模型和概念模型组成。

测量模型反映的是潜变量与可测变量的关系。潜变量是指现实中不易直接衡量的变量，如本文中的国际物流绩效、政治和经济等，一般需要用可测量的指标表示，其表达式为：

$$\underset{q\times 1}{X} = \underset{(q\times n)}{\Lambda_x}\ \underset{(n\times 1)}{\xi} + \underset{q\times 1}{\delta} \tag{1}$$

式中，$X$ 是 $\xi$ 的观察指标；$\delta$ 是 $X$ 的测量误差；$\Lambda_x$ 是 $q\times n$ 维的系数矩阵，由 $X$ 在 $\xi$ 上的因子载荷组成；$q$ 为内生可测变量的个数。

概念模型反映的是各潜变量之间的关系，其表达式为：

$$\underset{m\times 1}{\eta} = \underset{(m\times m)}{B}\ \underset{(m\times 1)}{\eta} + \underset{(m\times n)}{\Gamma}\ \underset{(n\times 1)}{\xi} + \underset{m\times 1}{\zeta} \tag{2}$$

式中，$\eta$ 是内生潜变量；$\xi$ 是外生潜变量；$\zeta$ 是随机干扰项；$B$ 是内潜变量系数矩阵；$\Gamma$ 是外生潜变量系数矩阵；$m$ 和 $n$ 分别是内生潜变量和外生潜变量的个数。

本文使用 Amos17 软件提供的极大似然估计法估计式（2）。极大似然估计法在大样本情况下具有无偏性、一致性和有效性等优秀统计特性，其估计式的形式为：

$$F_{ML} = \log\left|\sum(\theta)\right| + tr[S\sum^{-1}(\theta)] - \log|S| - (p+q) \tag{3}$$

式中，$tr[S\sum^{-1}(\theta)]$ 是矩阵 $S\sum^{-1}(\theta)$ 的迹；$\log\left|\sum(\theta)\right|$ 是 $\sum(\theta)$ 的行列式的对数；$\log|S|$ 是矩阵 $S$ 的行列式的对数；$p$ 和 $q$ 分别是内生可测变量和外生可测变量的个数。

### （三）模型假设

政治环境影响跨境交易的支付、通关、物流等诸多环节，协调市场主体的商业行为，规范跨境交易服务部门，包括海关、税务、出入境管理等部门的服务行为，维护市场主体的权益。根据世界银行发布的国际物流绩效指数分析报告，可以发现，国际物流绩效与一国人均 GDP 之间存在较为明显的正相关关系。另外，社会是跨境物流发生的空间载体，人力、物力等基本要素是物流绩效关键因变量。此外，信息技术作为一项具有高度渗透性的工具，对物流基础设施和国际物流绩效具有影响，据 Prajogoa 和 Olhagerb 以及

Closs、Goldsby 和 Clinton 的研究，一国的信息化环境和程度决定该国企业物流运作过程中甚至整个供应链中的信息共享程度和物流协同程度，一般而言，信息共享程度越高，则物流绩效就越好。借鉴以上的研究成果，以政治环境（P）、经济环境（E）、社会环境（S）和技术环境（T）为内生性变量，国际物流绩效（LPI）作为被影响的变量，建立下面4个假设：

H1：政治环境（P）影响国际物流绩效指数（LPI）；

H2：经济环境（E）影响国际物流绩效指数（LPI）；

H3：社会环境（S）影响国际物流绩效指数（LPI）；

H4：技术环境（T）影响国际物流绩效指数（LPI）。

基于上述假设，本文的结构方程模型由22个观测变量、5个潜变量构成。功能关系结构图如图1所示。

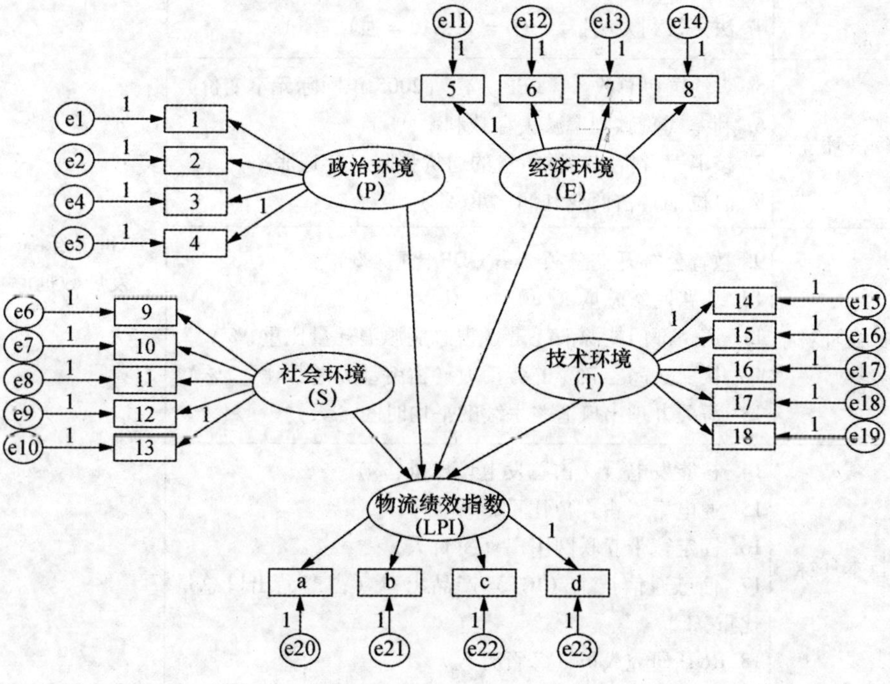


**图1　功能关系结构**

## 四　数据说明与处理

### （一）数据来源

本文所用数据依据世界银行发布的全球性发展报告，从 EPS 数据平台

“世界经济发展数据库”及世界银行发布的《国际物流绩效报告》中抽取数据。数据样本涵盖中国及15个“一带一路”沿线支点国家即韩国、蒙古、泰国、印度尼西亚、巴基斯坦、斯里兰卡、俄罗斯、哈萨克斯坦、波兰、德国、希腊、英国、埃及、土耳其和澳大利亚，共16个国家，22个数据指标，具体的指标选取如表1所示。

**表1 样本指标**

| 潜变量 | 观测指标 | 数据来源 |
| --- | --- | --- |
| 政治环境 | 1. 国家政策和制度评估（CPIA）公共部门透明度、问责性和腐败评级（1 = 低，6 = 高）<br>2. 一般政府最终消费支出（占 GDP 比重,%）<br>3. 货物和服务税收（占总收入比重,%）<br>4. 法律权利力度指数（0 = 弱，10 = 强） | |
| 经济环境 | 5. 人均国民总收入，PPP 方法（2005 年国际元不变价）<br>6. 利差（贷款利率减去存款利率,%）<br>7. 按消费者价格指数衡量的通货膨胀（年通胀率）<br>8. 总税率（占商业利润比重,%） | |
| 社会环境 | 9. 教育公共开支总额（占 GDP 比重,%）<br>10. 公路网络总量（%）<br>11. 道路部门能源消耗量（占总能源消耗量比重,%）<br>12. 接受过高等教育的劳动力（占劳动力总数比重,%）<br>13. 海关办理出口清关手续的平均时间（天） | 世界经济发展数据库 |
| 技术环境 | 14. 核能发电量（占总发电量比重,%）<br>15. 通电率（占人口比重,%）<br>16. 固定宽带互联网用户（每百人）<br>17. 信息通信技术（ICT）产品出口（占产品出口总量比重,%）<br>18. R&D 研究人员（每百万人） | |
| 物流绩效 | a. 海关清关效率<br>b. 基础设施质量<br>c. 货运及时性<br>d. 物流成本 | 世界银行 |

### （二）缺失值处理

缺失值对模型分析的结果存在很大影响，必须对缺失值进行合理处理。

本文采用 SPSS 15.0 中的以缺失值邻近点的算术平均值进行替代的方法处理，即用其他个案中该变量观测值的平均数对缺失的数据进行替换，从而确保数据分析过程中的有效性和规则性。

### （三）数据信度与效度检验

信度（Reliability）是指测量结果（数据）一致性或稳定性的程度。当 $0.35 \leqslant$ Cronbach $\alpha < 0.70$ 时，信度属于尚可；当 Cronbach $\alpha < 0.35$ 时，为低信度。基于以上限制条件，本文数据的 Cronbach $\alpha = 0.705$，表明本文所用量表具有较好的信度。

效度（Validity）是指标作为测量抽象概念的工具，反映待测量概念的真实性程度，主要包括内容效度（Content Validity）和结构效度（Construct Va lidity）。因子分析结果显示，各变量的 KMO 估计值为 0.853，大于通行标准（0.700），因此，整个结构方程模型的效度水平可以接受。

## 五　实证结果分析

### （一）模型的拟合优度

当模型整体的拟合优度检验达到可接受程度时，才能进行测量模型和结构模型的检验与解释。对模型的拟合优度评价一般采用下面两种方法：一是检验参数的显著性，评价参数的意义和合理性；二是用各种拟合指数对模型进行整体评价。衡量模型整体拟合优度的指标有很多，学者往往根据不同的研究目的和个人偏好来选取拟合优度指标。根据王济川等学者的研究，评价拟合指数应遵循以下三个原则：RMSEA 在 0.08 及以下，越趋向 0，拟合效果越好；$\chi^2$/DF 在 2—5；NNFI 和 CFI 在 0.9 及以上，越趋向 1，拟合效果越好。满足以上条件的拟合模型是比较优良的模型，表 2 列出本文所涉及模型的拟合指数，RMSEA 和 CFI 完全符合上述原则，$\chi^2$/DF 的比值小于 2，本文模型拟合度相对良好，输出是在可接受范围之内的。

**表 2　　拟合度分析**

| 拟合指数 | 拟合值 | 结果分析 |
|---|---|---|
| *P | 0.000 | $\chi^2$ 检验的概率值 $P<0.05$，表示模型拟合度高 |
| *CMINDF | 1.304 | $\chi^2/DF<2$，模型拟合度较好 |
| NFI | 0.903 | 趋向 1，模型拟合度好 |
| RFI | 0.912 | 趋向 1，模型拟合度好 |

续表

| 拟合指数 | 拟合值 | 结果分析 |
|---|---|---|
| IFI | 0.876 | 趋向1，模型拟合度好 |
| TLI | 0.901 | 趋向1，模型拟合度好，指数受样本影响小 |
| CFI | 0.906 | 趋向1，模型拟合度好，指数受样本影响小 |
| * RMSEA | 0.068 | <0.08，模型可接受 |
| * ECVI | 0.455 | ECVI = AIC/（N－1）值较小，可接受 |

注：带＊号的表示绝对拟合指数，其他为相对拟合指数。

### （二）模型输出图与参数估计

根据前面设计的结构方程路径图，利用 SPSS 15.0 和 AMOS 17 软件对数据样本进行计算，表 3 为测量模型即潜变量对观测变量的参数估计，表 4 为结构模型即潜变量之间的参数估计。

表 3 测量模型：潜变量对观测变量的参数估计

| 功能 | 指标 | 参数估计值 |
|---|---|---|
| 政治环境 | 1. 国家政策和制度评估（CPIA）公共部门透明度、问责性和腐败评级（1 = 低，6 = 高） | 0.22** |
| | 2. 一般政府最终消费支出（占 GDP 比重,%） | 0.53* |
| | 3. 货物和服务税收（占总收入比重,%） | 0.71*** |
| | 4. 法律权利力度指数（0 = 弱，10 = 强） | 0.45** |
| 经济环境 | 5. 人均国民总收入，PPP 方法（2005 年国际元不变价） | 0.52** |
| | 6. 利差（贷款利率减去存款利率,%） | 0.79** |
| | 7. 按消费者价格指数衡量的通货膨胀（年通胀率） | 0.57*** |
| | 8. 总税率（占商业利润比重,%） | 0.82** |
| 社会环境 | 9. 教育公共开支总额，总数（占 GDP 比重,%） | 0.64*** |
| | 10. 公路网络总量（%） | 0.75** |
| | 11. 道路部门能源消耗量（占总能源消耗量比重,%） | 0.52*** |
| | 12. 接受过高等教育的劳动力（占劳动力总数比重,%） | 0.59*** |
| | 13. 海关办理出口清关手续的平均时间（天） | 0.58*** |

续表

| 功能 | 指标 | 参数估计值 |
|---|---|---|
| 技术环境 | 14. 核能发电量（占总发电量比重,%） | 0.51*** |
| | 15. 通电率（占人口比重,%） | 0.68** |
| | 16. 固定宽带互联网用户（每百人） | 0.71*** |
| | 17. 信息通信技术（ICT）产品出口（占产品出口总量比重,%） | 0.55*** |
| | 18. R&D 研究人员（每百万人） | 0.76*** |
| 物流绩效 | a. 海关清关效率 | 0.59*** |
| | b. 基础设施质量 | 1.805*** |
| | c. 货运及时性 | 0.472*** |
| | d. 物流成本 | 0.431*** |

注：*、**、***表示显著性水平分别为0.05、0.03、0.001。

从表3的输出结果可以发现：一是政治环境（P）的4个指标中一般政府最终消费支出与货物和服务税收的相关系数大于0.5，说明这两个指标较好地解释了政治环境这个潜变量；但是，国家政策和制度评估（CPIA）公共部门透明度、问责性和腐败评级及法律权利力度指数的相关系数仅为0.22和0.45，这与现实情况是吻合的，说明没有一套透明的、高效的国家政策制定及设施体系，国际物流运作的大环境就无法得到保障，这也是各国当前亟须解决的问题。二是经济环境（E）后4个指标的相关系数都大于0.5，说明较好地解释了经济环境这个潜变量。

从表4的输出结果可以看出，除H1的显著性水平在0.05以外，其余的显著性水平都在0.001，而且估计值在0.641—0.816变化，说明潜变量之间具有很强的因果关系。结合上文的理论和方法基础以及表4的输出结果可以认为：经济环境、社会环境和技术环境对国际物流绩效的影响显著。

**表4　　结构模型：潜变量之间的参数估计**

| 假设 | 内容 | 参数估计值 |
|---|---|---|
| H1 | 政治环境（P）、国际物流绩效指数（LPI） | 0.455* |
| H2 | 经济环境（E）、国际物流绩效指数（LPI） | 0.701*** |
| H3 | 社会环境（S）、国际物流绩效指数（LPI） | 0.641*** |
| H4 | 技术环境（T）、国际物流绩效指数（LPI） | 0.816*** |

注：*、**、***表示显著性水平分别为0.05、0.03、0.001。

## 六　结论

从以上分析可以看出：

第一，一国的经济环境与该国的国际物流绩效指数显著性水平在0.001，而经济环境四个指标中显著性水平均高于0.05，说明经济从国民收入、利差、通胀率和税率四个方面间接地影响着其国际物流绩效指数；尤其是按消费者价格指数衡量的通货膨胀（年通胀率）。

第二，技术创新对国际物流绩效指数的影响是最明显的，观测模型及结构模型显著性水平均比经济、社会、政治更高，随着数字革命的兴起，互联网及信息通信技术直接影响着货运的及时性及海关的清关效率，而这两者对物流绩效指数的显著性水平达0.001，其因果关系不言而喻；政治环境也对国际物流绩效指数存在影响，虽然作用水平有限，但政治制度有效制定与执行可间接地促进国际物流绩效指数的提升。此外，由于经济发展水平、自然地理环境、资源条件等方面的差异，“一带一路”沿线各国和地区之间的经济发展很不均衡，沿线各国和地区的物流发展水平不仅与世界其他国家和地区，特别是欧美发达国家之间存在巨大差距，而且内部各国和地区之间的物流发展水平也存在较大差异。近年来，各国和地区物流绩效指数的差异正在逐渐加大，其中物流基础设施质量之间的差异更为明显。基于上述分析结果，本文提出如下建议：

首先，大力推进整个社会对物流行业的基础设施建设。本文的实证结果表明：基础设施质量与国际物流绩效指数的相关性在0.001的显著性水平相关系数高达1.805，可见，一国物流绩效与其基础设施的质量高低之间存在显著的正向关系，这实际上反映了宏观层面上基础设施与物流的相关关系。因而提升物流基础设施质量是“一带一路”沿线国家和地区需要共同关注的一个主要问题。“一带一路”沿线的很多国家和地区物流基础设施规模小，技术水平低，通信设施落后，必须大力提高和改善。一是要加强主要港口、货运站、机场、集装箱中转站等物流节点的建设，加快发展多式联运，在重要节点形成国际物流枢纽，提高货物中转效率和服务能力，加强增值性物流配套服务功能。二是实现物流网络不同运输方式间的立体式协同发展，提升和平衡经济带物流通道的整体通过能力。既要合理加大基础设施投入力度，又要充分挖掘存量资源潜力，通过降低运费、提高运力运速、加快换装能力等来增强物流通道竞争力。尽快统一物流标准化工作，包括干线轨距、设施设备、运作技术标准等，解决网络衔接不畅等技术问题。三是要注重现代化信息通信技术设备的应用。由于丝绸之路经济带各国和地区经济发展水平不同，不同国家或地区投入和改善的重点应当有所不同。例如，中国可考虑加强基础设施建设的输出和支援，而中亚国家基础设施十分落后，建设缓慢，应首先加快基础设施建设，提高基础设施规模和水平。

其次，加强创新技术的研发与应用。实证结果表明：虽然一国的技术环境对国际物流绩效具有显著的正向关系，而 R&D 研究人员、信息通信技术（ICT）产品出口等因素又是技术环境的强解释因子，这说明技术基础对国际物流绩效具有直接的促进作用。“一带一路”沿线国家和地区应加强现代化信息技术的应用，尽快统一物流标准化工作，包括干线轨距、设施设备、运作技术标准等，解决网络衔接不畅等技术问题。

再次，完善国家政策和制度评估公共部门透明度、问责性和腐败评级体系。虽然本文的实证结果表明：一国的政治环境与国际物流绩效的相关性相对不明显，但政治环境指标数据，尤其是国家政策和制度评估公共部门透明度、问责性和腐败评级数据的大量缺失是导致这一结果的重要原因。这实质上也反映了完善政策体系的必要性和紧迫性。商品货物的关税成本、在该国生产和销售所需付出的行政成本，对于国际物流的主要实施者——跨国企业公司的战略决策具有重要影响。一般来说，审批手续越烦琐、政府部门腐败越猖獗，则行政成本就越高，而行政成本是影响跨国企业的经营决策尤其是物流决策（如网点布局、渠道选择等）的不可忽略的因素。

最后，提升海关现代化水平，加强边境管理部门之间的协调。“一带一路”沿线国家和地区要通过沟通协调，制定和实施统一便利的保税通关制度、运价政策、投融资政策等，简化中转环节，打通流通不畅的政策关卡。实现通关信息整合，简化审批手续，提高作业电子化水平，优化口岸通关作业流程，大大提升通关效率。

## 参考文献

［1］王林、杨坚争：《国际物流绩效影响因素分析——基于两个市场理论和结构方程模型》，《中国流通经济》2014 年第 5 期。

［2］刘小军、张滨：《中国与“一带一路”沿线国家的跨境物流协作——基于物流绩效指数》，《中国流通经济》2016 年第 12 期。

［3］鄢飞、王译：《基于 LPI 的丝绸之路经济带物流绩效分析》，《中国流通经济》2016 年第 8 期。

［4］杨长春：《我国对外贸易与国际物流关系的实证研究》，《对外经济贸易大学学报》2008 年第 1 期。

［5］徐海涌：《丝绸之路经济带物流绩效对中国机电产品出口的影响——基于空间计量研究》，硕士学位论文，山东大学，2016 年。

［6］黄伟新、龚新蜀：《丝绸之路经济带国际物流绩效对中国机电产品出口影响的实证分析》，《国际贸易问题》2014 年第 10 期。

［7］张宝友：《现代物流业对进出口贸易的影响——基于我国 1995—2004 年数据的实证研究》，《国际贸易问题》2009 年第 1 期。

［8］Stock，Greis，Kasarda，Enterprise logistics and supply chain structure the role of fit

[J]. *Journal of Operations Management*, 2000, 18 (5): 531 – 547.

[9] Prajogoa, Olhagerb, Supply chain integration and performance: The effects oflong – term elationships information technology and sharing, and logistics integration [J]. *International Journal of Prodction Economics*, 2012, 135 (1): 514 – 522.

[10] Closs, Goldsby, Clinton, Information technology influences on world class logistics capability [J]. *International Journal of Physical Distribution & Logistics Management*, 1997, 27 (1): 4 – 17.

[11] Hertel, T. W., Mirza, T., The Role of Trade Facilitation in South Asian Economic Integration [J]. *Study on Intraregional Trade and Investment in South Asian*, 2009 (2): 12 – 38.

[12] Warren H. Hausman, Hau L. Lee, Uma Subramanian, The Impact of Logistics Performance on Trade [J]. *Production and Operations Management Society*, 2013 (2): 236 – 252.

[13] 吴文君、井石滚:《基于 PEST 模型的中国钼业宏观环境分析》,《西安建筑科技大学学报》(社会科学版) 2010 年第 3 期。

[14] 杜丹、路文如:《基于 PEST 分析的中国农业电子商务竞争环境研究》,《中国农学通报》2009 年第 8 期。

[15] 杜正艾:《精选"一带一路"建设战略支点国家的意义与建议》,《行政管理改革》2016 年第 6 期。

[16] 王济川、王小倩、姜宝法:《结构方程模型:方法及应用》,高等教育出版社 2011 年版。

[17] 王昕天:《国际物流绩效影响因素的作用机理》,《技术经济》2015 年第 1 期。

[18] The World Bank, Connecting to Compete 2016: Trade Logistics in the Global Economy—The Logistics Performance Index and Its Indicators.

# 中国对“一带一路”沿线国家的直接投资状况与对策

刁秀华　俞根梅

**摘　要**　“走出去”战略实施以来，中资企业海外投资无论是质还是量都有了极大的发展，中国已经步入资本净输出阶段。2013 年，中国“一带一路”倡议的提出，使企业对沿线国家投资规模快速增长，不仅给自身和中国带来了诸多益处，也为沿线广大发展中国家经济发展做出了极大的贡献。本文通过对最新研究数据的梳理，对中国对“一带一路”沿线国家投资的规模、结构和主体等问题进行阐述，针对中国对“一带一路”沿线国家直接投资中存在的一些亟待解决的投资不均衡及投资风险高等问题，从政府和企业两个层面提出对策建议，以便更好地发挥“一带一路”倡议的影响力。

**关键词**　“一带一路”沿线国家　直接投资　现状　对策

自 2003 年以来，中国对外直接投资存量连续十几年高速增长，“走出去”战略取得了骄人的成绩。2013 年，“一带一路”倡议的提出标志着中国对外贸易、投资合作迈入新的阶段。中国企业可以利用自身在高铁、太阳能、钢铁、核电等方面的产能优势，加强与中亚、南亚、东南亚、中东欧等国的互联互通建设，最终实现沿线国家民心相通、共同发展、互利共赢的局面。本文旨在分析中国对“一带一路”沿线国家最新的宏观投资发展状况，以提出政策建议，实现对沿线国家投资的快速可持续发展。

---

［基金项目］本文为教育部国别和区域研究项目“中方参与俄罗斯远东地区开发合作研究”、辽宁省社会科学规划基金重点项目“‘一带一路’倡议下加快辽宁与俄罗斯东部地区合作的对策研究”（L15AJL004）、辽宁省教育厅科学研究一般项目“中国东北地区与俄远东地区科技合作研究”（W2015120）的前期成果。

［作者简介］刁秀华，经济学博士，东北财经大学经济与社会发展研究院副研究员；俞根梅，东北财经大学国际经济贸易学院硕士研究生。

# 一 中国对“一带一路”沿线国家直接投资状况

## （一）投资规模

随着“一带一路”倡议的不断深入推进，中国对“一带一路”沿线国家的直接投资规模也不断扩大。2015年年末，中国对“一带一路”沿线国家对外直接投资存量达到了1156.8亿美元。图1反映了2003—2016年中国对“一带一路”沿线国家投资的流量情况，2015年，中国对“一带一路”沿线国家投资额达到189.3亿美元，同比增长38.6%，增速达到峰值；2016年，对沿线53个国家投资共计为145.3亿美元①，同比有所下降。

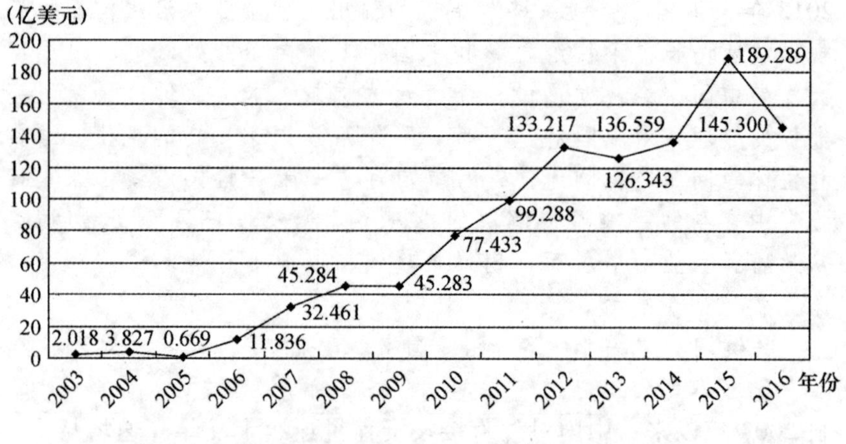


**图1 2003—2016年中国对“一带一路”沿线国家直接投资净额**

资料来源：根据各年《中国对外直接投资统计公报》整理得出。

目前，中国有47家国有企业、中央企业参与了“一带一路”建设，投资了1676个对外直接投资项目②，涉及多个投资行业和领域，其中，对能源行业投资约占总体投资的1/3，对基建行业投资超过了1260亿美元③，对服务业投资超过300亿美元。④

中国对“一带一路”沿线国家直接投资规模虽然发展迅猛，但是，占中

① 《2016年投资“一带一路”沿线国家145.3亿美元》，《中国招标》2017年第9期。

② 肖亚庆：《47家央企参与“一带一路”投资 合作共建1676个项目》，http：//caijing.chinadaily.com.cn/2017－05/08/content_29249111.html，2017年5月8日。

③ 焦涌：《“一带一路”是基建投资非常好的机遇》，http：//world.people.com.cn/n1/2017/0409/c1002－29197768.html，2017年4月9日。

④ 《商务部：未来5年还将进口超过2.2万亿美元的服务》，http：//news.cnr.cn/native/gd/20170529/t20170529_523777223.shtml，2017年5月29日。

国总体对外投资的比重却不高。图 2 反映了 2003—2015 年中国总体 OFDI 与对“一带一路”沿线国家 OFDI 存量对比情况。2003 年年末，中国对“一带一路”沿线国家投资存量仅占中国对外总投资存量的 3.94%，到 2015 年年末上升至 10.54%，但仍然与沿线国家经济总量不相适应。2016 年，“一带一路”沿线 64 个国家人口约占世界人口的 43%，国内生产总值占世界 GDP 的 16%。但中国对其投资规模仅占沿线国家吸收 FDI 总量的 1.6%。① 可见，其他国家对沿线国家投资规模较大。从这一角度来看，中国对“一带一路”沿线国家的直接投资规模较小，今后仍然有巨大的增长潜力。

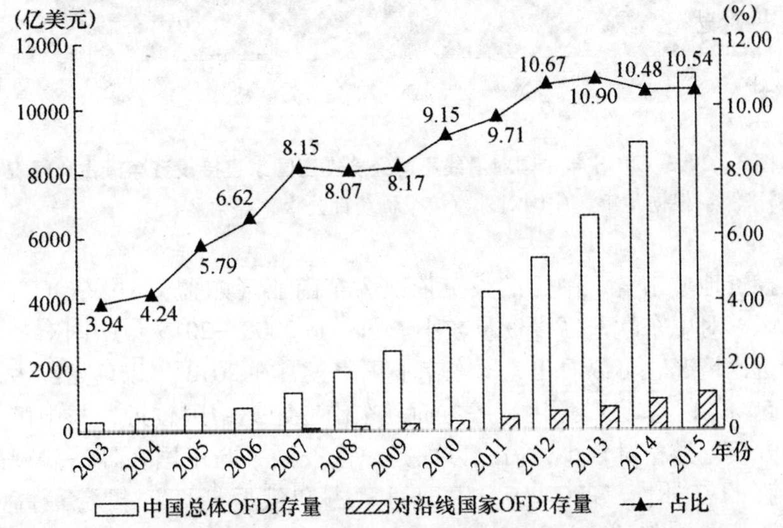


**图 2　2003—2015 年中国总体 OFDI 与对沿线国家 OFDI 存量对比**

资料来源：根据各年《中国对外直接投资统计公报》整理得出。

## （二）投资结构

从投资国经济体类型来看，“一带一路”沿线国家中只有 12 个发达国家，其余均为发展中国家或者转型国家。中国主要是对这些发展中国家进行投资。图 3 反映了中国 2003—2015 年对沿线不同经济类型国家投资流量占比情况，中国对发展中国家投资最多，自 2012 年以后有快速上升的态势，而对转型国家投资流量则呈不断下降的趋势，可见，对发展中国家投资正在挤出对转型国家投资。而中国对沿线发达国家投资占比一直较小，2013 年后有所上升，但较为缓慢。

① 周五七：《“一带一路”沿线直接投资分布与挑战应对》，《改革》2015 年第 8 期。

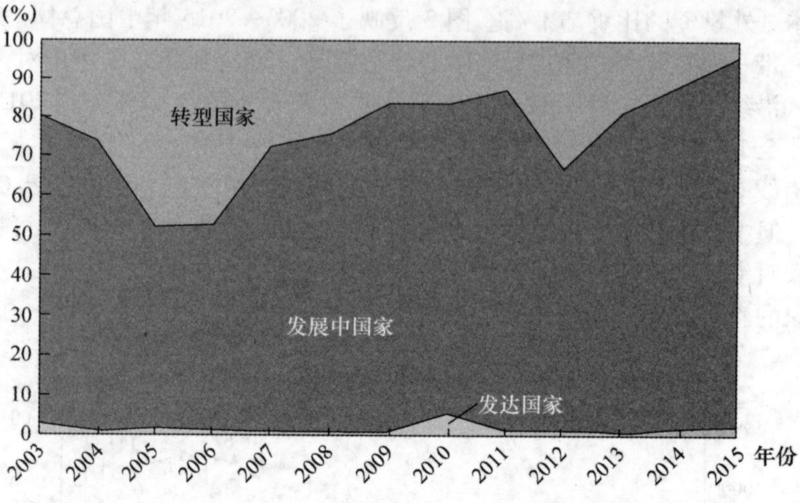


**图3　2003—2015 年中国对沿线不同经济类型国家直接投资净额占比情况**

资料来源：根据各年《中国对外直接投资统计公报》整理得出。

从投资地域来看，中国的投资依次为东南亚（东盟）、中东（西亚）和南亚地区，对中东欧地区投资量较小。图4是2003—2015年中国对各地区投资存量占比情况，可以看出，对东南亚国家投资在2013年以后始终占总投资存量的50%以上。究其原因，一方面是东南亚距离中国较近，与中国在制度和文化方面差异相对较小；另一方面是东南亚国家与中国在经济发展阶段上具有很强的互补性。2007年，中国对蒙古和俄罗斯两国投资最高，达到20%，之后基本保持在13%的水平。中国对西亚和中东地区投资占比2003

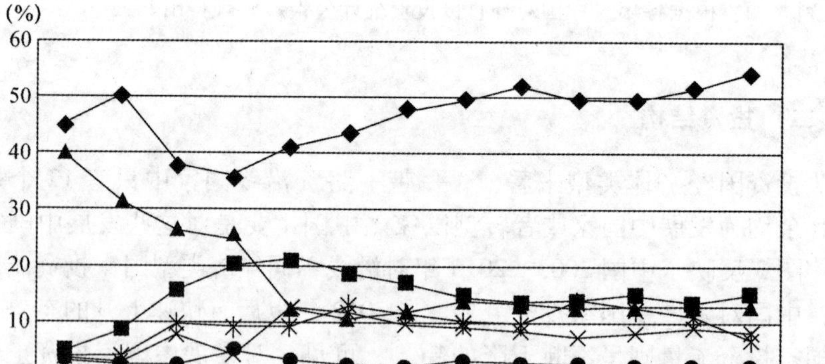


**图4　2003—2015 年中国对“一带一路”沿线各区域投资存量占比情况**

资料来源：根据各年《中国对外直接投资统计公报》整理得出。

年达到最高值，为40%，此后由于政治不稳定等因素的影响则不断下降，2007年以后一直维持在12%的平均水平。而中亚和南亚投资存量差不多，占比都较小。中国对中东欧地区投资最少。

总体来看，在以地理标准划分的各大分区中，中国的投资总会出现“极大值”，即出现对某一个国家投资额巨大现象，并且不同国家分化程度很大，尤其在东南亚地区形成“一超多强”的投资格局。从图5可以看出，2015年，中国对新加坡直接投资存量占据了中国对整个东南亚国家投资的一半以上，受南海问题等政治因素影响，中国对印度尼西亚、菲律宾的投资额与其经济规模并不成正比。可以说，中国对东南亚国家投资存在“一超多强”[①]的格局，“多强”是相比沿线其他地区而言，对东南亚国家投资的规模始终是较大的。在蒙古、俄罗斯以及中东欧地区，中国对外直接投资围绕俄罗斯形成“极点”，对其余国家投资存量较小，且与俄罗斯相比差距很大。2015年，俄罗斯吸收中国FDI存量是蒙古的3.7倍。而在中亚地区，中国对哈萨克斯坦的投资最多，其次是吉尔吉斯斯坦，最少的是土库曼斯坦，2015年，中国对其投资存量只有1亿美元。在南亚地区，对印度和巴基斯坦投资较多，对其余国家投资较少，不丹是“一带一路”沿线国家中唯一一个没有吸引中国FDI的国家。而在西亚和中东地区，2015年存量数据显示，中国对阿联酋、沙特阿拉伯、伊朗、土耳其投资规模较大，其余国家投资规模很小。

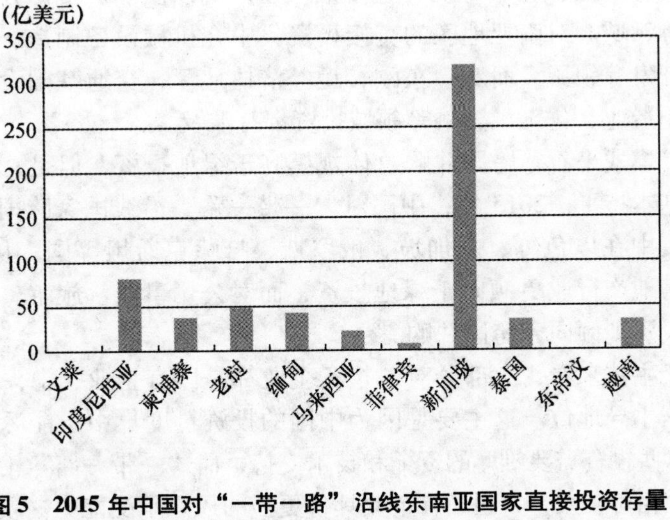


**图5 2015年中国对“一带一路”沿线东南亚国家直接投资存量**

资料来源：根据2015年《中国对外直接投资统计公报》整理得出。

---

① 马述忠、刘梦恒：《中国对“一带一路”直接投资的制约因素与策略选择》，《新视野》2017年第1期。

从具体投资国家排名来看，2015年年末，中国对“一带一路”沿线国家投资存量排名前十的国家由多到少依次是：新加坡、俄罗斯、印度尼西亚、哈萨克斯坦、老挝、阿联酋、缅甸、巴基斯坦、印度和蒙古。2015年，投资流量排名前十的国家由多到少依次是：新加坡、俄罗斯、印度尼西亚、阿联酋、印度、土耳其、越南、老挝、马来西亚和柬埔寨。2003—2015年，投资流量排名前十的国家依次是新加坡、俄罗斯、印度尼西亚、老挝、缅甸、泰国、柬埔寨、巴基斯坦、阿联酋和蒙古。

从投资行业来看，中国对“一带一路”沿线国家的投资主要以能源、有色金属、交通、房地产和科技等行业为主。其中，能源占绝对主导地位，中国在能源尤其是太阳能领域具有绝对优势。其次是金属、矿石行业，这主要得益于“一带一路”沿线国家自然资源丰富，如西亚的石油、俄罗斯的煤矿和铁矿石、印度的钻石、乌兹别克斯坦的黄金，等等。不动产、交通行业分别位于第三、第四位。农业、高科技和化学等行业的投资规模相对较小。①

从区域来看，中国对东南亚地区直接投资主要集中在租赁服务业、建筑、金融、资源及其开发利用行业等方面。近年来，出于对战略性资源储备的需求，中国对东南亚国家一直在油气输送等领域进行基础设施建设方面的投资与合作，如中缅油气管道的建设等。今后该行业是对东南亚国家投资的重中之重。而中亚地区虽然油气等资源丰富，但基础设施、轻工业等相对落后，中国对其投资主要集中在能源资源开发、农副产品加工、运输和通信服务等方面。中国对西亚、北非的投资主要集中在油气以及矿产资源开发、机械制造加工业等领域。对南亚地区的直接投资集中在机械设备制造、基础设施建设、资源开发等领域。而对中东欧转型经济体地区，交通基础设施建设、通信设备、制造业、化工、金融等领域投资都有涉及。

从投资模式来看，跨国并购总体规模高于绿地投资，但是，两者在交易数量方面基本持平。2015年，中国对“一带一路”沿线国家跨国并购100余起，主要集中在以色列、新加坡、俄罗斯、哈萨克斯坦等国。从行业来看，对农业和房地产行业更倾向于绿地投资，而对公用事业、旅游、矿产、技术等领域的投资则倾向于跨国并购。②

从投资主体来看，大部分对外投资企业都是国有企业、中央企业，且政府推动占据主导地位。这主要是因为中国的投资过度集中于能源、基建产业等方面，这些投资需要雄厚的资金和技术支持，而“一带一路”沿线国家经济与政治风险相对较大，大型国有企业具备更强的风险承受能力。政府推动投资

① 王永中、李曦晨：《中国对“一带一路”沿线国家投资风险评估》，《开放导报》2015年第4期。

② 《对外投资与风险蓝皮书发布“一带一路”投资情况与展望》，http：//www.china.com.cn/news/txt/2017-04/10/content_40593333，2017年4月10日。

主要通过以下三种方式进行：一是有东道国政府背景的机构直接参与项目交易；二是东道国政府发展战略规划项目；三是两国高层领导人互访签署项目。

从投资省份来看，《“一带一路”大数据报告（2016）》统计数据显示，国内对“一带一路”沿线投资由多到少的省份依次是：广东、北京、上海、山东、江苏、浙江、辽宁、天津、湖南和云南。[①] 沿海或者发达地区对沿线国家投资较多，中西部省份投资明显不足。

## 二 中国对“一带一路”沿线国家投资成效

首先，中国对“一带一路”沿线国家的直接投资不仅促进了沿线贫穷、落后国家基础设施的建设，改善了人民的生活水平，而且也进一步刺激了当地的经济发展，带动了当地居民就业。截至2016年年底，中国企业在“一带一路”沿线国家建立了56个初具规模的合作区，这些合作区包括境外经贸合作区、跨境边境经济合作区、中国境内边境合作区等多种类型。超过1000家企业入驻园区，上缴东道国税费接近11亿美元，为当地创造就业岗位接近18万个。[②] 就“海上丝绸之路”而言，中国对非洲国家投资逐步增多，大量的小型民营企业进驻非洲，利用当地廉价劳动力进行投资建厂，不仅降低了生产成本，也给当地人民带来了许多就业机会。此外，近些年来，由中国承建的多项交通基础设施在非洲建成，尼日利亚的“阿卡铁路”、连接埃塞俄比亚与吉布提的“亚吉铁路”及肯尼亚“蒙内铁路”等基础设施的建设能够为当地GDP增长做出卓越贡献，有利于非洲积贫积弱现状的改变。

其次，中国对“一带一路”沿线国家的直接投资给中国带来了诸多益处。从企业层面来看，国有企业、中央企业“走出去”的丰富实践，给民营企业带来了新的经验与机会。对沿线发达国家的投资能进一步促进产品和技术的创新，使企业的经营管理水平得以提高，应对国际风险能力显著增强。从政府角度而言，对沿线发展中国家的投资能进一步获取自然资源等产品。中国的石油进口国大部分来自“一带一路”沿线国家，对这些国家投资，不仅能使沿线国家的开发利用水平得以提高，还能保障国内能源安全。

最后，中国对“一带一路”沿线国家的直接投资有利于改善本国的投资环境，促进“一带一路”沿线国家来华进行投资。数据表明，自该倡议提出以来，“一带一路”沿线国家对华投资新设立企业2905家，实际投入外资金

---

① 《“一带一路”大数据报告（2016）》，今日发布，http：//www. sohu. com/a/117542823_ 499165，2016年10月28日。

② 《中企在“一带一路”沿线建立初具规模经贸合作区56个》，http：//finance. china. com. cn/roll/20170513/4211714. shtml，2017年5月13日。

额71亿美元。① 这有利于国内加快人民币国际化进程等各项改革措施的实行。

总之，中国提出“一带一路”倡议并非西方所言的“马歇尔计划”翻版，而是一个互惠互利、共同发展的制度安排。中国对沿线国家直接投资仍有较大的增长潜力。2016年年底，中国已经与沿线11个国家签署了自贸区协定，与56个国家签订了双边投资协定。为双方企业投资、合作提供了更为透明、稳定和可预见的国际政策环境。预计2017年中国对“一带一路”沿线国家直接投资流量和存量分别达到236亿美元和1603亿美元。②

## 三 中国对“一带一路”沿线国家直接投资存在的问题

尽管中国对“一带一路”沿线国家直接投资取得上述成效，但因沿线一些国家政治、经济制度尚不健全，国内投资环境尚不稳定，相关投资项目很容易受东道国影响，因此，中国对“一带一路”沿线国家投资还存在许多问题。再加上中国企业“走出去”起步较晚，存在企业自身缺乏国际化专业人才和经营管理经验不足的问题。此外，受国内制度管制影响，中国对“一带一路”沿线国家直接投资出现不均衡发展的状况。

### （一）中国对“一带一路”沿线国家直接投资不均衡

通过中国对沿线国家直接投资现状的分析可知，当前中国对沿线国家不仅投资规模相对较小，而且投资不均衡，直接投资存在过度集中现象，国家之间分化较大。

第一，中国对沿线国家直接投资主要集中在东南亚国家，对中亚国家投资增长速度加快，对中东欧、南亚等国投资不足。这不利于继续拓展和扩大“一带一路”倡议的影响力，也不利于人民币国际化以及企业自身国际化。考虑“第三国效应”对直接投资的影响，可能会导致沿线国家投资相互挤出、国内投资企业过度竞争等问题，降低投资效率和收益。

第二，中国投资过多集中于资源丰富的国家，虽然在一定程度上有助于保证中国战略资产安全，但很容易招致其他国家不满，并且也很容易招致东道国使用政治、法律手段进行投资干预和阻挠。

第三，从投资行业来看，中国对沿线国家投资主要集中在能源、交通运

---

① 《“一带一路”建设加速中国企业“走出去”》，http：//finance. jrj. com. cn/2017/05/1004412 2453660. shtml，2017年5月10日。

② 《投资持续升温，“一带一路”策略加速中国走出去》，http：//finance. sina. com. cn/wm/2017 - 05 - 10/doc - ifyexxhw3054111. shtml，2017年5月10日。

输和矿产开采等领域。一方面，这存在着较高的行业风险。因为基础设施以及资源开采类行业，具有投资周期较长、固定投资额巨大、投资收益偏低等特性。事实上，根据对外直接投资理论，中国国内目前制造业相对处于边际产业状态，进一步促进制造业行业投资具有更大的价值。另一方面，这种投资情况也反映出对高附加值产业投资不足的事实。俄罗斯、乌克兰等转型国家在军事、航空航天等领域拥有较高的技术发展水平，政府带头对其进行投资，不仅有利于维护国家安全，而且还能够获得有效的技术反向溢出，促进本国技术发展。

第四，中国投资主体过分依赖于国有企业、中央企业，对民营企业投资发展鼓励支持力度还不够，这不利于“一带一路”市场化建设。通过前面的分析可知，在中国对沿线国家投资前十位的省份中，东部沿海发达城市居多，中部地区较少，西部地区仅云南一省投资较多。事实上，有些中西部省份与部分沿线国家直接相邻，如新疆、内蒙古、黑龙江等，在语言、文化等方面更具优势，投资也更为便利，因此，今后应实现政策导向以东部带动中西部投资，促进均衡发展。

### （二）中国对“一带一路”沿线国家投资的政治风险较大

从2015年全球治理指标数据库中政治稳定性排名来看，相对“一带一路”沿线其他国家，中国的政治稳定性排名适中，但是，与世界其他国家相比，中国的得分仍然不足。沿线西亚地区是全球石油储量最多的地区，但也是全球军事、文化、宗教等冲突最为集中的区域。因此，部分西亚地区国家政局极为不稳定，如也门、巴基斯坦、伊朗等。但西亚地区的阿联酋、沙特阿拉伯的宏观政治风险则相对较低。中东欧地区国家政治稳定性相对较高，但近年来受“难民危机”、“伊斯兰国”恐怖组织的影响，政治稳定性有所下降。从腐败的全球排名来看，中国处于排名的中间地位，沿线国家中以叙利亚、也门、阿富汗为首的西亚国家贪腐程度严重。其次是中亚五国、蒙古、俄罗斯等国，广大中东欧国家的贪腐程度比较轻微。在规制质量方面，中亚国家土库曼斯坦、乌兹别克斯坦比较落后；其次是以缅甸为首的部分经济落后的东南亚国家，表现为政府的政策法规不能稳健运行、实施等。而在政府效率方面，中国公共服务、行政部门、政策制定和实施的质量都较好，部分政局不稳的中东国家排名依然垫底，但卡塔尔、阿联酋、以色列政治制度环境较好。中亚、南亚国家依然落后，蒙俄政府的有效性也不如中国。而在话语权排名中，中国的得分非常低，主要是西方国家对于中国言论自由、结社自由和媒体自由的不认可，中东欧国家的排名相对较好，东南亚国家次之，而中亚国家的排名也十分落后。

中国对“一带一路”沿线国家 OFDI 主要由国有企业主导，包括一些开发性金融机构，如国家开发银行等，这样很容易受到东道国国家政策变化影响。因受美国重返亚太战略、南海争端等政治因素影响，使中国在东南亚国家的投资屡屡碰壁。在中亚、西亚地区，宗教问题、极端主义以及发达国家对资源的大国博弈等都严重地阻碍了地区和平与政治稳定。国家政权交接会带来短暂的政权不稳，“伊斯兰国”等恐怖主义活动势必会给中国跨国公司直接投资带来极大的挑战。

### （三）中国对“一带一路”沿线国家投资的经济风险依然较高

沿线国家经济发展水平参差不齐，经济风险较大。从经济制度环境来看，观察沿线国家在全球经济自由度的排名情况，总体上沿线各国得分差距即经济制度的差异性相对较大。中国的经济自由度排名很低，这意味着中国的市场经济地位仍然不被外界认可。从其他国家排名情况看，中亚、西亚、东南亚国家的排名较低，经济制度较差，中东欧国家排名较高，经济制度环境相对自由、宽松。

从投资环境来看，东南亚、中亚等地区的投资硬环境跟不上，通信设施覆盖率低，铁路、港口、航空等基础设施建设不足，东南亚国家虽然拥有相对廉价的劳动力资源，但是，由于物流、水电、通信等基础设施建设落后，再加上缺乏财政资金支持，无法吸引中国加工制造业进行更多直接投资。不过，该区域拥有良好的经济增长潜力，其巨大的市场和基建建设需求成为吸引中国对其直接投资的重要原因。在拥有丰富矿产资源的中亚部分国家，基于国家战略需求，对能源等行业设置了较大的进入壁垒和政策限制。如哈萨克斯坦对于矿产资源实行国家“优先购买权”等政策。而在西亚和中东地区，虽然人均国民收入水平较高，但是，单一依靠石油等能源的经济体制，使国内经济发展水平极易受国际市场以及世界经济复苏乏力的影响，长远来看，投资潜力不足。阿联酋、卡塔尔、巴林等国的金融市场比较发达，经济相对自由，拥有开放、稳定的政策环境，对外资进入提供了有力保障。

而中东欧国家恰恰相反，经济发展水平相对较高，投资的软环境和硬环境均较好。尤其是爱沙尼亚、立陶宛在2016年经济自由度排名中位于全球第9位和第13位，可见，其经济市场环境十分优越。但中东欧多数国家经济对外依存度较高，容易受外部不确定性因素影响，这种情况使投资环境大打折扣。由于经历了2008年国际金融危机以及欧洲主权债务危机，中东欧国家的GDP增速不及“一带一路”沿线国家的平均水平，部分国家还面临着欧美国家的经济制裁等问题，投资潜力不足。总体而言，中国对沿线各国投资风险由大到小依次为西亚、南亚地区、中亚地区、独联体、东南亚、中东欧。

## 四　对策建议

### （一）政府层面

1. 改善制度环境，降低投资风险

首先，要与各国建立良好的外交关系。很多投资的大项目都是由政府等部门推动建立起来，政府要与沿线国家维持稳定、和谐的外交关系，加强沿线国家外交力度，举办“一带一路”高峰论坛、圆桌峰会等活动，推进高层领导人互访签署能源、资源、基础设施领域的大项目。

其次，应改善国内的制度环境。在政治制度方面，各级政府要严打腐败现象。简政放权，尽量减少行政手段干预投资问题，减少以政治性任务为主的高风险投资项目。在法律层面，政府要制定专门的直接投资领域法律、法规，加强产权保护等。在经济制度方面，由于中国的经济自由度排名很低，必须采取有效措施，改善经济制度环境，进一步完善社会主义市场经济体制，优化国内的投资环境。要提高货币政策、贸易政策和外资政策的有效性，逐步放松金融管制等。其目的在于缩小与沿线发达国家制度差距，为对沿线中东欧国家投资，甚至其他发达国家投资奠定制度基础。

最后，与沿线各国签订双边投资协定等举措，以提升投资的便利化水平。双边投资协定能够代替东道国制度的缺位，进一步扩大投资规模，从法律上保护中资企业投资。此外，还可以签订“避免东道国双重征税协定”等，降低企业投资风险。

2. 改善投资结构，推进可持续发展

政府要充分发挥对企业在直接投资区位选择上的引导作用，对不同的国家实施差异化的投资战略，避免集中投资带来对“一带一路”倡议的误解和担忧。一是应实现地区分布多样化，重点加强对中亚、南亚、中东欧地区投资，扩大对这些地区跨境经贸合作区建设。跨境经贸合作区建立在与母国制度距离大的地区更容易发挥其平台作用，同时注重有序引导企业进驻，实现短期与长期利益结合。二是要实现投资主体多样化。实现龙头国有企业和民营企业联合“抱团出海”，减少恶性竞争。在省份方面，不仅局限于东部沿海地区，应政策带动中西部地区省份进行投资。三是针对沿线投资企业布局分散的问题，投资应该注重利用企业集聚投资，获得外部性，投资具有针对性，实现行业多元化。如对于东南亚印度尼西亚、菲律宾、北非等地应利用当地廉价劳动力，转移国内劳动密集型产业，沿海国家可以加强对海洋等领域投资，对于东南亚沿线其他国家可以尝试高附加值的投资合作。对于俄罗斯、乌克兰等转型国家，投资重点应集中在航空航天、宇航技术等“高精尖”技术领域。对于蒙古，应投资其具有比较优势的农业、畜牧业、矿产等方面。对于南亚印度地区应加强高科技、农业等领域的投资。此外，应重点推进国内出口加工、装备制造业“走出去”，鼓励中国具有自主知识产权的高铁、汽车、新能源等行业进行投资。

3. 提供信息服务，加大资金投入

政府应提供信息平台服务，为企业提供及时、准确的政策参考、投资风险提示等投资信息。信息的提供需要由高校组织、科研机构、行业协会、信息咨询公司等共同完成。因此，必要时应建立信息服务平台，利用“互联网+”时代的优势，将信息高效地发布出去。同时，要注重投资的透明度建设，起到带头示范作用，避免企业投资的“寻租”、腐败等行为。此外，加大对丝路基金等倡议的支持，这不仅有利于外汇储备的有效管理和利用，而且能够保障沿线大型基础设施等投资项目的运营。必要时可利用世界银行、亚洲基础设施投资银行、亚洲开发银行等组织机构，建立“一带一路”区域范围的投资担保机构，保证国内大型银行等金融机构的投资与贷款安全。还要推动人民币国际化进程，扩大中国与沿线国家人民币结算范围。

### （二）企业层面

1. 了解东道国制度环境，减少盲目投资

企业跨国投资，要明确投资目标和发展战略。“一带一路”沿线国家制度风险相对较高，必须制定符合企业经营目标的投资方案，切忌盲目。还要了解东道国的制度环境。积极利用政府搭建的各种信息渠道，如社交媒体、驻外使馆、行业协会、商会等全面获取东道国制度环境以及风险信息。必要时，建立企业内部的对外直接投资项目风险评估和预警机制。尤其是针对基础设施、资源开采等大型的投资项目，更需要判断东道国的经济政策是否连续、法律法规是否健全等。以上制度信息获取以及风险评估的过程应该贯穿企业跨国经营的整个周期，以避免东道国的政治、法律、经济环境不断变化所带来的投资风险。

2. 拓展经营方式，扩大投资领域

中资企业应避免单一的经营方式，努力实现多元化经营，同时对多领域进行投资，降低风险。一方面，注重实现经营的本土化，以减少因制度距离、文化差异过大带来的投资成本与风险。本土化经验需要企业积极融入当地社会，遵守东道国法律法规，尊重当地风俗习惯，给东道国提供足够的工作机会与培训机会，支持东道国的经济社会发展。另一方面，要逐步增加投资领域。企业跨国投资不应该仅仅注重市场和资源，东道国先进的技术和管理经验更具价值。可以选择合资企业等多样的投资模式，共担风险，实现互利共赢。

3. 加强社会责任，培养“共同体”意识

中资企业在“一带一路”国家投资过程中，存在缺乏管理经验和责任意